楚文化研究论集

第十四集

楚文化研究会　编

上海古籍出版社

图书在版编目(CIP)数据

楚文化研究论集. 第十四集 / 楚文化研究会编著
. —上海：上海古籍出版社，2021.12
ISBN 978-7-5732-0137-9

Ⅰ. ①楚… Ⅱ. ①楚… Ⅲ. ①楚文化-研究-文集
Ⅳ. ①K871.41-53

中国版本图书馆 CIP 数据核字(2021)第 243156 号

楚文化研究论集

（第十四集）

楚文化研究会　编

上海古籍出版社出版发行

（上海市闵行区号景路 159 弄 1-5 号 A 座 5F　邮政编码 201101）

（1）网址：www.guji.com.cn

（2）E-mail：guji1@guji.com.cn

（3）易文网网址：www.ewen.co

上海惠敦印务科技有限公司印刷

开本 850×1168　1/32　印张 12.25　插页 2　字数 308,000

2021 年 12 月第 1 版　2021 年 12 月第 1 次印刷

ISBN 978-7-5732-0137-9

K·3080　定价：58.00 元

如有质量问题，请与承印公司联系

目　录

考 古 研 究

历 史 地 理

出 土 文 献

艺术与文化

考 古 研 究

庙台子遗址商代陶器遗存辨析及相关问题研究

郭长江　张　博

（湖北省文物考古研究所）（湖北大学历史文化学院）

　　商时期的长江中游地区考古学文化面貌研究一直以来都是商代考古学的一个薄弱环节。一方面囿于发掘材料所限，相较于同时期的中原地区，长江中游地区商代遗址多呈零散分布，且文化层较薄，年代方面，又因早商二里岗上层之后商文化从南方地区的收缩而多集中于商代早期；另一方面，由于南方地区多山、河流水网密布的地形地貌特征，同一时期的遗址之间在少量共性的基础性之上多表现出了大量的异质性特征，这就不利于考古学文化之间的对比性研究。考古发掘报告或简报对于南方地区商代遗址的年代判断大多笼统地称之为商代，或者对比中原地区商代遗存而称之为二里岗期、洹北花园庄期、殷墟期等。庙台子遗址商代陶器遗存的大量出土为我们重新认识遗址商代遗存的年代问题提供了新的材料。

　　庙台子遗址位于湖北省随州市淅河镇金屯乡蒋寨自然村，地处涢水支流漂水东岸呈南北走向的条形台地之上。遗址由南北两个台地组成，所在台地高出周围约 2—5 米，面积约 14 万平方米。地理坐标为东经 113°27′24″，北纬 31°44′33″，海拔 78—81.6 米（图一）。该遗址于 20 世纪 50 年代全国文物普查工作中被首次发现，1983 年武汉大学对其进行发掘，初步确认其主体内涵为一处商周时期的聚落遗址[①]。2015—2017 年，为解决叶家山西周早期曾候

所处政治中心的地望问题,湖北省文物考古研究所组织专业队伍
对庙台子遗址再次启动发掘。本文即以此次发掘所获商代陶器为
切入点。

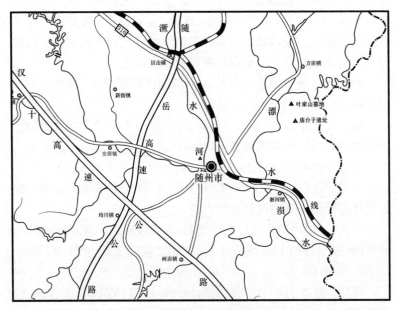

图一　随州庙台子遗址位置图

　　庙台子遗址商时期考古遗存的发现与辨别,无疑为整个长江
中游地区商时期考古学文化面貌的再认识提供了一个很好的契
机。庙台子遗址的发掘起因于解决与之相隔一公里的叶家山西周
早期曾侯墓地的城址地望及内涵等问题,意外的是,遗址晚期地层
出土大量商代遗存,需做说明的是,商代文化内涵的辨别及研究并
不是遗址发掘最初的设计目的之所在,因而在大范围遗址的平面
揭露上,我们只是发掘至西周文化层,典型的商代遗迹并没有发
现。因此,本文所涉及的商代陶器标本均来源于晚期地层。

一、文化序列的建立

遗址发掘所得商代遗迹均为灰坑,共6座,除个别灰坑出土少量鬲、缸残片外,大多灰坑较为纯净,包含物极少,器形难辨,不具备典型性。商代陶器器类繁多,主要包括鬲、甗、甑、假腹豆、大口缸、尊、瓮、罐、盆等,其中鬲占绝大多数,本文对于遗址商代文化年代序列的建立主要依赖于对鬲的类型学划分,另外,形制各异且数量众多的大口缸亦是遗址商代遗存的一大特色。

对比同时期中原地区及长江中游地区典型遗址,对遗址所出部分陶器的型式划分,可分为如下:

鬲 数量最多,器形大多小而精致,烧制火候较高,制作精良。夹细砂,胎质较硬,以黑陶为主,灰陶次之。

根据整体器形及有无实足根可划分为 A、B 两型。

A 型:敞口,卷沿,斜弧腹,器身呈圆筒状,尖锥状实足根。根据整体器形演变规律可划分为三式。

Ⅰ式:标本 H34:27,夹砂黑陶(图二,1);TN06E10②:6,夹砂灰陶(图二,3);TN02E07②:29(图二,5),夹砂黑陶;T1A6:1,夹砂灰陶(图二,7)。

Ⅱ式:标本 H4:1,夹砂黑陶(图四,1);TN06E08③:2,夹砂灰陶(图四,2);TN01E09③:1,夹砂黑陶(图四,3)。

Ⅲ式:标本 TN04E09③:1,夹砂灰陶(图五,1);TN02E09④:3,夹砂灰陶(图五,2)。

演变趋势:器体由瘦长向宽扁正方体状发展,足根渐矮趋于消失。

B 型:敞口,卷沿,斜弧腹,器身呈近似正方体状,裆部近平,接近连裆,尖锥状实足根。根据商代陶鬲整体器形的演变规律,此型鬲出现的年代应该较晚。标本 TN06E10③:1,夹砂灰陶(图六,1)。

大口缸 均残,仅存缸口或缸底。均为夹砂黑陶或褐陶,胎质较厚,平底或蘑菇状圜底,颈部多饰一周长条状附加堆纹加固器体。缸底标本 TN06E09②:27,夹砂灰褐陶;H72:3,夹砂黑陶;H31:12,夹砂灰陶。口沿标本 H96①:11,夹砂褐陶(图八,1-4)。

假腹豆　以泥质磨光黑陶居多,泥质灰陶其次,少见夹砂陶。均残缺为豆盘或柄部,未见完整器。标本:TN02E09④:2,泥质磨光黑陶,座上饰对称"十"字形镂孔(图三,3);TN02E09②:25,泥质磨光黑陶(图九,2);TG5③:13,泥质磨光黑陶,盘外部口沿处饰两周凹弦纹(图九,3);TN04E10③:12,泥质磨光黑陶,腹部饰圈状纹饰(图九,4);TN06E07③:4;泥质磨光黑陶,座四周饰"S"状纹饰(图九,8)。

尊　夹细砂黑陶或褐陶,敞口,卷沿,颈部饰一周附加堆纹,堆纹之上饰锯齿状按压纹。标本 F5:5,夹砂黑陶(图八,6);TN04E08②:6,泥质黄陶(图八,5)。

瓮　泥质灰陶,敛口,鼓腹,颈部饰数周附加堆纹或弦纹。标本 F5:19,泥质灰陶(图九,5)。

罐　泥质灰陶,小口,广肩,肩部饰圆点状纹饰。标本 TN04E07③:2,泥质灰陶(图九,7)。

甗　泥质黑皮陶,敞口,卷沿,斜腹内收,颈部饰两周凹弦纹。标本 TN06E10②:1(图九,6)。

甗　夹砂黑陶,标本 H34:9(图六,2)。

斝　泥质黑皮陶,敛口,沿外壁饰圈状乳钉,短流。标本 TN06E09③:9(图三,1)。

盆　夹砂褐陶,敞口,折沿,腹部微鼓,底部残。标本 TN01E13④:28(图九,1)。

另外,商代遗存还见有少量原始瓷残片、印纹硬陶片及白陶片,器形不辨。其中硬陶片上多仿铜器纹饰,装饰有"S"状或云雷状纹饰(图七)。

庙台子遗址商时期遗存的分期以往学者多有涉及,如豆海峰在其博士论文中按照地层及陶器演变将整个商代遗存分为 A、B 两组,A 组为早商五段,B 组为早商六段②;之后孙卓在其博士论文中也将商代陶器遗存按照年代分为两组,年代大致相同,只是在个别器物上稍微作出调整③。目前,以《西花园与庙台子》报告为基础,学界对于庙台子遗址商时期遗存年代的判定已基本达成共识。然而,囿于长江中游地区商时期陶器多为零星发现或调查所得,缺乏准确的地层依据,一方面,对于遗址年代问题的研究,学者多以同时期中原地区出土陶器做比较,得出相对年代;另一方面,单个遗址遗存数量偏少,这就导致无法从时间的连贯性上把握文化的发展脉络。结合之前发掘资料,我们试图对庙台子遗址商时期遗存的年代问题重新做一下梳理。

从陶器遗存特点来看,属于典型商文化系统应无疑。鬲多为分档、袋足,尖锥状实足根,沿面多饰一周凹槽,除足跟素面外,通体饰绳纹,部分足跟为二次包制,这些特点都为商时期中原地区所共有。庙台子遗址出土商时期陶鬲未见一例沿外内勾现象,应为在吸收中原地区陶鬲基础之上的地方特色。

标本 H34∶27 陶鬲仅存口沿及档部,其形制整体上与郑州商城 C8T10②∶7 相似④(图二,2),区别仅在于口沿外没有做内勾,但其共性还是相当明显,此种形制的标本遗址中出土多例。TN06E10②∶6 口沿及足跟部残,整体形制类似于郑州商城 C8H44∶3⑤(图二,4)。标本 TN02E07②∶29 与 T1A6∶1 分别与邢台东先贤遗址第一期遗存 H15∶14 及 H15∶15 相似(图二,6、8),简报将第一期遗存定为晚于二里岗白家庄期⑥,而与洹北花园庄 G4 年代相同。

敛口斝为早商时期中原地区二里岗白家庄期高等级遗址所常见器形,具有极高的辨识度,庙台子遗址出土敛口斝口沿带一短流,沿面饰圆乳钉,应为结合淮河流域的部分文化因素而成⑦。圈足饰"十"字镂孔状假腹豆在中原地区早商二里岗下层就普遍出土,二里岗上层至殷墟洹北花园庄期依然流行,晚商时期基本少见或不见,庙台子遗址出土同类器,说明其年代最迟应不晚于殷墟洹北花园庄时期[8]。

H4:1陶鬲与东先贤遗址第二期F1②:6相似[9](图四,4);TN06E08③:2与藁城台西遗址M24:1器形相似,后者裆部略显平[10](图四,5);TN01E09③:1口沿残,器体呈正方体状,整体器形类似于安阳大司空遗址殷墟一期H331:26[11](图四,6)。进入殷墟一期,整个陶鬲器形整体向宽扁向发展,尖锥状实足根变矮,庙台子遗址与同时期中原地区陶鬲演变特征一致。

TN06E10③:1陶鬲整体形制与郑州商城C7M108:1接近[12](图六,3),均为宽扁正方体状,沿面四周带一窄平台,略微束颈,颈部以下饰绳纹,尖锥状实足根较矮,裆部渐平,三足略内聚。H34:9陶瓿甑部沿内饰一周凹槽,方唇,肩部略鼓,颈部饰数周凹弦纹,形制与殷墟花园庄东地殷墟二期偏早段的T2②:5相似[13](图六,4)。

综上,从陶器遗存来看,我们将庙台子遗址商时期遗存分为二期三段。一期以第一段遗存为代表,器类主要有鬲、敛口罍、假腹豆、仿铜硬陶器等,其中少数器物从形态上来看显示出年代较早的特征,考虑到同时期相对中原商王朝核心统治区,其他地区特别是南方地区文化发展的普遍滞后性特征[14],一期年代应与同时期中原地区中商洹北花园庄期相对应[15];二期以第二、三段遗存为代表,年代应相当于同时期中原地区殷墟一期至殷墟二期。陶器遗存面貌特征反映了整个商时期应为连续发展的三个阶段。

二、遗物内涵所反映的遗址性质及地位问题

从整个遗址所出商代陶器器类构成来看,无疑陶鬲占了非常大的比重,个体均较小,夹细砂,器体规整,制作精细,绳纹细密,反映了高标准的制作工艺水平。

大口缸所占陶器比重仅次于陶鬲,从器类演变传承来看,大口缸应脱胎于新石器时代晚期广泛分布于江汉平原石家河文化的同类器形,进入历史时期,其更加遍布于长江中游地区各类遗址之中,在形态上,普遍由圜底逐渐演变为平底或蘑菇状底,或许是在器物使用功能上发生了较大的变化。整体器形普遍高大,胎质较厚,器底连接器身处尤其坚硬厚实,应为使用功能上的方便而特意设计。以往对盘龙城遗址所出同类器物器表残留物检测分析,发现有残留铜渣的迹象,虽然个体不具有广泛的代表性,但至少说明此种器类有一部分功能应该是和铜矿的冶炼或铜器的铸造活动有着较为密切的关系⑯。

　　无独有偶,从庙台子遗址地层中出土铜渣块的铅同位素检测分析数据来看,部分铜渣块的铅同位素比值与二里岗上层至殷墟前期青铜器的数据相似⑰。这就说明,庙台子遗址商时期大概率是存在铜器铸造活动的。对于铜器等珍贵资源来源地的研究直接关系到一个中心政权的资源分配体系问题及社会控制模式问题⑱,长江流域商时期铜器的来源问题一直以来都为学界所争议,一方面,其整体造型及装饰风格与同时期中原地区的一致性使得相当一部分学者都认为其应来源于中原地区;另一方面,长江流域高等级遗址较少发现有铜器铸造类遗迹遗物,这对长江流域商时期铜器“中原来源说”提供了更大支持。近年来,安徽凤阳古堆桥遗址⑲、阜南台家寺遗址⑳、江西九江荞麦岭遗址㉑均出土大量铜容器类陶范,其多样的器类及精美的造型暗示了长江流域商时期青铜器应为本地铸造。因此,我们有足够的理由相信,铜器铸造产业的存在应为庙台子遗址商时期遗址内涵的题中应有之义。联系20世纪70年代出土于遗址附近的商代青铜器㉒,这里面的猜测成分应该消弭于无形。

　　对商时期长江中游地区和中原地区所出大口缸的出土环境及背景分析可知,在中原地区,这种器类仅出土于等级较高的大型聚落或具有都城性质的遗址之中,如西安老牛坡、藁城台西、垣曲商城、郑州商城、新郑望京楼等。而在南方地区,其出土背景信息同样也显示出了所在遗址的重要性,如分布于长江中游核心区的盘龙城遗址、荆南寺遗址等[20]。

假腹豆流行于商代早期,普遍见于中原地区商人统治区的大型聚落内,为商人独具特色的遗存,具有比较高的辨识度。同时,其也是庙台子遗址所出商代陶器的一大特色,与同时期中原地区相比,庙台子遗址出土假腹豆多为泥质黑皮陶或灰陶,器身多仿铜器饰"S"状或云雷纹装饰,制作精细,同样也反映出了高标准的制作工艺水准。

大口尊、罐、瓮、甑、甗、敛口罍等陶片标本显示出了与同时期中原地区的极度相似性。遗址中原始瓷、硬陶及白陶的出土虽然缺乏准确的层位信息,但对比商时期中原地区和长江中游地区所出同类器,亦不排除其为商代遗存的可能性,其上所饰纹饰多见于同时期中原地区[21]。

以上挑选部分典型性器物,从陶器面貌特征上,结合同时期中原地区及长江中游地区所出同类器,并从出土背景信息考察,庙台子遗址应为商时期长江中游地区的大型中心聚落,亦不排除其为中心城址的可能性。考虑到其商代遗存年代上限刚好与盘龙城遗址废弃的年代下限相衔接,因此,我们认为庙台子遗址应为早商晚期商文化从长江中游大规模收缩至随枣走廊地区的区域性中心聚落。

三、甲骨卜辞中"曾"之地望的再认识

曾作为国名,在商代晚期的甲骨卜辞中就有出现,其写法与西周早期金文中曾字的写法一致。对于卜辞所载商王朝与曾之政治互动的相关区域,结合西周早期青铜器铭文所载之与曾相关的事件发生地,亦为学界探讨商代曾国的地理位置问题提供文献依据。

对于商代曾国的地望,于省吾先生认为卜辞所见之曾与安州六器中"中甗"铭文所载之曾为同地⑤;李学勤先生考证认为卜辞中武丁所伐之虎方应和周初周人讨伐虎方的地理背景相同,进而提出卜辞所载之曾应位于今湖北随州一带,和西周早期曾国地理位置相同⑥。对此,学界看法基本一致。韩宇娇博士在总结前人观点的基础上,认为卜辞中的曾国即是两周时期的湖北曾国,商代存在于此的曾国与西周初年由周王室分封于此的姬姓曾国并非一族,姬姓曾国不是西周时期对商代曾国的续封,只是仍然沿用了"曾"这一国名⑦。随州枣树林墓地春秋中期随仲芈加在详细叙述追溯先祖事迹的编钟铭文中,即明确提到"余文王之孙,穆之元子,出邦于曾"⑧。这表明在时人的认知体系里,西周早期"曾"作为国名或地名,确实是存在于今随州地区。

结合庙台子遗址商时期遗存来看,其年代上限为中商洹北花园庄期,下限为殷墟二期,与西周早期陶器文化面貌之间存在明显的缺环。这就至少说明了使用两种考古学文化的人群,分别代表了不同的群体。可以确定的是,目前从考古学文化遗存上特别是从陶器遗存上来看,这种文化面貌的替代应该是全方位式的覆盖。上文我们从陶器遗存分析入手,认为庙台子遗址应为早商晚期商文化从长江中游大规模收缩至随枣走廊地区的区域性中心聚落。同时,学界对于甲骨卜辞及西周早期金文材料的分析亦将商代曾国地望指向随州地区,如此,以庙台子遗址为中心的区域,应确定为商代曾国具体地望之所在。西周早期姬姓曾国的分封并不是对存在于此的商代曾国的续封,继续沿用"曾"这一国名,目的应与命叔虞对分封于晋地之后所实施的"启以夏政,疆以戎索"之政一致,在于稳固当地土著遗民的一种怀柔之策⑨。

四、晚商时期江汉地区的考古学文化景观

那么,在西周早期周人到来之前此一地区的考古学文化面貌如何？我们又如何解读考古学分期意义上的殷墟晚期至西周早期的这一事实存在的年代缺环？可以确定的是，西周早期姬姓曾国的再次分封，说明此一地区应是存在不少殷遗民的，或者至少说明，在周人的认知观念里面，以今随州市淅河镇为中心的地区曾经作为商人的统治中心而曾经存在过。

实际上，不单单只是庙台子遗址这一个研究个案，殷墟晚期至西周早期之间的年代缺环普遍存在于江汉地区甚至整个长江中游地区的各个遗址之中，从商代早期二里岗下层商文化的迅猛南扩，至二里岗上层之后商文化的普遍向北收缩，目前多数学者将这一现象解读为商人核心统治区重大政治事件的发生及引发的对于南土控制模式的调整。考古遗存的发掘具有天然的随机性与偶然性，这就不可避免的导致研究结论的片面性与有待完善性。然而无论如何，考古遗存确实向我们展示了商时期由早期的繁荣到晚期之后的普遍衰落这一客观存在的文化景观。江汉地区从早商时期的区域性政治中心盘龙城遗址群㉚、香炉山㉛、下窑嘴㉜、聂家寨㉝、意生寺㉞、荆南寺㉟等的多点分布，到早商晚期二里岗上层之后的庙台子㊱、晒书台㊲、徐家坟㊳、徐家州㊴、好石桥㊵、王家山㊶等，不论是单个遗址的文化层堆积，还是遗存所反映的遗址内涵及性质，均表明此一时期中原核心区商文化的统治力明显减弱。

然而，与遗址中陶器文化面貌普遍衰败或不明朗这一现象相反的是，早商时期的铜器多集中出土于盘龙城遗址群，到了晚商这一时期，整个江汉地区普遍出土零星青铜器，并且几乎全部出自独立的埋藏坑，坑内亦不见陶器共存，附近绝少有与之相对应的同时期遗址㊷，另外值得注意的是，不同于早商时期盘龙城遗址群青铜器的中原风格，这一时期的青铜器在装饰风格上普遍出现了地方化的倾向㊸。陶器文化遗存的匮乏与单个青铜器遗存的多点分布形成了晚商时期江汉地区考古学文化面貌的明显反差，脱离了相应遗址群的支撑,单个青铜器的出土尤显突兀,这一现象已普遍为学界所注意。

　　陶器面貌最能反映考古学文化的归属,可以肯定的是,大量的青铜器绝不会脱离陶器的使用者而单独存在,使用这些青铜器的人群,代表了怎样的考古学文化,中原文化的退去是否为地方文化的兴起创造了条件,中原政权对南方地区的控制模式相应做出了怎样的调整,南方地区针对这种调整又做出了怎样的因应之策,区域内部又是怎样基于这种调整而进行文化交流互动? 这些问题的解决仍然依赖于今后对更多陶器面貌的解读。

注释:
①㊱ 武汉大学历史系考古教研室、襄樊市博物馆、随州市博物馆:《西花园与庙台子》,武汉大学出版社,1993 年。

②㉓ 豆海峰:《长江中游地区商代文化研究》,吉林大学博士学位论文,2011 年。

③ 孙卓:《论商时期中原文化势力从南方的消退》,武汉大学博士学位论文,2017 年。

④⑤⑦⑧⑫ 河南省文物考古研究所:《郑州商城——1953～1985 年考古发掘报告》,文物出版社,2001 年。

⑥⑨ 东先贤考古队:《河北邢台市东先贤遗址 1998 年的发掘》,《考古》2003 年第 11 期。

⑩ 河北省文物研究所:《藁城台西商代遗址》,文物出版社,1985 年。

⑪ 中国社会科学院考古研究所:《安阳大司空——2004 年发掘报告》,文物出版社,2014 年。

⑬ 中国社会科学院考古研究所:《安阳殷墟花园庄东地商代墓葬》,科学出版社,2007 年。

⑭ 王立新:《也谈文化形成的滞后性——以早商文化和二里头文化的形成为例》,《考古》2009 年第 12 期。

⑮ 唐际根:《中商文化研究》,《考古学报》1999 年第 4 期;中国社会科学院考古研究所:《中国考古学·夏商卷》,中国社会科学出版社,2003 年。

⑯ 徐劲松、董亚巍、李桃元：《盘龙城出土大口陶缸的性质及用途》，《盘龙城——1963～1994年考古发掘报告·附录八》，文物出版社，2001年，第590—607页。

⑰ 北京大学张吉博士通过检测结果告知。

⑱ 黎海超：《资源与社会：以商周时期铜器流通为中心》，北京大学博士学位论文，2016年。

⑲ 武汉大学历史学院考古系、安徽省文物考古研究所：《安徽凤阳县古堆桥遗址发掘简报》，《考古》2018年第4期。

⑳ 武汉大学历史学院考古系、安徽省文物考古研究所：《安徽阜南县台家寺遗址发掘简报》，《考古》2018年第6期。

㉑ 饶华松：《江西九江荞麦岭遗址》，《2014年中国重要考古发现》，文物出版社，2015年。

㉒ 随州市博物馆：《湖北随县发现商周青铜器》，《考古》1984年第6期。

㉔ 中国社会科学院考古研究所安阳工作队：《河南安阳市洹北花园庄遗址1997年发掘简报》，《考古》，1998年第10期；河南省文物考古研究所：《郑州小双桥——1990～2000年考古发掘报告》，科学出版社，2012年。

㉕ 转引自韩宇娇：《卜辞所见商代曾国》，《中原文物》2017年第1期。

㉖ 李学勤：《盘龙城与商朝的南土》，《新出青铜器研究》，文物出版社，2016年。

㉗ 韩宇娇：《卜辞所见商代曾国》，《中原文物》2017年第1期。

㉘ 湖北省文物考古研究所、北京大学考古文博学院、随州市博物馆、曾都区考古队：《湖北随州枣树林墓地2019年发掘收获》，《江汉考古》2019年第3期；郭长江、李晓阳、凡国栋、陈虎：《嬭加编钟铭文的初步释读》，《江汉考古》2019年第3期。

㉙ 杨伯峻：《春秋左传注》（修订本），中华书局，2017年。

㉚ 湖北省文物考古研究所：《盘龙城——1963～1994年考古发掘报告》，文物出版社，2001年。

㉛ 武汉大学历史系考古教研室等：《湖北新洲香炉山遗址（南区）发掘简报》，《江汉考古》1993年第1期；香炉山考古队：《湖北武汉市阳逻香炉山遗址考古发掘纪要》，《南方文物》1993年第1期。

㉜ 黄冈地区博物馆、黄州市博物馆：《湖北省黄州市下窑嘴商墓发掘简报》，

《文物》1993 年第 6 期。

㉝ 孝感地区博物馆、孝感市博物馆：《湖北孝感聂家寨遗址发掘简报》，《江汉考古》1994 年第 2 期。

㉞ 湖北省文物考古研究所纪南城工作站：《湖北黄梅意生寺遗址发掘报告》，《江汉考古》2006 年第 4 期。

㉟ 荆州博物馆：《荆州荆南寺》，文物出版社，2009 年。

㊲ 余丛新：《安陆县晒书台商周遗址试掘》，《江汉考古》1980 年第 1 期；孝感地区博物馆：《湖北安陆市商周遗址调查》，《考古》1993 年第 6 期；北京大学考古专业商周组等：《晋豫鄂三省考古调查简报》，《文物》1982 年第 7 期。

㊳ 熊卜发：《湖北孝感地区商周古文化调查》，《考古》1988 年第 4 期；孝感市博物馆：《湖北孝感市徐家坟遗址试掘》，《考古》2001 年第 3 期。

㊴ 孝感地区博物馆：《湖北孝感地区古文化遗址调查》，《考古》1986 年第 7 期。

㊵㊶ 云梦县博物馆：《湖北云梦商、周遗址调查简报》，《江汉考古》1990 年第 2 期。

㊷ 商代江汉地区青铜器出土情况：黎泽高、赵平：《枝城市博物馆藏青铜器》，《考古》1989 年第 9 期；大冶县文教局、文化馆：《湖北大冶罗桥出土商周铜器》，《文物资料丛刊》第 5 辑，文物出版社，1981 年；咸宁市博物馆：《湖北省阳新县出土两件青铜铙》，《文物》1981 年第 1 期；余丛新：《湖北安陆发现商代青铜器》，《考古》1994 年第 1 期；崇文：《湖北崇阳出土一件铜鼓》，《文物》1978 年第 4 期；鄂城县博物馆：《湖北鄂城县沙窝公社出土青铜爵》，《考古》1982 年第 2 期；何弩：《湖北江陵江北农场出土商周青铜器》，《文物》1994 年第 9 期；戴修政：《湖北石首出土商代青铜器》，《文物》2000 年第 11 期；张家芳：《湖北襄樊拣选的商周青铜器》，《文物》1982 年第 9 期；徐正国：《湖北枣阳发现一件商代铜尊》，《文物》1990 年第 6 期；徐正国：《湖北枣阳市博物馆收藏的几件青铜器》，《文物》1994 年第 4 期；熊卜发、鲍方铎：《黄陂出土的商代晚期青铜器》，《江汉考古》1986 年第 4 期；王从礼：《记江陵岑河庙兴八姑台出土商代铜尊》，《文物》1993 年第 8 期；黄锂、祝红梅：《近年黄陂出土的几件商周青铜器》，《江汉考古》1998 年第 4 期；熊卜发、刘志升、李晓明：《黄陂县出土玉器铜器》，《江汉考古》

1981 年增刊 1 期。彭锦华：《沙市近郊出土的商代大型铜尊》,《江汉考古》1987 年第 4 期；张吟午：《商代铜尊、鱼钩和陶抵手》,《江汉考古》1984 年第 3 期；尚松泉：《应城发现殷代斝、爵》,《江汉考古》1980 年第 2 期；余家海：《应城县出土商代鸮卣》,《江汉考古》1986 年第 1 期；张学武：《应山县发现商代铜鼎》,《江汉考古》1980 年第 1 期。

㊸ 施劲松：《江汉平原出土的商时期青铜器》,《江汉考古》2016 年第 1 期。

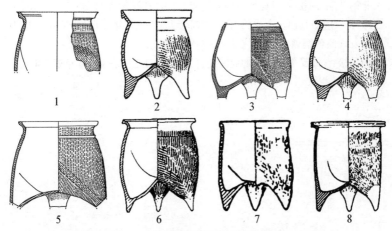

图二　一段陶鬲与中原地区陶鬲对比图

1. H34：27　2. C8T10②：7　3. TN06E10②：6　4. C8H44：3　5. TN02E07②：29
6. H15：14　7. T1A6：1　8. H15：15(1、3、5、7. 庙台子　2、4. 郑州商城　6、8. 东先贤)

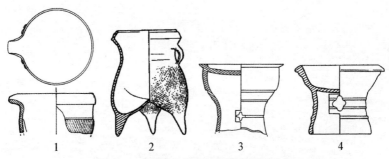

图三　一段陶器与中原地区同类陶器对比图

1. TN06E09③：9　2. C1H2乙：35　3. TN02E09④：2　4. C8M10：1
(1、3. 庙台子　2、4. 郑州商城)

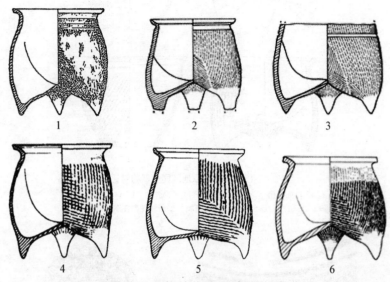

图四　二段陶鬲与中原地区陶鬲对比图

1. H4：1　2. TN06E08③：2　3. TN01E09③：1　4. F1②：6　5. M24：1　6. H331：26
(1－3. 庙台子　4. 东先贤　5. 藁城台西　6. 安阳大司空)

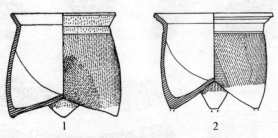

图五　A型Ⅲ式鬲

1. TN04E09③：1　2. TN02E09④：3

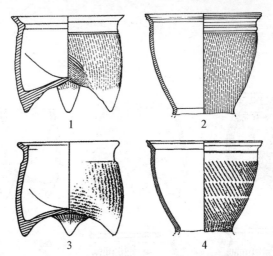

图六　三段陶器与中原地区同类器物对比图

1. TN06E10③：1　2. H34：9　3. C7M108：1　4. T2②：5
（1-2. 庙台子　3. 郑州商城　4. 殷墟花园庄东地）

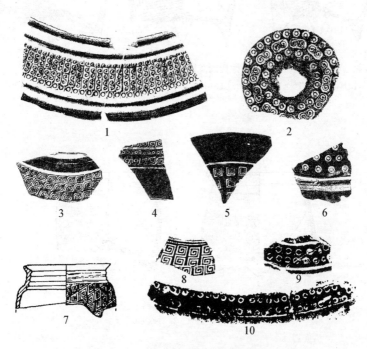

图七　同中原地区硬陶器之间纹饰对比

1-6. 庙台子　7. 洹北花园庄　8-10. 郑州小双桥

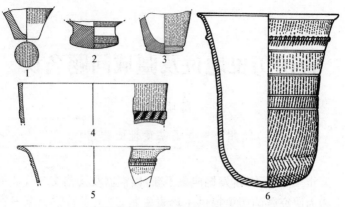

图八　遗址出土大口缸、大口尊

1-3. 大口缸底部(TN06E09②：27、H72：3、H31：12)
4. 大口缸口沿 H96①：11　5-6. 大口尊(TN04E08②：6、F5：5)

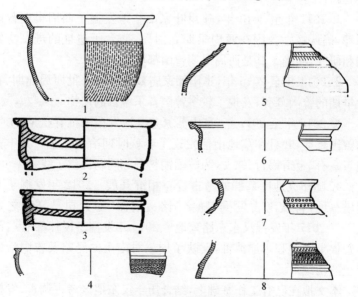

图九　庙台子遗址商时期其他器物

1. 盆 TN01E13④：28　2-4. 假腹豆(TN02E09②：25、TG5③：13、TN04E10③：12)
5. 瓮 F5：19　6. 甑 TN06E10②：1　7. 罐 TN04E07③：2　8. 假腹豆 TN06E07③：4

曾国历史地位及疆域问题刍议

陈晓坤

（随州市曾侯乙墓遗址博物馆）

近年来,曾国考古发掘成果不断,以铜器及其铭文为代表的出土文物为研究曾国历史提供了珍贵资料,迎来了曾侯乙墓发掘之后曾国考古发掘整理和研究的又一高潮。这些重要的发现主要是:

1. 2011年至2013年,随州叶家山墓地发掘了西周早期曾国墓葬,确认姬姓曾国在西周早期立国[①]。庙台子遗址的进一步发掘和研究,明确了其是西周早期曾国都城[②]。

2. 2014年至2015年,枣阳郭家庙墓地发掘一批西周晚期、春秋早期的曾国墓葬,发现了较多曾国音乐考古的遗物[③]。

3. 2016年至2017年,京山苏家垄墓地发掘一批春秋早、中期的曾国墓葬,并且在墓地南侧发现了春秋时期冶铜遗址。其中曾伯桼墓有"金道锡行"铭文,为曾国铜料来源问题提供了线索[④]。

4. 随州义地岗墓群的考古近年相继开展。2012年发掘了文峰塔墓地,首次考古发掘"随字"铭文铜器"随大司马嘉有之走戈"[⑤]。2017年发掘汉东东路墓地[⑥]、2019年发掘枣树林墓地[⑦],出土曾侯宝编钟和芈加编钟,反映了周王对南土的经略及曾国治理南土的功绩。

本文拟在已有工作基础上,结合历年汉东地区考古调查、发掘成果及随州地区考古发现,主要就两周时期曾国地位及疆域等问题等谈一点看法。

一、曾国是周王朝经营南土的桥头堡

商周时期，今随枣走廊乃至整个江汉地区被称作"南土"。《左传》昭公九年记詹桓伯辞晋说："及武王克商，蒲姑、商奄，吾东土也；巴、濮、楚、邓，吾南土也；肃慎、燕、亳，吾北土也。"商周王朝对南土的经略，学者多有阐述⑧。

汉水中下游以东地区素有"汉东"之称。其东北部和西南部分属桐柏山和大洪山山系。在两山系之间，形成一道狭长且无山系阻挡的通道，沿此通道从南阳盆地经由襄阳、枣阳南下可直贯汉水下游。这条通道，被人们称作"随枣走廊"。曾国地处随枣走廊的中南部，上至南阳盆地，下达大冶铜绿山。无论是武丁伐荆楚还是昭王南征，曾国是必经之地。

1. 曾国是"俘金"的中转站

随枣走廊不仅是商周王朝南征平叛的要道，更是"俘金"的通衢。2015—2017年，在京山苏家垄发现的冶铜遗存，可与传世曾伯桼铜簠上铭文"金道锡行"相印证，说明周王朝经过曾国，管控南土主要指管控随枣走廊及淮夷地区的青铜资源⑨。在湖北大冶铜绿山、阳新港下及与之毗邻的江西瑞昌铜岭等地都发现了商周时期的采铜遗址⑩。上述地区拥有的丰富的铜矿资源，成为商周王朝南征的主要目标之一。"商周王朝屡次南进，觊觎这里的铜矿资源是其重要原因之一"⑪。西周青铜器过伯簠铭文记载："过伯从王伐反荆，俘金，用作宝尊彝。"从铭文内容分析，过伯所获不是铜器，而是铜、锡等原料。《诗经·鲁颂·泮水》："憬彼淮夷，来献其琛，元龟象齿，大赂南金。"这里的"南金"，也应指江南出产的铜锭，而不是铜器。将掠夺来的青铜器破碎后再行熔化铸造，比用金属铜、锡直接生产青铜器更费时耗力。

曾国作为周王朝经略南土的有力帮手，主要是为了控制铜矿资源⑫。尹弘兵先生也认同此观点，认为昭王十六年派中省视南国，当与昭王经营南方的目的有关，即夺取南方的铜锡资源⑬。周成王时期,封楚人首领熊绎为子爵,建立楚国,建都丹阳。从昭王伐楚的路线可知,周昭王伐楚,应该是楚国。"王在成周"即从洛阳出发,经鲁山一带,过南阳盆地,入随枣走廊经过曾国,然后由"汉东"向"汉西"进发,"涉汉伐楚"[14]。李学勤认为,周昭王伐"楚",只能是汉水的南面[15]。所言甚是。曾国作为桥头堡作用显现。

2."伐荆楚""伐虎方"等南土事件都与曾国有关

曾国是商代对南土统治所依靠的重要方国。殷墟甲骨卜辞有记:

> 乙未[卜],贞:立事[于]南,右比[我],中比舆,左比曲。

> 乙未卜,[贞]:宰立事[于南],右比我,[中]比舆,左比曲,十二月。

卜辞所记之事,一种看法认为是武丁伐楚荆[16]。持此说的主要依据是《诗·商颂·殷武》:"挞彼殷武,奋伐荆楚。深入其阻,裒荆之荆。"商代后期,南方荆楚叛商,商高宗武丁率领军队前去征伐。武丁"立事于南",联合"曾""我""举"国的力量,随从商王大军"奋伐荆楚"。尹弘兵先生认为武丁所伐之荆楚只能是楚蛮的意见合理。可能的情况是,商周统治者鄙称南土异姓诸国包括虎方为荆蛮。

另一种看法认为武丁伐虎方[17]。黄凤春先生认为,虎方就是盘龙城遗址[18]。虎方地望虽无定论,但其在商之南土则没有疑问。

根据卜辞可知,殷人南征不仅取道随枣走廊,而且还借助了包括随枣走廊在内的汉东地区诸方国的军事援助,曾国作为重要的一支武装力量参与其中。作为汉东之国,曾国是商代对南土统治所依靠的重要方国。

考古发掘也能佐证殷人在商代中晚期存在于南土曾国。20世纪80年代及近年来,随州庙台子遗址出土的一批陶器,部分在年代上可到二里岗时期[19]。无独有偶,1977年3月,考古工作者在随州淅河梁家畈发掘清理了一座商代墓葬，出土铜爵、瓢、凿、斧、戈、刀等，年代为二里岗和殷墟之间[⑳]。也就是说，可能在早商时期，殷人已控制了"南土"。

西周时期，"虎方"见于安州六器的中方鼎铭文"惟王令南宫伐虎方之年"和山西晋侯墓地甗铭文"惟十又二月王令南宫伐虎方之年"[㉑]，所述昭王命曾国南公平叛虎方之乱的事实。"虎方"还见于小盂鼎铭文"王令盂□□伐虎方"，记叙康王二十五年，盂征伐虎方并献俘于康王。盂的先祖是南公，这在大盂鼎铭文中有记载，如"令汝盂型乃嗣祖南公""锡乃祖南公旂用兽"。可见，曾国距离虎方不远，并作为周王大军的先头部队攻打虎方。

3. 曾国始封与南公

关于曾国始封及南公问题，学界大体有四种看法：

第一，南公为姬姓曾国始封之君。李学勤、徐少华、黄凤春等先生将曾侯舆编钟铭文[㉒]中的"伯适"和"南公"视作一人；王指的是周成王，始封曾国于汉东应该是在成王时期；作为商末周初文王挚友、武王重臣的南宫括，安居朝廷，其子孙则作为曾国诸侯镇守汉东，曾国亦成为周之驻守南土的诸侯国[㉓]。黄凤春先生认为，西周早期南公专指南公括[㉔]。

第二，沈长云认为南公不是南宫括，是南宫毛，曾国立国在西周康王或成康之际[㉕]。

第三，王恩田先生认为南公是南宫括之孙南宫盂，曾国立国在康王时期[㉖]。

第四，程浩先生认为南公是南宫括的长子南宫夭，曾侯谏自称"夭"[㉗]。

从西周早期大盂鼎有铭文"嗣祖南公""祖南公"及西周晚期南公乎钟有铭文"先且（祖）南公、亚且（祖）公仲"可知，南公是姬姓曾国先祖。根据曾侯舆编钟铭文"伯适上庸，左右文武"，南公就是南宫括。黄凤春、胡刚先生根据钟铭及相关文献对此做了专门论述[28]。以下我们对此问题略作申述。

沈长云先生认为南公是曾国的始封之君，但伯适与南公不是同一人，是"两个时代的人"，即伯适是文武时代的人，南公是成康时期的人。"王遣命南公"中的"南公"，是南宫括的下一代，也就是《尚书·顾命》提到的西周成康时期重臣南宫毛。

沈先生认为南公是南宫毛，主要依据的是《尚书·顾命》："王崩，太保命仲桓、南宫毛，俾爰齐侯吕伋，以二千戈、虎贲百人，逆子钊于南门之外。"这段是记叙成王驾崩后，南宫毛等迎接太子钊册命一事。主要有两方面的问题：一方面从南宫毛的地位看，"太保命仲桓、南宫毛"，说明南宫毛地位不及太保，太保是三公之一；"俾爰齐侯吕伋"中"俾爰"是跟从之意。吕伋是姜太公的儿子，当时的齐侯是异姓诸侯，由此可见南宫毛地位也不及齐侯吕伋。至少武王驾崩时，南宫毛还是"负责戎事的官员"即武臣[29]，在康王时封为位高权重的南公则依据不足。事实上，方辉先生从大盂鼎铭文考察，认为"南公乃文王任命的位至'二三正'的重要官员"[30]。这与《尚书·君奭》《墨子·尚贤》《帝王世纪》记载大致吻合。

王恩田先生认为南公不单指一人。叶家山 M111：67 炕簋"炕作烈考南公宝尊彝"中的南公，是大盂鼎受封的盂，炕比盂晚一辈。且不说大盂鼎中提到的"盂"是否也称南宫（公），单说叶家山 M111 炕簋铭文"烈考南公"和大盂鼎铭文"先祖南公"可知，炕比盂早一辈。王先生根据上文提及的《尚书·顾命》，认为南公括之子第二代南公是南公毛，南公毛就是"亚祖公仲"，也显得说服力不够。

至于程浩先生据清华简《良臣》"文王有闳夭，有泰颠，有散宜生，有南公适，有南公夭"，认为南公是南宫括的长子南宫夭，将叶家山 M2 出土的斗子鼎中的铭文"斗子丽赏曏卣"中的"曏"释读为"夭"，南公夭就是曾侯谏等意见，则过于勉强。

众所周知，商代之曾为姒姓。周初武王大封同姓诸侯国，袭其国号改其国姓。《左传》昭公二十八年:"昔武王克商,光有天下,其兄弟之国者十有五人,姬姓之国者四十人,皆举亲也。"周王朝为了加强对南土的控制,"以蕃屏周",从周武王开始,陆续在汉水以东以北和江、淮间,分封了不少姬姓或姻亲诸侯国,即所谓"汉阳诸姬"。曾国在汉东的地位不可忽略,但商之姒姓曾国是否在武王时期改国姓为姬姓尚不确定。根据曾侯舆编钟铭文,姬姓曾国的始封当在成王时期。

曾侯舆编钟铭文中的"伯适"就是"南公"。伯适"左右文武",是文武时期重臣毋庸置疑。由于武王在位只有4年,伯适在成王时期还健在不足为怪。只是成王时期被"遣命"南土,而实际受封的是其儿子,第一代曾侯即曾侯谏或曾侯炕。从西周早期大盂鼎有铭文"嗣祖南公""祖南公"和西周晚期南公乎钟有铭文"先且(祖)南公、亚且(祖)公仲"可知,南公是姬姓曾国先祖。黄凤春先生认为,"南公"为"南宫公"的省称,"也不排除西周早期的'南宫'也指南公"[31]。不过,根据上述提及的"虎方"铭文,"惟王令南宫伐虎方之年""惟十又二月王令南宫伐虎方之年"的"王"是昭王,"王令盂……伐虎方"的"王"是康王。如果认为西周康昭时期的南公是一人,则康王时期的盂和昭王时期的南公,辈分却是相反的。因此,昭王时期的南公不会是"伯适",即南公括。沈长云先生在谈及大盂鼎铭文南公问题时,也认为"盂将他继承公职、爵一事记载下来的时间是在康王二十三年,则这位南公无论如何也不会是南公括"。因此,至迟在西周康昭时期及其以后,南公并非专指一人。

二、从"淮夷""安州六器"看姬姓曾国疆域

一般认为,淮夷是商周时期生活在我国东部黄淮、江淮一带的少数民族。顾颉刚先生《周公东征史事考证》提出,西周初年的淮夷主体在今山东潍水流域,基本上是在昭穆时期以后,才逐渐进入今天的淮河流域的东部,之后逐渐向西。近年来曾国墓地出土的

青铜器上出现"淮夷"之称,使我们对曾国疆域有了新的认识。

记载"淮夷"的曾国青铜铭文有以下二处:

1. 文峰塔春秋晚期曾侯舆编钟[32]:

> 王遣命南公,营宅汭土,君庇淮夷,临有江夏。

2. 苏家垄 M79、M88 春秋早期曾伯桼壶[33]:

> 曾伯桼哲圣孔武,孔武元屖,克逖淮夷。

上述铭文表明,从西周早期曾国立国直到春秋晚期之前,曾国在南土的影响已达淮夷和江汉地区。南公是姬姓曾国的先祖,南公执掌大权时期,有一重要职责就是要防范淮夷集团和监视江夏一带的蛮夷方国[34]。《左传》桓公六年所记"汉东之国,随为大"大概指这个时期。此时曾国在南土的势力范围达到空前。当然,铜器铭文也存在过誉成分,曾国疆域不大可能囊括淮夷和江夏地区。曾国其时的疆域为桐柏山以西、汉水以东地区。春秋晚期,曾国成为楚国的附庸国,直至战国中晚期灭于楚。"曾侯乙祖父曾侯舆之时,曾国已经与楚国交好,并依就于楚"[35]。其间曾随文化依然根深蒂固,亦受楚文化一定影响。曾国墓地出土的铜方壶颇具特色;从春秋中期延续到战国早期的泥质褐红陶弇口罐等是曾随文化最具代表性的器物[36]。而战国早期曾侯乙墓中,楚文化因素已渐露端倪。

安州六器是北宋重和元年(1118 年)在安陆出土的一组有铭西周青铜器,作器人是跟随周王伐楚的贵族"中"。两件中方鼎铭文记:

> 唯王令南宫伐反虎方之年,王令中先省南国,贯行……

一件中方鼎记述了昭王十六年伐楚,曾命贵族"中"先去南国准备行宫。另一件中方鼎的铭文中说到昭王十六年伐楚获胜归来,赏给贵族"中"采地邑。从铜器铭文分析,昭王伐楚是动员了大量的人力,规模也大,有许多贵族都跟随昭王。

中甗记:

> 王令中先省南国,贯行,应在曾。

此行宫在曾,表明曾为此次昭王南征的重要基地。

中觯记:

> 王大省公族于庚,振旅,王赐中马自□侯四□……

铭文记载周王南巡时于庚地检阅公族,并将厉侯所献的马转赐予大臣中。按李学勤先生的意见,庚即唐,指古唐国;"侯"上一字,李先生释为厉,即古厉国。

安州六器,唐兰先生定为周昭王时器[37],大多学者从之。沈长云先生认为,安州六器、静方鼎等皆作于周康王时期[38]。结合铭文和文献判定,安州六器铭文所载史事,与周昭王南征有关,安州六器应为昭王时期。

关于"王令南宫伐虎方之年"与"王令中先省南国"是否为同年,尚有异议。黄凤春先生认为根据楚简以事纪年的通例,中先省南国征伐荆楚的前一年才是周王伐虎方的年代[39];尹弘兵先生认为南宫伐虎方之年即中省视南国之年[40]。我们认可黄凤春先生的意见,应是以事纪年。"中"省视南国并为昭王设立行宫,是为昭王南征作准备。"在鄂师次"表明"中"省视南国结束后所率军队驻扎在鄂。

西周早期的鄂国在今随州以西的安居羊子山附近,与设有昭王行宫的曾国相距约25公里。从铭文分析,"中"应是昭王的钦差大臣,其殉职后葬于昭王南征重要基地的曾国当在情理之中。"安州六器"的出现,给我们提出了西周中期曾国都城可能在今随州与安陆交界的线索[41]。安州六器出于孝感一带恐绝非偶然。

由于鄂国的存在,西周早期曾国疆域西至不过随州安居。"但随着鄂被周消灭,姬姓曾国迅速扩展至汉北及南阳盆地,成为替代鄂国的名副其实的汉东第一大国"[42]。

三、余论:曾国缘何 700 年

西周时期的曾国自受封汉东起,其活动范围始终未出随枣走廊,至战国中晚期为楚所灭,前后有约 700 年历史。在烽火连天群雄争霸的年代,曾国得以存续 700 年,实属不易。究其原因,当与其有"南公"把持和春秋季梁辅佐密切相关。

一般认为,周代的曾国为南宫括后裔,南宫括是周初重臣,曾辅佐文、武王,参与灭殷之战。黄凤春先生认为,"南宫"应是氏称,与西周早期的南公同源;南公之"南"应是"南宫"的省称[43]。徐少华先生认为,南宫括理当于周王室任要职,叶家山墓地几代曾侯应是南公后人[44]。所言极是。西周早期曾国有"南公"即南宫括把持,这对于曾国成为汉东大国大有裨益。

春秋时期的曾国有季梁辅佐,季梁在辅助随侯(曾侯)治理随国期间,励精图治,内修国政,外结睦邻,政绩显赫,特别是季梁哲学思想对曾国影响深远。因此,季梁被后人誉为"神农之后,随之大贤"。《左传》桓公六年记载季梁提出"夫民,神之主也。是以圣王先成民而后致力于神",即民为神主的思想,此是季梁哲学思想的精髓。季梁还提出"修政而亲兄弟之国"的主张。在《左传》《国语》等典籍中,很少见到随国与周围一带兄弟国家干戈相向的记载。与随相邻诸国的一些青铜器在随境内相继出土,这些文物当多为酬赠聘媵之品,这或许说明季梁及其后历代随侯大都沿用了"亲兄弟之国"的外交政策。随国之所以成为汉东诸姬中国祚最长的国家,与历代随君奉行季梁政治思想息息相关。季梁的政治思想在随人心目中产生了较为深远的影响。

曾国为什么又叫随国? 黄凤春先生提出,"随"之名可能来源于溠水[45],这是一种很好的思路。作为另外一种可能,这或许与季梁有关。《论语·微子》:"周有八士,伯达、伯适、仲突、仲忽、叔夜、叔夏、季随、季骃。""伯、仲、叔、季"是兄弟次第之字,但由于其名望,其后形成了氏族,季氏源于季随也不奇怪。1979年在随州义地岗季氏梁春秋中期墓葬出土两件"周王孙季怡"铜戈[46],表明季氏确系周族后裔。"季怡当为曾国公族,其人很有可能就是《左传》中随国的大夫季梁的后人"[47]。由于伯适(南宫适)和季随同为"八士",两人属兄弟关系。周代的曾国是南宫适的后裔,一部分也可能是季随的后裔。鉴于季梁在春秋时期特别是春秋中期以后对曾国的影响,曾国以季梁的先祖季随之名亦被称为随国是有可能的。若此判断成立,则有"随"字铭文青铜器的年代不会早于春秋中期。事实上,现有"随"字铭文青铜器中,随仲芈加鼎年代在春秋中期[48];"随大司马嘉有戈"年代在春秋晚期[49]。

此外,曾国历史长久可能与曾国崇尚礼乐有一定关系。曾国编钟屡见出土,如下表:

出 土 地 点	件 数	功 能	年 代
随州叶家山 M111	5(镈钟1,甬钟4)	双音钟	西周早期
枣阳郭家庙曹门湾 M1	残存编钟架编磬		春秋早期
随州义地岗枣树林	曾侯宝编钟芈加墓编钟	双音钟,成熟的打磨音高技术	春秋中期
随州义地岗文峰塔	曾侯舆编钟,残件若干	双音钟	春秋晚期
随州擂鼓墩 M1	曾侯乙编钟	65件	战国早期
随州擂鼓墩 M2	擂鼓墩2号编钟	36件	战国中期

编钟是首要的礼乐器,亦在国之重器之列。同时,编钟也是和平象征。《左传》载僖公十八年,郑伯始朝于楚,楚子赐之金,既而悔之,与之盟曰"无以铸兵",故以铸三钟。楚国是担心郑国铸造兵器反过来会对付楚国,或担心铜这种战略资源被用作军事方面而

对楚国构成威胁。"钟的铸造是弭兵的象征"⑩。出土的曾侯乙编钟,成为周代礼乐最显赫的文化符号。正因为曾国崇尚礼乐,推崇仁义,即便与楚国有百年战争,依然不计前嫌,上演一段义救楚昭王的佳话;即便曾国在春秋晚期沦为楚国附庸国,在其卵翼之下,曾国还存续至战国中晚期而亡于楚,成为汉东诸姬最后一个被楚灭掉的诸侯国。

注释:

① 湖北省文物考古研究所、随州市博物馆:《湖北随州叶家山西周墓地发掘简报》,《文物》2011 年第 11 期;《湖北随州市叶家山西周墓地》,《考古》2012 年第 7 期;《随州叶家山:西周早期曾国墓地》,文物出版社,2013 年。

② 黄凤春、陈树祥、凡国栋:《湖北随州叶家山新出西周曾国铜器及相关问题》,《文物》2011 年第 11 期;黄凤春:《关于曾国的政治中心及其变迁问题》,《中原文化研究》2018 年第 4 期。

③ 方勤:《郭家庙曾国墓地的性质》,《江汉考古》2016 年第 5 期。

④⑨㉝ 方勤、胡长春、席奇峰等:《湖北京山苏家垄遗址考古收获》,《江汉考古》2017 年第 6 期。

⑤㊾ 湖北省文物考古研究所:《湖北随州文峰塔墓地考古发掘的主要收获》,《江汉考古》2013 年第 1 期;黄凤春、郭长江:《湖北随州文峰塔墓地发掘获重大发现》,《中国文物报》2013 年 5 月 24 日;湖北省文物考古研究所、随州市博物馆:《湖北随州市文峰塔东周墓地》,《考古》2014 年第 7 期。

⑥ 郭长江等:《随州汉东东路墓地 2017 年考古发掘收获》,《江汉考古》2018 年第 1 期。

⑦ 湖北省文物考古研究所、北京大学考古文博学院、随州市博物馆:《湖北随州枣树林墓地 2019 年发掘收获》,《江汉考古》2019 年第 3 期。

⑧ 曹斌:《从商文化看商王朝的南土》,《中原文物》2011 年第 4 期;沈长云:《谈曾侯铜器铭文中的"南公"——兼论成康时期周人对南土的经营》,《中国史研究》2017 年第 1 期。

⑩ 后德俊:《湖北科学技术史稿》,湖北科学技术出版社,1991 年。

⑪ 万全文:《商周王朝南进掠铜论》,《江汉考古》1992 年第 3 期。

⑫ 张懋镕：《再谈随州叶家山西周曾国墓地》，《江汉考古》2016 第 3 期。

⑬⑯㊵ 尹弘兵：《地理学与考古学视野下的昭王南征》，《历史研究》2015 年第 1 期。

⑭ 高崇文：《从曾、鄂考古新发现谈周昭王伐楚路线》，《江汉考古》2017 年第 4 期。

⑮ 李学勤：《由新见青铜器看西周早期的鄂、曾、楚》，《文物》2010 年第 1 期。

⑰㉕㊳ 沈长云：《谈曾侯铜器铭文的"南公"——兼论成康周人对南土的经营》，《中国史研究》2017 年第 1 期。

⑱ 黄凤春：《盘龙城与商代的虎方》，武汉大学中国传统文化研究中心：《商代盘龙城学术研讨会论文集》，科学出版社，2014 年。

⑲ 武汉大学历史系考古教研室等：《西花园与庙台子：田野考古发掘报告》，武汉大学出版社，1993 年。笔者有幸观察到近年在庙台子发掘的陶器，其年代应该不只是在商代晚期，部分可到二里岗时期。

⑳ 随州市博物馆：《湖北随县发现商代青铜器》，《文物》1981 年第 8 期。

㉑ 孙庆伟：《从新出载瓶看昭王南征与晋侯燮父》，《文物》2007 年第 1 期。

㉒ 湖北省文物考古研究所、随州市博物馆：《随州文峰塔 M1（曾侯與墓）、M2 发掘简报》，《江汉考古》2014 年第 4 期。

㉓ 李学勤：《曾侯與编钟铭文前半释读》；徐少华：《论文峰塔一号墓的年代及其学术价值》；江汉考古编辑部：《"随州文峰塔曾侯與墓"专家座谈会纪要》，《江汉考古》2014 年第 4 期。

㉔㊼ 黄凤春：《从叶家山新出曾伯爵铭谈西周金文中的"西宫"和"东宫"问题》，《江汉考古》2016 年第 3 期。

㉖ 王恩田：《曾侯與编钟与曾国始封——兼论叶家山西周曾国墓地复原》，《江汉考古》2016 年第 2 期。

㉗ 程浩：《由清华简〈良臣〉论初代曾侯"南宫夭"》，《管子学刊》2016 年第 1 期。

㉘ 黄凤春、胡刚：《说西周金文中的"南公"——兼论随州叶家山西周曾国墓地的族属》《江汉考古》2014 年第 2 期；《再说西周金文中的"南公"——二论叶家山西周曾国墓地的族属》，《江汉考古》2014 年第 5 期。

㉙ 沈长云：《谈曾侯铜器铭文的"南公"——兼论成康周人对南土的经营》，《中国史研究》2017 年第 1 期。

㉚ 方辉先生发言,载《"随州文峰塔曾侯舆墓"专家座谈会纪要》,《江汉考古》2014 年第 4 期。

㉛ 黄凤春:《从叶家山新出曾伯爵铭谈西周金文中的"西宫"和"东宫"问题》,《江汉考古》2016 年第 3 期。

㉜ 湖北省文物考古研究所、随州市博物馆:《随州文峰塔 M1(曾侯舆墓)、M2 发掘简报》,《江汉考古》2014 年第 4 期。

㉞ 黄凤春、胡刚:《再说西周金文中的南公——二论叶家山西周曾国墓地的族属》,《江汉考古》2014 年第 5 期。

㉟ 李天虹:《曾侯舆编钟铭文补说》,《江汉考古》2014 年第 4 期。

㊱ 参见拙作《曾国陶器初探》,"叶家山西周墓地国际学术研讨会"会议论文,2013 年 12 月。

㊲ 唐兰:《论周昭时代的青铜器铭刻》,《古文字研究》第二辑,中华书局,1981 年。

㊴㊸ 黄凤春、胡刚:《说西周金文中的"南公"——兼论随州叶家山西周曾国墓地的族属》,《江汉考古》2014 年第 2 期。

㊶ 黄凤春:《关于曾国的政治中心及其变迁问题》,《中原文化研究》2018 年第 4 期。

㊷ 湖北省文物考古研究所、随州市博物馆:《湖北随州市叶家山西周墓地》,《考古》2012 年第 7 期。

㊹ 徐少华:《论随州文峰塔一号墓的年代及其学术价值》,《江汉考古》2014 年第 4 期。

㊺ 黄凤春:《湖北境内出土的有铭曾器及相关问题》,《金玉交辉——商周考古、艺术与文化论文集》,"中研院"历史语言研究所,2013 年。

㊻ 随县博物馆:《湖北随县城郊发现春秋墓葬和铜器》,《文物》1980 年第 1 期。

㊽ 张昌平:《随仲嬭加鼎的时代特征及其他》,《江汉考古》2011 年第 4 期。

㊿ 杨华先生发言,载《"随州文峰塔曾侯舆墓"专家座谈会纪要》,《江汉考古》2014 年第 4 期。

论冯家冢的年代及其相关问题[*]

张万高　田　勇

（荆州博物馆）

在纪南城四周众多的东周楚墓和墓地中，截至目前，考古发现成建制的楚国陵园只有八岭山一处，其他如熊家冢、谢家冢等均只是单个的楚王陵园，而八岭山则是一处规模庞大的、埋葬着多位楚王的楚国国家陵园。八岭山位于纪南城以西约 5.3 公里，二者关系密切，一般认为，八岭山应是楚国建都纪南城时期才选址规划建设的楚国国家陵园，其内所葬楚王均应为纪南城时期的楚王。冯家冢即其中之一。

2011—2012 年，荆州博物馆发掘了冯家冢北侧殉葬墓及七行冢殉葬墓共 7 座，在其中一座编号为 BXM13 的殉葬墓中出土了仿铜陶礼器鼎、敦、缶、盘、匜各 1 件。根据这一组陶器，发掘简报将该殉葬墓的考古学年代定为战国早期晚段至战国中期早段之间^①。简报刊布后，关于冯家冢的年代问题引起了学术界的广泛关注和讨论。有学者认为，冯家冢的年代应为战国中期前段而不应早至战国早期后段。主张此说的主要有张绪球、方勤等先生，其中，尤以张绪球先生的论证为细致。张绪球先生认为，冯家冢 BXM13 所出陶鼎之鼎足内侧为三角形刻槽而不是窄条状刻槽；所

　　* 本文的写作得到了湖北省文物局"大遗址荆州片区楚国王陵及高等级贵族墓地考古学研究"课题的资助。

出陶敦之足为"S"形足而不是兽蹄形足,并结合玉器的形制、纹饰等材料得出冯家冢BXM13的年代为战国中期前段的结论。而关于冯家冢的墓主,张绪球先生则认为,"冯家冢不是肃王的墓(公元前370年),就是悼王的墓(公元前381年)。"[②]

最近,关于冯家冢的年代与墓主又出现了一种新的说法,认为冯家冢是楚威王墓,这无疑又将冯家冢的年代拉到了战国中期晚段[③]。

上述种种意见究竟孰是孰非,目前尚无定论。若要准确判明冯家冢的考古学年代,则还需要对冯家冢BXM13所出的一组陶器进行仔细考察和分析,因为这是判定冯家冢年代最为直接的证据。

冯家冢BXM13的壁龛内出土了鼎、敦、缶、盘、匜共5件仿铜陶礼器(图一),其中,鼎与敦保存稍好,虽残破却可复原,形制清晰可辨;缶保存较差,但除肩与腹因残破无法复原外,其余部分如盖、颈、底尚存,形制亦大体可辨。盘和匜的陶质均为泥质红褐陶,形制较为古拙。这里我们只重点讨论和分析鼎、敦、缶三件器物的形制与特征。

鼎,泥质灰黄陶,器表施黑灰色陶衣。子口承盖,盖顶有桥纽;附耳直立;深直腹,圜底下垂,腹与底相交处折转;兽蹄足微外撇,足内侧有三角形刻槽,蹄足膝部饰压印圆圈纹。

敦,泥质灰黄陶,器表有红色彩绘残痕。全器由盖和身扣合而成,整体呈扁圆球形,口径大于身高;盖与身分别有"S"形纽和足;盖与身形制基本相同,但身比盖浅,足与纽亦有区别,足底略平而纽顶圆弧。

缶,陶质为泥质红褐陶。子口承盖,盖顶中央及外圈饰密集的压印圆圈纹;缶作子口内敛,弧束颈较长,斜溜肩,圜底内凹,有矮圈足。

上述鼎敦缶的相对年代究竟是战国早期晚段还是战国中期早段呢,这就需要将其与其他地点和单位出土的年代已经比较明确

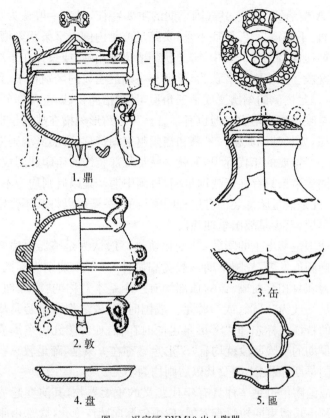

1. 鼎

2. 敦

3. 缶

4. 盘

5. 匜

图一　冯家冢 BXM13 出土陶器

且形制大体相同的同类器进行横向比较和认真分析。目前已知的可信度较高的相关材料主要有江陵雨台山楚墓、江陵九店东周墓、当阳赵家湖楚墓、长沙浏城桥一号楚墓。这几批材料大家早已烂熟于心,所以,这里只是针对其中有关战国早期晚段和战国中期早段存在的鼎、敦、缶三种器物的基本形制和主要特征进行类比分析,包括这些器类、形制、特征的共存关系。

　　关于战国楚墓出土的仿铜陶鼎(主要是如九店东周墓中的深

直腹 A 型鼎那一类),其战国早期的主要特征,过去一般认为是腹深且直,下腹微折转,圜底下垂,实蹄足或足内侧有窄条状刻槽,足膝部饰压印圆圈纹。其中,窄条状刻槽出现稍晚,或只存在于战国早期晚段。大多数学者认为,早期与中期最明显的区别在于,到了中期,鼎足内侧的刻槽变成了三角形,且刻槽面积(即空足部分)从早段至晚段逐步增大。但也有学者认为三角形刻槽在战国早期即已存在,如长沙浏城桥一号墓和当阳赵家湖楚墓。此外,战国陶鼎还有一个重要的年代标识,那就是鼎足膝部装饰的压印圆圈纹,这种圆圈纹装饰只存在于战国早期,战国中期及其以后则均为不见。所以,凡是鼎足膝部装饰有这种圆圈纹的,一概可以将其年代定为战国早期,至少是战国早期晚段。

战国楚墓出土的陶敦,其变化轨迹一般认为是整器由扁圆球形向椭圆形发展,战国早期一般为扁圆体,战国中期则为椭圆形。敦由盖和身扣合而成,盖的顶部均有三个基本对称的"S"立纽,身底之足则或为"S"形、或为蹄足。战国时期,敦之作蹄足乃是战国早期的特征与标志,但"S"形足也同时存在,如江陵九店东周墓中战国早期的早晚两段就均有"S"形足敦存在。只是,蹄足敦只存在于战国早期,战国中期及其以后则均为不见。

战国陶缶也是一种具有年代意义的重要器物,其演变趋势大致为颈由长弧束向短弧直发展,肩由斜溜向圆广变化,腹部由垂腹和扁腹向圆弧腹变化且最大径由下而上逐渐升高,底由圜底内凹向圜底近平或平底发展。缶盖及中腹一般饰压印圆圈纹,并且,缶上的圆圈纹与鼎上的圆圈纹具有同样的性质,是只属于战国早期的存在。

弄清了战国仿铜陶礼器鼎、敦、缶的基本变化和年代特征后,我们就可以将冯家冢 BXM13 与楚地其他地点的同类墓葬和器物进行横向排比和分析。目前看来,冯家冢 BXM13 之鼎敦缶的组合和形制与江陵九店 M10、当阳赵家湖 M4、江陵雨台山 M157、长沙浏城桥一号墓等所出同类器物大体相同。

江陵九店 M10 出有鼎簠壶和鼎敦缶两组仿铜陶礼器,其中,A
型鼎与冯家冢 BXM13 所出之鼎形制基本相同,而其三角形刻槽
极其窄浅;其 B 型鼎则为圆腹实蹄足,属于较早的形制,并且,此
A、B 两型鼎兽蹄足的膝部均饰有压印圆圈纹,所以,此二鼎的形
制均应属于战国早期晚段。九店 M10 所出之敦与同墓地中属于
战国早期晚段的 M44 所出之敦形制基本相同,均为整体作扁圆球
形,有 S 形足或纽。《江陵九店东周墓》报告将 M10 定为战国中期
早段,但同时又认为其年代接近于战国早期晚段④。我们认为,这
个 M10 的年代不仅仅是接近于战国早期晚段,实际上就应是战国
早期晚段(图二)。

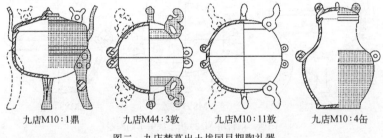

九店M10∶1鼎　　　九店M44∶3敦　　　九店M10∶11敦　　　九店M10∶4缶

图二　九店楚墓出土战国早期陶礼器

在荆州大遗址范围内,目前可以确认出战国早期仿铜陶礼器
的墓葬主要有雨台山 M157、M99、M89、M152,九店 M43、M44、
M10,赵家湖杨家山 M4 等。此外,还有长沙的浏城桥一号墓亦属
战国早期。

雨台山 M152、M89 二墓为鼎敦缶组合墓⑤。M152 则为窄条
状刻槽足鼎,足的膝部无圆圈纹,但同墓所出的陶罍上却饰有压印
圆圈纹(图三)。M89 之鼎为实足,足的膝部有压印圆圈纹(图
四)。二墓所出之敦均为扁圆体蹄足敦。整体而言,此二墓之鼎与
冯家冢 BXM13 所出的鼎基本相同,且均有圆圈纹,只在鼎足内侧

的刻槽上存在差异；敦也与冯BXM13之敦同为扁圆体。二者相比，其相同性是显而易见的。

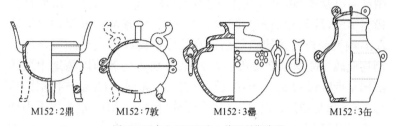

M152：2鼎　　　　M152：7敦　　　　M152：3罍　　　　M152：3缶

图三　雨台山 M152 出土战国早期陶器

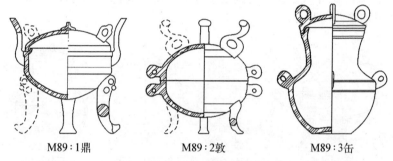

M89：1鼎　　　　　　　M89：2敦　　　　　　　M89：3缶

图四　雨台山 M189 出土战国早期陶器

浏城桥一号墓是新中国成立后较早发掘的一座楚墓，因出有圆圈纹深直腹鼎、蹄足敦等标型器，所以其年代被定为战国早期⑥。但也有学者因其出有三角形刻槽足鼎而认为其年代应为战国中期早段⑦。同样，当阳赵家湖杨家山 M4 也因出有圆圈纹深直腹鼎和蹄足敦而被定为战国早期晚段，而其鼎足内侧亦有三角形刻槽（图五）⑧。浏城桥一号墓和赵家湖 M4 均为压印圆圈纹、三角形刻槽鼎足、蹄足敦三者共存。随着仿铜陶礼器出土数量的增加，我们又看到了较多窄条状足鼎与三角形刻槽足鼎同时存在于同一墓之中的例证，这又说明了什么呢？有人认为，窄条状刻槽状的出现本来就早于三角形刻槽,这应是窄条状刻槽及其制作技术与方法的延续使用所致,即由战国早期延续到了战国中期早段。但我们却认为,这恰恰是三角形刻槽足鼎在战国早期晚段即已出现的证明,即三角形刻槽足鼎在战国早期晚段就已经存在。正如浏城桥一号楚墓一样。浏城桥一号墓既出蹄足敦,也出三角形刻槽足鼎,还有压印圆圈纹,三种特征同时存在,那么,应依此三者中的哪一个或几个特征为主来判定此墓的年代呢?毫无疑问,这里就应以压印圆圈纹和蹄足敦为主了。因为,这两大特征只存在于战国早期,战国中期及其以后则消失不见,而三角形刻槽足鼎则应是此时新出现的形制,是新鲜事物。因此,我们就可以将浏城桥一号楚墓的相对年代判定为战国早期晚段,而不能因其中有三角形刻槽足鼎就认为其年代要晚至战国中期。

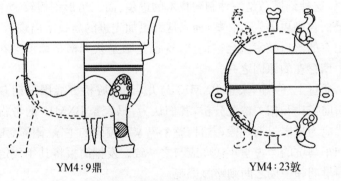

YM4:9鼎　　　　　　　　　　YM4:23敦

图五　赵家湖 YM4 出土陶器

上述案例说明,在以类型学方法所做的考古学分期中,某些器物的类别和形制在相连的早晚期段中是具有一定的交错现象的,这是一种正常的和客观的存在。所以说,楚之仿铜陶鼎的三角形刻槽是出现并存在于战国早期晚段、流行于战国中期的一种鼎制,并且也有一个渐变的过程,即由开始的较窄较浅变化为后来的较深较宽。

仿铜陶礼器是楚人专门制作的随葬品,且易碎易破,不可能把早期制作的器物存放相当长一段时间后再拿到较晚的墓葬之中,所以,战国中期的墓葬中不太可能用早期的仿铜陶礼器随葬。早期墓葬中出现的所谓较晚时段的形制其实并不晚,实际上它就是此时新出现的一种新形制。就楚人的仿铜陶礼器而言,同一墓中所共存的那些看起来具有早晚关系的器类和器形,实际上是具有共时性的。

其实,陶鼎足内侧的刻槽对鼎的美观和使用根本就没有实际意义,但是,它对于鼎的烧制却具有比较重要的作用。由于鼎足较为厚实,烧制时不易烧透,故而,制陶工匠就在不影响整体美观的鼎足内侧刻槽以引火,使鼎足在烧制时实际接触火焰的面积增加,从而使鼎足烧制得更为结实,并且还能节约燃料和缩短烧制时间。所以,这种刻槽乃是一种制陶技术的进步,而三角形刻槽较窄条状刻槽而言则更为先进一些,而当这种更加先进的新技术出现后,那种旧有的落后技术就会被淘汰,这也是窄条状刻槽足鼎不会在战国中期存在的原因之一。

通过上述对冯家冢 BXM13 与九店、浏城桥等战国早期墓葬的横向排比和相关情况分析,我们认为,冯家冢 BXM13 的考古学年代应为战国早期晚段,并且,整个冯家冢陵园的主冢、附冢、殉葬墓和车马坑的考古学年代亦应与之一致。发掘简报将其年代定为战国早期和中期之间则略显偏晚。

关于战国的考古学分期,学术界一般认为可分早中晚三期。战国早期:前 5 世纪前半叶至前 4 世纪中叶;中期:前 4 世纪中叶至前 3 世纪前半叶;晚期:前 3 世纪前半叶至秦统一。但是,对于楚文化考古而言,战国时代的分期似乎应该更为明确一些。战国早期的开始之年可依从学术界公认的前 5 世纪前半叶或公元前475 年,而其结束之年,我们认为应划在吴起变法中之吴起身死之年抑或是楚悼王身死之年亦即公元前 381 年前后为宜。如此,则楚文化考古之战国早期乃是经历了惠、简、声、悼四位楚王,历时约95年。由此,我们不难得知,冯家冢应是楚悼王的陵园。此外,冯家冢陵园具有众多的殉葬墓、庞大的车马坑、规整的布局以及绵长的祭祀坑,这种规模,在战国早期晚段,只有楚悼王的陵寝才能与之匹配。还有,到了战国中期,大规模的人殉现象已不再存在。冯家冢殉葬墓众多,亦可证明其年代不至于晚到战国中期。

经过近几年来对八岭山系统的考古勘探,我们得知,八岭山墓群内约有六座楚王陵园,这六座陵园基本上可以对应纪南城时期的战国楚王,即简、声、悼、肃、宣、威、怀。但是,六冢七王,究竟谁不在其中呢?冯家冢应是八岭山中时代较早的楚王陵园。八岭山陵园内埋葬的第一个楚王应为楚声王或者楚悼王。考虑到冯家冢规模庞大,布局规整,且殉葬墓众多,不太可能是楚声王的墓葬,而应是楚悼王的陵寝。楚声王因属"盗杀",其埋葬规格应稍低,可以对应八岭山中规模较小的李家冢。如此,则楚声王就是葬于八岭山陵园中的第一位楚王。那么,楚简王的陵寝又在哪里呢?近几年来,考古工作者对位于八岭山以西、沮漳河东岸的熊家冢墓地做了大量的考古工作,发现熊家冢墓地不仅是一座大型的楚王陵园,并且认为其考古学年代应为战国早期,但其究竟是哪一个楚王的陵寝则不能确定。根据八岭山楚国陵园内所葬楚王及纪南城始建年代等相关问题的研究,我们有理由认为,熊家冢当属楚简王的陵寝,其年代应早于八岭山陵园。而且,无论如何,熊家冢的年代也不可能晚到战国中期,更不可能是楚宣王的墓。

张绪球先生认为,冯家冢的相对年代为战国中期前段,并推断冯家冢的墓主应是楚悼王和楚肃王二者中的一个,这一认识是极有见地的。只是我们认为冯家冢应是楚悼王的陵园,且楚悼王所处的年代为战国早期晚段。至于那种认为冯家冢是楚威王墓的说法,其与事实相去甚远,实难认同。

其实,冯家冢的年代定为战国早期晚段是没有问题的,与之相对应的也应是楚悼王。楚悼王的在位时间是公元前 401—前 381年,正是处于战国早期晚段之时。既然八岭山冯家冢属战国早期晚段,而八岭山又是属于纪南城时期的楚国国家陵园,那么,纪南城至迟在此时即已成为楚国的郢都。基于此,则八岭山的年代就可以证明纪南城年代的上限为战国早期。关于纪南城的始建年代及其与八岭山的关系,过去,我们曾作文进行过分析,但有很多问题尚需讨论,容另文论述。

注释:

① 荆州博物馆:《湖北荆州八岭山冯家冢楚墓 2011～2012 年发掘简报》,《文物》2015 年第 2 期。

② 张绪球:《熊家冢和冯家冢的年代及墓主》,《楚学论丛》第六辑,湖北人民出版社,2017 年;方勤:《纪南城考古研究及楚都探索——为纪南城大规模考古发掘四十周年而作》,该文载于《纪南城考古发现》(湖北省文物考古研究所编,江汉考古编辑部出版)。在该文中,方勤认为,冯家冢 BXM13 的年代定为战国早期晚段至战国中期早段有些保守,可径定为战国中期前段。

③ 王红星、谢军:《荆州大遗址研究》,湖北人民出版社,2019 年,第 128 页。

④ 湖北省文物考古研究所:《江陵九店东周墓》,科学出版社,1995 年,第 406、409 页。

⑤ 湖北省荆州地区博物馆:《江陵雨台山楚墓》,文物出版社,1984 年,第 135 页等。

⑥ 湖南省博物馆:《长沙浏城桥一号墓》,《考古学报》1972 年第 1 期,第 71 页。

⑦ 张绪球:《熊家冢和冯家冢的年代及墓主》,《楚学论丛》第六辑,湖北人民出版社,2017 年。

⑧ 湖北省宜昌地区博物馆、北京大学考古系:《当阳赵家湖楚墓》,文物出版社,1992 年,第 211 页。

再论安徽寿县李三孤堆
楚王墓的椁室形制[*]

赵晓斌

（荆州博物馆）

　　1933 年夏,安徽寿县朱家集李三孤堆楚王墓遭到第一次大规模盗掘。次年 11 月,中研院史语所派李景聃、王湘二位先生到实地进行了调查与走访。1936 年,李景聃先生发表了《寿县楚墓调查报告》^①。

　　报告中先引用《学风》第三卷第八期《安徽文化消息》说:"(安徽省立图书馆)馆员刘复彭合同寿县县委吴子明等前往朱家集实地查勘,据云:'现古物处所占空间约有七八间房屋之大,四周架以巨木,内分三层,古物置于层间,状似库窖而非墓形。'"又根据参加盗掘的工人口述,记载道:"坑内中间为一大木堆,东西长约一丈二三尺,南北宽约六七尺,均系四棱大木密密排比,现出者已深八尺,尚未及底,或有撺,或无撺,木缝排比极紧严,取出不易,仅去其三。一面黑漆具花纹,一面红漆之木板,即系夹于两大木间者。木堆西南西北两角包以锡块,四面围以木头分间,式同箱笼,大小相差甚微,长与木堆相仿,宽度仅及其半。盖已腐朽,底部全系大木平铺,间隔不过二指,从木缝下探有黑泥,其下似仍为大木。南面箱子贰个,平列并有口门,内藏铜缸铜锅等件。西面箱子贰个,亦系平列,

---

　　* 本文的写作得到 2015 年国家重点文物保护专项补助资金"荆州市荆州区八岭山冯家冢墓地考古发掘"项目[考执字(2015)153 号]和湖北省文物局"大遗址荆州片区楚王陵及高等级贵族墓地考古研究"课题的资助。

石牛八座及其他石器多贮其中。东面箱子贰个非并列，略向南北错开，贴近木堆之箱子古物最多，大部铜器所自出，其东遗物未全取出，大件铜器已现形，惜被虚土坍压，兼以禁令再掘，出土古物又须悉数呈缴，工人遂听其埋藏无意取出。北面箱子木墙毕现，未见遗物，似贮存衣服等类易腐物件，亦未到底。至于四壁，东南角已到边，现出生黄土，其余均未到边。东北西北均有路，宽约丈余，墓师目为墓道云。"报告中附图皆为王湘先生所绘，"附图三：工人口述之坑内排列图"即相当于该墓的椁室平面布局复原图（图一）。

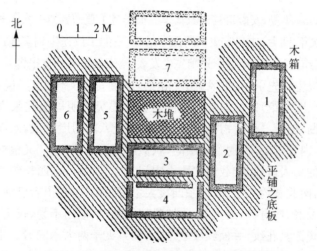

图一　李景聃先生发表的"工人口述之坑内排列图"
（采自《寿县楚墓调查报告》）

1938 年，桂系反动军阀李品仙再次组织士兵盗掘李三孤堆楚王墓，其交际科长邓峙一为现场指挥，多年后回忆道："棺材的周围，有约三丈长两尺方的木条一百多根。刚挖出来时，木条都是软的，用手指一按，便有一个很深的指痕，经风吹后，便相当的坚硬，不太锋利的钢锯锯不断，不太锋利的斧子也砍不动。木条的颜色

44

是板栗色的。它们堆成约两米高,排列成大小不同的十字方格。棺材放在木条中间的大方格内。"②

1982年,湖北省博物馆郭德维先生发表《关于寿县楚王墓椁室形制复原问题》一文③,对《寿县楚墓调查报告》中"工人口述之坑内排列图"的准确性表示质疑,并参考蔡侯墓、曾侯乙墓等考古新发现的资料,重新绘制了一张椁室复原平面图(图二)。

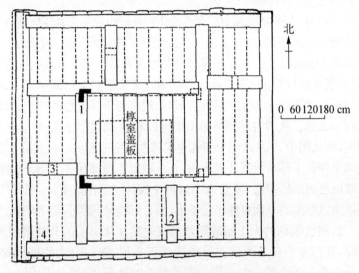

图二　郭德维先生复原的"楚幽王墓椁室复原平面图"
(采自《关于寿县楚王墓椁室形制复原问题》)

1981年4月,安徽省考古所对李三孤堆楚王墓的墓坑和墓道进行了考古钻探。1983年6、7月间,又对墓道及墓坑内未被扰动的部分填土进行了发掘。1985年,李德文先生在楚文化研究会第三次年会上提交了《朱家集楚王墓的形制与棺椁制度》一文(1987年正式发表)。文中介绍:该墓只有一条长22.4米的东向墓道,墓口近正方形,东西长41.2、南北宽40.2米,墓口下分九级台阶,逐层内收。台阶总高近 5 米,推测以下为深约 10 米的斗形坑壁,坑底面积不小于 300 平方米。"从本地的墓葬情况看,多数椁室只比坑底略小,该墓椁室面积绝不会小于曾侯乙墓的规模,其面积只能在 190—300 平方米之间。""如果把九级台阶和椁分九室定为王墓制度的话,而这种制度能和用鼎制度相呼应,正好符合'天子之制九鼎'之说。这样,楚王墓的棺椁结构也应是符合《仪礼》所载'天子棺椁七重'的葬制。"④

2011 年,荆州博物馆对荆州八岭山古墓群中的平头冢墓地进行了考古勘探,初步判断这应该是一处战国楚王陵园⑤。2018 年秋冬,受荆州市文物旅游委员会委托,荆州博物馆又对平头冢一号墓进行重点勘探,笔者参与了这次的勘探工作。通过多个距封土顶部深 27 米左右的探孔,判断其椁室的木质保存较好,规模为东西长约 19.6 米、南北宽约 18.8 米。从考古勘探平面图中可以看到,如果该椁室的平面为矩形,那么图中 A、B 这两个探孔也应该在椁室范围内。但实际上在这两个探孔中却未发现任何木质,直至距封土顶部深 31.2 米时达到了墓坑底面的砂岩层,可见 A、B 这两个探孔均落在椁室外。据此现象推测该椁室的平面可能不是矩形,而有可能是"亞"字形(图三)。

目前已发掘的大中型战国楚墓或受楚文化影响的其他诸侯国墓葬,其椁室平面多为长方形或接近正方形,在一个大的框框内,再分隔为若干个箱(室)。但也有少数为其他形状,如以下 4 例:

新蔡葛陵坪夜君成墓⑥,椁室呈"亞"字形,分内椁和外椁两部分。外椁分东、西、南、北、中五个椁室,从东室东墙板外缘到西室西壁外侧长 10.7 米,南室南壁外侧距北室北墙板外缘 9.3 米(图四)。

临澧九里 4 号墓⑦,椁长 4.45 米、头端宽 2.6 米、足端宽 3.2米。头箱呈曲尺形,右边箱为长方形(图五)。

随州擂鼓墩曾侯乙墓⑧,椁由 171 根长条方木垒成,分东、北、中、西四室,每一个室基本独立而又互相沟通。椁室平面呈不规则的多边形:北室与中室在一条中轴线上,西室与中室并列而略短,

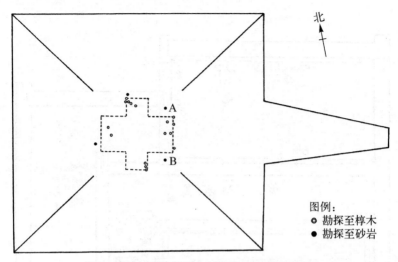

北

图例：
⊙ 勘探至椁木
● 勘探至砂岩

图三　荆州八岭山平头冢一号墓考古勘探平面示意图

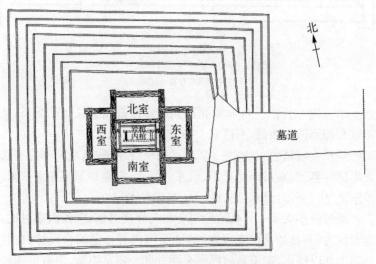

北

图四　新蔡葛陵坪夜君成墓的墓坑及椁室平面图
（采自《新蔡葛陵楚墓》）

47

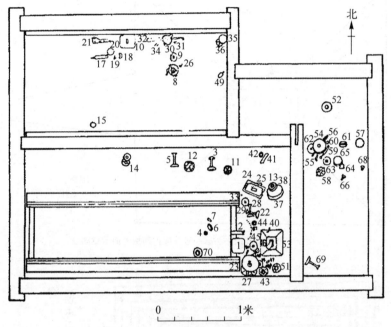

图五　临澧九里 4 号墓的椁室平面图

（采自《临澧九里楚墓发掘报告》）

东室单独向东伸出。从北室北部到中室南部南北长 15.72 米，从东室东部到西室西部，东西宽 19.7 米（图六）。

随州文峰塔曾侯丙墓[⑨]，墓坑平面呈亞字形，墓坑南部有一长方形阶梯墓道，墓口南北长 16.6、东西宽 15.6、墓口至墓底深 9 米。椁室呈"中"字形，分东、南、西、北、中五室（图七）。

通过将平头冢一号墓的勘探资料与坪夜君墓、曾侯丙墓对比，笔者认为《寿县楚墓调查报告》的平面图仍有一定的合理性，在其基础上加以修正，楚王墓的椁室平面并非一定是矩形，更有可能是亞字形（图八）。

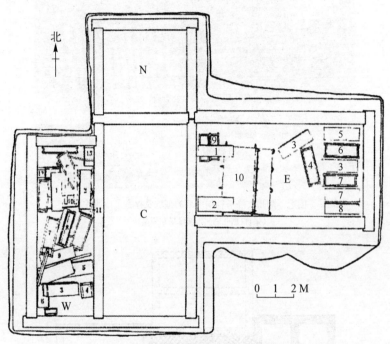

图六　随州擂鼓墩曾侯乙墓的椁室平面图

（采自《曾侯乙墓》）

图七　随州文峰塔曾侯丙墓的墓坑及椁室平面照片

（采自《湖北随州市文峰塔东周墓地》）

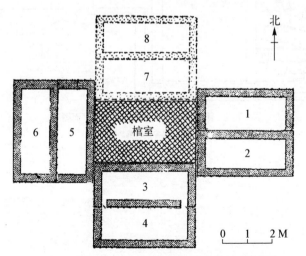

图八　笔者推测的寿县李三孤堆楚王墓椁室平面示意图

注释：

① 李景聃：《寿县楚墓调查报告》，国立中央研究院历史语言研究所专刊之十三《田野考古报告》，商务印书馆，民国二十五年(1936)。

② 邓峙一：《李品仙盗掘楚王墓亲历记》，《文史资料选集》第一辑，安徽人民出版社，1979年。

③ 郭德维：《关于寿县楚王墓椁室形制复原问题》，《江汉考古》1982年第1期。

④ 李德文：《朱家集楚王墓的形制与棺椁制度》，《楚文化研究论集》(第一集)，荆楚书社，1987年。

⑤ 刘德银、杨开勇：《荆州八岭山平头冢东周墓地》，《中国考古学年鉴(2012)》，文物出版社，2013年，第320页。

⑥ 河南省文物考古研究所：《新蔡葛陵楚墓》，大象出版社，2003年。

⑦ 湖南省博物馆、常德地区文物工作队：《临澧九里楚墓发掘报告》，《湖南考古辑刊》第3集，岳麓书社，1986年。

⑧ 湖北省博物馆编：《曾侯乙墓》，文物出版社，1989年。

⑨ 湖北省文物考古研究所、随州市博物馆：《湖北随州市文峰塔东周墓地》，《考古》2014年第7期。

寿春城遗址考古新发现与新思考

蔡波涛

（安徽省文物考古研究所）

一、转变思路：重启寿春城遗址的主动性考古工作

回首过往,我们可将寿春城遗址的考古工作划分为三个阶段,即第一阶段(1983—1991 年),在确定了寿春城遗址具体方位后通过遥感解译并结合考古调查、试掘,划定了总面积达 26.35 平方公里的外郭城;第二阶段(2001—2003 年),否定了前一阶段所谓外郭城城垣遗迹的存在,并提出今寿县城为楚都寿春的宫城或内城,以"柏家台——邢家庄——邱家花园"一线为功能性大型建筑区,其周围则分布有规模不一的散居点;第三阶段(2004—2016 年),主要工作类型为配合寿县新城区建设而开展的抢救性考古勘探和发掘,绝大部分工作位于明珠大道以南的区域,发现的战国晚期的遗迹遗物相当少,遗存的年代以汉代和唐宋时期为主[1]。必须指出的是,虽然第二阶段的考古工作认为原来划定的外郭城城墙根本不存在,但是对寿春城遗址位于寿县县城及其东南部一带的基本观点是没有怀疑的。2011 年,在配合寿县古城西门复建工程开展的抢救性考古发掘工作之余,考古工作者通过对西城门南侧城墙剖面的清理,在城墙底层夯土内发现有战国晚期的遗物。据此,发掘者认为寿县古城的始建年代至少为战国晚期,而这也在某种意义上佐证了其可能为楚迁都寿春后的宫城的观点[2]。但无可否认的是,截至目前,"城垣"问题仍然是困扰寿春城遗址考古研究的关键所在。

寿春城遗址所在的寿县城,其历史沿革根据文献记载可简单梳理如下,即:周襄王三十年(公元前 622 年),楚灭六、蓼,寿地入楚;景王十六年(公元前 529 年),吴略州来,并占寿地;敬王二十七年(公元前 493 年),蔡避楚求吴翼护,迁都州来,史称下蔡;贞定王二十二年(公元前 447 年),楚灭蔡,地复入楚。楚考烈王二十二年(公元前 241 年),楚国迁都寿春。这其中还有两个时间节点需要重视,一是《左传》载哀公二十二年(公元前 473 年),越灭吴;二是公元前 262 年,楚考烈王封此地为春申君黄歇的食邑。据此,我们可以梳理出一条"州来城——下蔡城——寿春城"的发展脉络,以城市发展史的角度来看,此地为典型的古今重叠型城市。曲英杰先生曾根据文献记载和考古资料对寿春城进行了复原研究③。与曲先生观点不太一致的是,我们认为蔡迁州来后所谓的下蔡城应该与州来城地望相同,都位于今寿县城所在的区域。坚持下蔡城的地望"寿县说"而非"凤台说"的观点是我们开展今后工作的学术前提,而这一认识的形成主要是基于考古材料的揭示④。在这一认识基础上,我们认为:解决寿春城城址范围的问题,是否可以转变工作思路?即从探寻下蔡城的范围和城垣遗迹来反证寿春城的相关问题。考虑到城址和墓葬的分区关系,结合已有的蔡昭侯墓⑤、蔡家岗赵家孤堆蔡墓⑥以及寿县西圈此前陆续发现的墓葬情况⑦,我们试图从墓地的发掘入手,通过墓地布局反向验证城址的方位。

伴随着规模空前、速度超前的城市化建设,城市的规模急速扩大,导致基本建设考古工作大为增加,大遗址,尤其是处于城内或城郊的遗址保护面临着前所未有的空前冲击。寿春城遗址也在这一浪潮中面临着被侵占和蚕食的危险。如何有效解决城市发展与文物保护之间的矛盾,是不可回避的现实问题。实践证明,建设国家考古遗址公园是大遗址保护比较有效的途径之一。在经历了较长时间以配合寿县新城区建设而开展的抢救性考古工作之后,为继续探索寿春城遗址城垣、布局等相关问题,同时也为申报寿春城国家考古遗址公园立项提供学术支撑,安徽省文物考古研究所联合寿县文物管理局自2017年起重新启动了对寿春城遗址的主动性考古工作。

二、下蔡探索:以西圈墓地为中心

西圈墓地位于寿县古城外西南方南关村的西部,大体包括米家圩、周家圩和陶家圩等几个自然村的范围。该墓地最北端大体可以与1955年发现的寿县蔡侯墓连成一片,加之再往西南方向至双桥一带分布有大量的中等规模封土的战国墓群⑧,这条紧邻寿西湖的狭长地带地貌为地势较高的埂台,是春秋战国时期以及汉代墓葬的重要分布区之一。在历年的农田水利建设或工程取土过程中,时常发现有古墓葬和重要文物等文化遗存,其中不乏包括现藏于寿县博物馆的"越王剑"和原始瓷器等高等级器物,年代大体约为春秋晚期至战国早期⑨。2009年,明珠大道拓宽工程发现一处战国早期的车马坑遗迹,更加说明该墓地可能存在较高等级的墓葬。2011年,定湖大道建设项目发现并清理的M6,虽然遭到盗扰和后期破坏,仍出土了大量极具特色的兵器和车马器,时代亦为春秋晚期至战国早期⑩。2012年,寿县二中拟选新校址于此,安徽省文物考古研究所对涉及该墓地计划征迁的区域进行了初步的考古钻探工作,发现墓葬400余座。考虑到文物保护等相关问题,寿县二中决定新校区另选他址。2017年8月起,通过对前期考古钻探资料的梳理,根据早期墓葬的分布状况,我们将带有青膏泥的竖穴土坑墓划分为两个小区进行发掘,实际发掘面积约1 400平方米,清理墓葬53座、灰坑28个,房址1座;出土陶器、原始瓷器、印纹硬陶器、铜器、漆木器和玉器等约500余件(套)。

发掘Ⅰ区位于墓地的中部偏东,主要发现有以下几点⑪:(一)以M25为代表的一批春秋晚期至战国早期墓葬的发现,证实了该墓地为下蔡时期蔡国的重要墓葬区之一。墓葬均为南北向长方形竖穴土坑墓，这与其姬姓诸侯的身份相符。此外，这批墓葬分布有一定规律，大体呈现出东西并列、南北成排的状况。（二）以M37、M40 为代表战国中期墓葬的首次发现，填补了寿春城遗址这一时期遗存的空白。其突出特点是土坑竖穴墓为东西向，而这与下蔡墓葬普遍为南北向的情况截然不同；虽然由于被盗扰严重，器物组合不完整，但从残剩出土的部分随葬品情况可以看出，这一时期墓葬延续了此前春秋晚期、战国早期墓葬普遍随葬原始瓷和印纹硬陶器的传统。（三）战国晚期遗存的新发现。从考古发掘的情况来看，M25 之所以幸免于被盗，很大程度上得益于该墓正好被战国晚期灰坑 H3 所叠压。而以 H1、H3 为代表的战国晚期灰坑内除了建筑构件板瓦、筒瓦以外还出土有相当数量的生活类陶器，如盆、罐、豆等，这一方面为墓葬的年代判断提供了重要的层位学依据，另一方面也说明寿春城遗址战国晚期遗存的分布西界已大为扩展。根据以往对寿春城遗址主要分布在寿县东南部区域的认识，西圈墓地所发现的战国晚期遗存则说明，由于楚国晚期的迁都事件，导致大量的人口涌入，其居址区的分布应已扩展至寿西湖东岸沿线一带，而该地块较高的埂台地貌特征，也比较符合楚人以高台居住的区位选择倾向。

2009 年的车马坑发现后，考古工作者在其周边开展了有针对性的考古勘探工作，但由于 1 号大墓未进行发掘且周边未发现其他高规格墓葬，导致其所属的主墓问题迟迟不能解决。查阅当时的考古勘探资料可知，1 号大墓平面呈长方形，东西向，未发现墓道迹象，深度约 6 米，墓葬填土内发现有大量炭粒和青膏泥。根据墓向分析，其可能为楚墓。但是，一般来说，楚墓的车马坑多位于主墓的西侧，基本不见位于南侧的情况，况且如若是楚墓的话，其与车马坑的年代也不相符。

发掘Ⅱ区位于墓地西南部，紧邻明珠大道北侧的车马坑。本次发掘工作主要是围绕着 1 号大墓展开，其学术目的之一即是验证其与南侧车马坑是否存在从属关系的问题。通过为期2年的连续发掘，主要收获有以下几点：（一）揭示出1号大墓为平面开口呈"亚"字形的积炭大墓，其主墓室为南北向，长约10.5米、东西宽约7.5米，东西两侧有对称的边箱或侧室结构，南北长约8米、宽约4米，墓室总面积达146平方米。从清理的情况来看，该墓可能在西汉早期以前即遭到大规模毁坏，回填堆积内发现有铜器残件、小型玉器、大量陶器（包括仿铜陶礼器）残件等，推测其时代应为战国早期。基本明确了该墓应为其南侧车马坑的主墓。（二）该墓开口层位明晰，其打破一层铺垫于生土之上的厚约30厘米的灰白色堆土，堆土纯净致密，且基本以1号大墓为中心呈圆形分布。从堆土的范围、土质土色及坚硬程度来看，我们推测其可能由人为堆筑而成，且经过一定的夯打。（三）墓圹四周发现有成排分布的柱坑类遗迹，且墓内填土中出土大量筒瓦、板瓦、瓦当等建筑材料，或可说明该墓可能有地上享堂类建筑。（四）本区所发现的汉代墓葬均打破1号大墓被毁坏后的填土或周边垫土，墓向以东西向为主，另有少量南北向墓葬；均为长方形竖穴土坑墓，部分带有较短的斜坡式墓道，随葬品组合以鼎、盒、壶、釜甑为主，根据墓葬形制和随葬品分析，其年代集中在西汉早期。这批小型汉墓均未被盗扰，其较为完整的器物组合对于建立和完善以寿春城遗址为核心的汉墓群年代标尺及结构体系有重要意义。

在进行西圈墓地发掘的同时，我们还选择对西岗遗址进行了主动性钻探工作，主要目的是想寻找可能存在的城垣遗迹线索。与西岗遗址相对的牛尾岗遗址，曾在寿春城遗址第二阶段的考古工作中进行过试掘，也发现有夯土墙遗迹，但其年代和性质被发掘者认定为南宋时期寿州城的南城墙。本次西岗遗址的钻探共发现有南北两道、共计三段的夯土墙类遗迹，其中北侧夯土墙大体可与牛尾岗的城墙相对应，南侧夯土墙由于尚未发现拐角等迹象，且尚未进行试掘解剖，其时代、结构和性质尚不确定，但这无疑为探索一直困扰寿春城遗址考古研究的城垣问题提供了重要线索。

　　三、"城南旧事"：战国晚期建筑基址的新发现

　　寿县城现今仍保存有一周非常完整的城墙，"城乡差别"的观念在当地人的认识中也非常明显，他们将城墙以内称之为"老城区"，新建的城区称之为"城南新区"。为配合寿县新城区路网工程的建设，经国家文物局批准，安徽省文物考古研究所联合寿县文物局对状元南路项目涉及寿春城遗址八里村地点的区域进行了抢救性考古发掘工作。八里遗址处于寿春城遗址总体保护规划中的"地下文物埋藏区"，根据前期考古钻探，发现有灰坑、灰沟及疑似夯土基址等遗迹现象。出于探索重点遗迹分布范围和形制结构等问题的考虑，本次发掘实际揭露面积约 2 900 平方米，发现夯土建筑基址(群)1 处、灰坑 21 座、灰沟 8 条、陶圈井 1 座、排水管道遗迹3 处，出土大量板瓦、筒瓦、瓦当、空心槽形砖、铺地砖等建筑构件，同时还出土有丰富的陶盆、陶豆、陶缸等生活用具类陶器和蚁鼻钱等铜器及少量玉器⑫。该遗址的地层堆积可划分为 5 层，其中，第①层为耕土层，厚约 15—20 厘米；第②层为近现代文化层，厚约5—15 厘米；第③层为汉代文化层，仅分布在发掘区部分区域，厚约 10—17 厘米；第④层为战国晚期文化层，厚约 15—35 厘米；第⑤层为次生土层，厚约 10—15 厘米。

　　所发现的夯土基址位于发掘区东侧，被第④层叠压。在夯土基址平面上发现有由规格不一的斑块状灰白色夯土堆积组成较为规整的"夯土片区"的迹象，遗憾的是由于后期破坏严重，我们无法探明其原有的建筑形制。而根据对这些零散的灰白色"夯土片区"的梳理、拼合，我们认为其应为一组相互关联的夯土基址建筑群，而这些区块状的灰白色"夯土片区"很可能分别与其上部的建筑本体相对应。通过对部分灰白色"夯土片区"的解剖可知，其修筑方式为：先采用夹杂较多料浆石颗粒的红褐色生土进行下层及底部基础的夯实，再对存在地面建筑的区域挖槽后夯筑经人工掺和的

灰白色垫土层。根据楚人多为高台建筑的认识,本次发掘所揭示的夯土基址应为其高台建筑下面的基础地基部分,未发现墙体、柱础或铺地砖、活动面等相关建筑遗迹。在建筑基址灰白色垫土较为集中的区域旁,发现有陶圈井1座,编号J1,但J1不与灰白色垫土层发生关系,体现出其间的共时性特征。J1开口于④层下,井口直径约1.3米,深约4.1米,残存有6节陶井圈,井圈直径约0.9米、高约0.5米、壁厚约0.03米,井内出土大量瓦片、石块和部分陶器和铁器等。从遗迹分布及开口层位并结合出土遗物判断,该井应与建筑基址应为同时期且功能相关的遗迹组合。受制于遗迹保存状况和发掘面积,该夯土建筑基址(群)是否还会向东延续和扩展,有待下一步的工作继续探寻。

在发掘区内夯土基址西侧揭露出一条南北向较直的灰沟,遗迹编号为G7,开口于④层下。在工程占地范围内经过发掘并结合部分钻探工作可知,其长度超过150米,开口宽度约5—8米不等,深度约1.5米,沟壁斜直,断面呈近圜底状,显示出较为明显的人工修筑痕迹。沟内堆积有较为明显的分层现象,大体可分为三层,其中第二层中包含物最为丰富,以大量的瓦砾堆积为主,同时还夹杂有相当部分的生活类陶器遗迹少量铜器、玉器等。瓦砾堆积以板瓦、筒瓦和瓦当等与建筑相关的遗存为主,其中筒瓦的烧成温度、具体尺寸及纹饰风格显示出较为多元和制作仓促的特点,瓦当均为半瓦当,以卷云纹为主,少量素面。建筑构件还有几何纹空心槽形砖、方形素面铺地砖和部分可能为柱础石的石板,除此之外,还有部分与厨灶相关的烟囱类遗物。生活类陶器亦发现较多,以泥质灰陶为主,另有少量红褐陶,器型有折沿盆、盘、豆、罐、壶、碗和缸等。铜器以蚁鼻钱居多,另发现1件疑似铜铃残片,上有鸟篆铭文"吉金自作"四字。玉器发现有小玉环和玉璧制作废料残片各1件。根据灰沟内瓦砾的分布和埋藏状况来看,其应为东侧建筑受到一次性破坏后短时间内形成的堆积。本次八里遗址地点发现的这条南北向灰沟,其与东侧建筑基址存在的密切关联:首先,从层位关系上来说,二者皆开口于④层下;其次,沟内包含物的时代可以确定为战国晚期,与灰白色垫土中夹杂的陶器残片和瓦片时代一致;最后,更重要的是发现有连接夯土基址与灰沟的排水管道遗迹。

排水管道遗迹共发现三处,根据不同形制可划分为圆筒形和三棱柱状两类,分别位于 t0702、t0603 和 t0403 内,均为东西向。其中排水管道 1 位于 t0702 东隔梁内,残存 4 节圆筒形排水管,东侧一端较高,连接夯土;西侧一端较低,呈较为明显的倾斜状并连接 G7,陶水管为直平口、两端口径一致,每节长约 40 厘米、直径约 24 厘米、壁厚约 1.5 厘米,通体饰绳纹。排水管道 3 位于 t0403 内,残存 10 节,每节长约 46 厘米、直径约 24 厘米、壁厚约 2 厘米,通体饰绳纹。通过清理发现此类圆筒形排水管的建造方式为:先挖沟槽,再口对口平铺水管,以碎陶片或小石块垫于水管下使其平整并保持接口处密封。排水管道 2 位于 t0603 内,保存较差,仅修复起 1 件完整器,三棱柱状,长约 39 厘米、三等边长 29 厘米、高度约 27 厘米、壁厚约 1.3 厘米,素面。排水管 1 和排水管 2 相距仅 3 米,排水管 3 在发掘区南侧,相距较远,不同形制的排水管应具有不同的排水功能,其可能对应着不同功能的建筑结构或不同性质的建筑属性。

通过对层位关系和出土遗物的综合分析可知,本次八里地点发现的大型建筑基址,其时代应为战国晚期,为研究和探讨寿春城遗址城内建筑布局等问题提供了重要材料。作为寿春城遗址范围内继柏家台和邢家庄北 01F1 之后经科学考古发掘工作揭示的第三处大型建筑基址,从出土遗物的具体情况来看,其等级和属性与前者存在较大差异。该遗址出土空心槽形砖、铺地砖和大量板瓦、筒瓦及排水管道的情况一方面说明其建筑规模具备一定的等级,另一方面由所出瓦当以卷云纹半瓦当为主,少见圆瓦当,更不见显示建筑级别的凤鸟纹瓦当,以及空心槽形砖的尺寸规格亦较小的情况而言,也说明其等级较之柏家台建筑基址稍低。更为重要的是遗址内出土大量生活类实用陶器的情况也与柏家台遗址绝不见此类陶器的情况存在天壤之别,而与基址相关的水井、陶缸和陶烟囱等遗存的发现也显示出浓郁的生活气息。

寿春城遗址在 1987 年通过遥感解译发现城内南部有纵横交错的"水道"类遗迹,虽然其真实性在后来的工作中遭到了部分否定,但由于更为细化的验证工作迟迟未能全面展开,导致这一问题至今仍存在继续讨论和探索的空间。本次发掘揭示的南北向长度超过 150 米、宽度约 5—8 米的灰沟遗迹,为重新理解和审视"水道"类遗迹提供了新的重要线索。三道排水管遗迹的分布将 G7 与其东侧的建筑基址进行了有效连接,在证明其共时性的同时也显示出其功能性的相关。建筑基址与人工"水道"遗迹紧密关联的现象,为下一步继续寻找此类遗存提供了重要参照。

四、"老城新物":寿县城内首次科学考古发掘

1955 年取土发现的"蔡昭侯墓"位于现在寿县城"老城区"内西北部,在此之后,由于缺少合适的机遇,对于老城区的科学考古工作一直未能得以开展。明代以来的寿县城,其城内的四个拐角各有一个水塘,据载是具有城内防洪排内涝的功能。2019 年 5 月,寿县城内的西南拐角塘在进行环境整治时,我们在其清淤后的塘底发现有陶圈井和较为明显的灰坑类遗迹。经过清理,根据出土陶器的形制特征和器物组合分析,得知其遗存时代应早于此前常见的战国晚期,查阅相关资料后,我们认为其很可能为战国早中期遗存。为进一步了解西南拐角塘所在区域的文化堆积情况,我们选择对该项目计划开挖的地块内开展必要的考古发掘工作,通过布设探方,实际发掘面积约 350 平方米,取得了十分重要的意外收获。

发掘区内的文化堆积层次较厚、时代跨度较大且延续性较强,依次是战国早中期、战国晚期、西汉时期、魏晋隋唐时期。战国早中期遗存中较为常见的陶器类型主要包括平折沿高束颈的圆腹罐、浅盘豆、窄折沿圈底盆以及形制较小的筒瓦、素面瓦当等,这与战国晚期常见的束颈折肩罐、深腹豆、宽折沿盆,以及形制较大的筒瓦、卷云纹瓦当有着明显的差别。战国晚期遗迹主要类型为陶圈井和灰坑等,出土遗物与新城区发现的同类器形制一致。西汉时期的遗迹主要为灰坑,陶器风格延续了战国晚期的传统,但又有所区别。魏晋隋唐时期遗存主要为墓葬和砖砌水井,出土遗物有瓷罐、瓷碗等。

发掘区所揭示的夯土基址有两处,二者不在同一区域,暂不清楚二者之间的联系。位于发掘区西侧的夯土基址,发掘揭示出其南部边界,其西部被西南拐角塘破坏,边界不详,东界和北界尚需进一步的考古发掘方可揭示。从层位关系层面来看,其被战国晚期遗迹所打破,叠压在战国早期的堆积单位之上,且夯土内的包含物时代均为战国早中期。从解剖的夯土剖面来看,夯土层厚约0.9米,夯层及夯窝痕迹明显,每层夯土厚度较为均匀。由于揭露面积的限制,尚未发现与夯土基址相关的建筑迹象,如基槽、柱坑、柱础等。建筑基址南侧为窑址区,窑址与建筑基址未直接发生叠压打破关系。窑炉共发现5座,且形制不同,可能与其功能不同相关,从层位关系及出土遗物判断其时代亦为战国早中期。这批战国早中期的大型夯土建筑基址和窑址区的发现是寿春城遗址范围内的首次发现,从遗存年代与历史记载对比角度来说,为探索下蔡城提供了重要线索。

作为典型的古今重叠型城市,寿县老城区内的考古工作受制于各种条件,一直未能开展,本次西南拐角塘地点的发掘作为首次对老城区的大规模科学考古工作,具有重要的启示意义。我们认为,老城区的工作很可能是解决寿春城遗址诸多问题的一把"钥匙",今后要根据已有的发现制定切实可行的计划有序开展考古研究工作。

五、结语:几点思考

(一)寿春城周围的墓地分布是比较明晰的,分别是东南方向长丰、杨公一带的高等级墓葬区,包括李三孤堆墓、武王墩等;西南方向胡塘、双桥一线的中等贵族墓葬区;北部八公山南麓、东淝河北岸一带的小型墓葬区。这三片墓葬群的分布将寿县城及其东南部区域作为确定寿春城城址所在地的认识提供了布局层面的支撑。据此,由西圈墓地、蔡昭侯墓、东津村⑬以及淮南蔡家岗等地蔡墓的发现来看,我们认为下蔡城的区位也应该与寿春城有着高度的重合。而西南拐角塘发现的战国早中期夯土基址和窑址等遗迹,属居址类遗存,应为城址内的遗存,更进一步对城址的方位提供了佐证。考虑到西岗遗址发现的疑似夯土墙类遗迹的情况,我们认为对西岗遗址开展必要的发掘工作是探寻下蔡城的城垣遗迹的关键线索。

（二）作为楚国晚期最后一座都城,截至目前,学界对其城址范围和外郭城的认识仍不甚明确,其主要原因在于城垣遗迹的未知性和建筑基址发现的有限性。本次八里地点发现的大型夯土建筑基址及疑似“水道”遗迹,就其所处方位和出土遗物的情况而言,一方面证明了第一阶段工作所得认识的合理性,另一方面也暗示着寿春城内建筑居址和祭祀性礼仪建筑的不同分布和布局,而是否存在严格意义上的外郭城也值得深刻反思。八里遗址的发掘提示我们今后对新城区的考古工作目标要更加明确,突出计划性和课题意识。

（三）寿春城遗址的考古工作自20世纪80年代开始以来,由于种种原因,考古资料的适时刊布一直是个绕不开的重要问题,这集中体现在考古简报发表较少和发掘报告出版不及时。抓紧时间整理已有资料,尽快将历年的调查、勘探和发掘资料公布于学界,才能引起学界对相关问题的深入讨论,进而推动寿春城遗址多角度、多层面的综合研究。

（四）文旅融合背景下的文化遗产保护是近年来考古文博界关注的热点话题。就寿春城遗址的情况来看,寿春城国家考古遗址公园的建设进度偏慢,考古成果转化为可供展示利用资源的成效不甚理想,这也为我们今后的田野发掘和研究工作提出了更高的要求,值得深思。

注释:

① 蔡波涛、张钟云:《寿春城遗址考古工作的新思路》,《楚文化研究论集》第十三集,上海古籍出版社,2018年。

② 张钟云:《关于楚晚期都城寿春的几个问题》,《中国历史文物》2010年第6期。

③ 曲英杰:《楚都寿春郢城复原研究》,《江汉考古》1992年第3期。

④ 蔡波涛、张钟云:《下蔡考古发现与研究简论》,徐少华等主编:《楚文化与长江中游早期开发国际学术研讨会论文集》,武汉大学出版社,2021年。

⑤ 安徽省文物管理委员会、安徽省博物馆:《寿县蔡侯墓出土遗物》,科学出版社,1956年。

⑥ 安徽省文化局文物工作队:《安徽淮南市蔡家岗赵家孤堆战国墓》,《考古》1963年第4期。

⑦ 安徽省文物考古研究所等:《寿县西圈发现的墓葬》,《东南文化》2005年第6期;陈治军、许建强:《寿县出土"蔡叔獻秎之行"双联戟考》,《考古与文物》2017年第2期。

⑧ 马人权:《安徽寿县双桥发现战国墓》,《考古通讯》1956年第3期;寿县博物馆:《寿县双桥战国墓调查》,《文物研究》第2辑,黄山书社,1986年。

⑨ 寿县博物馆清理资料,文物现藏于寿县博物馆。

⑩ 安徽省文物考古研究所、安徽博物院:《安徽寿县定湖大道M6发掘简报》,《考古》2020年第2期。

⑪ 蔡波涛、张钟云等:《安徽寿县寿春城遗址西圈墓地》,《2018中国重要考古发现》,文物出版社,2019年。

⑫ 蔡波涛、张义中:《安徽寿县寿春城八里遗址》,《大众考古》2020年第6期。

⑬ 陈治军、许建强:《安徽寿县出土"蔡襄尹启之用"戈考》,《文物》2018年第4期。

湖南郴州出土战国铜镜略探

罗胜强

（郴州市博物馆）

处在湘粤交界区域的郴州，自古至今在文化上较周边区域复杂。考古资料显示郴州在商至西周时期遗址中常出现印纹陶片，显示出强烈的越文化的气息①。到了春秋时期，依然为百越民族控制区域。战国早期，楚国开始统治该区域，成为楚国南部最远的边界。在此期间，墓葬中楚越文化共存较为普遍，而楚文化占比重大，政治上统治已改变原有的文化发展模式。郴州城区和资兴旧市战国墓葬②分为早、中、晚三期，出土了一大批文物，其中陶器占绝大部分，还有铜器、玉器、玻璃器、铁器等。墓葬应为聚族而葬，在高山背、马家坪、南塔岭、磨心塘、资兴旧市等分布数量不等。早期墓葬分布在高山背区域，难以看到铜镜随葬，而在中晚期随葬铜镜是主流。前辈学人对这一时期的铜镜研究杰作，不胜枚举，在此就不一一列举，本文借助这些研究成果，对出土40多件战国铜镜做一些研究和探讨（以城区出土为主），也仅向学术界展示郴州出土铜镜的类型和特征，为更多研究铜镜的同仁提供更好的材料。

一、类型

20世纪50年代《湖南出土铜镜图录》将楚镜分为十一种类型③，郴州出土战国铜镜与此比较和研究，可分为五型。

A型，花叶纹镜，以羽状纹或云雷纹为地纹，其上饰以四叶纹为主纹，为双层重叠构图。四叶较写意，有图案化倾向，叶中均饰云纹。分为两式。

Ⅰ式分为两个亚式。

Ⅰa式,1993年竹叶冲市国土局工地出土1件(M2∶2),圆形,三弦钮,圆钮座。钮座向外伸出四叶,四叶为蟠桃状,叶中有二弧线。羽状纹为地,四个羽状纹组成一个图案,呈现程式化。灰黑色。直径11.4厘米,边厚0.6厘米(图一)。

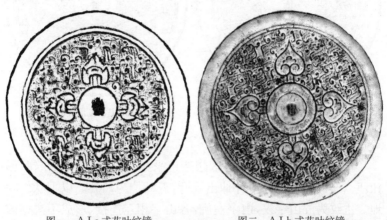

图一　AⅠa式花叶纹镜　　　　　　图二　AⅠb式花叶纹镜

Ⅰb式,2001年江西岭冶炼厂工地出土1件(M13∶1),圆形,三弦钮,圆钮座,外围一周由短斜线组成的圈带;羽状纹为地,两组倒置的羽状纹组合作连续排列;地纹之上为桃形的四叶纹,在凹面形圈带外作等距离十字形放射式排列。灰绿色。直径11.2厘米,边厚0.3厘米(图二)。

Ⅱ式,1993年竹叶冲市国土局工地出土1件(M5∶14),圆形,三弦钮,圆钮座,外围一周由短斜线组成的圈带。纹饰由地纹与主纹组合而成。地纹为云雷纹,每四个云雷纹为一个花纹单位。主纹为圈带外伸出四个叶纹。黑绿色。直径11.5厘米,边厚0.4厘米(图三)。

B型,山字镜,以羽状纹或云雷纹为地纹,山字为主纹,分四、五、六山,以四山为最多,往往在山字间四、五、八、十二叶或四竹叶

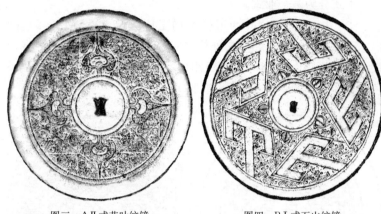

图三　AⅡ式花叶纹镜　　　　　图四　BⅠ式五山纹镜

等作辅助装饰。分为三式。

　　Ⅰ式，1985 年苏石路地区酿造厂采集 1 件，圆形，三弦钮，圆钮座。座周外均匀地向外伸出五叶，五叶均为两瓣。以羽状纹为地。主纹为五山字纹，山字左旋，各山字相互连接，形成不规则的五角星形，五叶正好对着五角星的内角，山字中间竖线顶端斜边切边缘的弦纹圈。灰黑色。直径 16.7 厘米，边厚 0.5 厘米（图四）。

　　Ⅱ式，1995 年山川塘湘林公司出土 1 件（M1∶1），圆形，三弦钮，圆钮座。以简化的羽状纹为地，有点杂乱；在地纹之上为六山字纹，山字左旋。灰黑色。直径 12 厘米（图五）。

　　Ⅲ式分为五个亚型，主纹为四山。

　　Ⅲa 式，共 2 件。1993 年竹叶冲市国土局工地出土 1 件（M9∶14），圆形，钮毁，凹面带方框座。以羽状纹为地。凹面方框的四角向外伸出四组连贯的叶纹，每组二叶，在每组叶纹之顶端又连接绳纹的竹叶纹，四组叶纹与竹叶纹将镜背分为四区，每区内有一斜的山字，山字向左，在各山字右边还有一叶。全镜的叶纹均以绳纹带相连接。青黑色。直径 13.8 厘米，边厚 0.4 厘米（图六）。

图五　BⅡ式六山纹镜

图六　BⅢa式四山纹镜

Ⅲb式，共 3 件。1994 年廖家湾郴江食品加工城工地出土 1 件（M16：8），圆形，钮毁，方钮座。座外围凹面形带方格。以羽状纹为地，主纹为四山字纹，方钮座外四角伸出连贯二叶，二叶之间以弦纹相连，八叶均增饰单线叶边，呈十字交叉状，将纹饰分为四区。每区一山字，山字左旋。灰绿色。直径 11.8 厘米，边厚 0.5 厘米（图七）。

图七　BⅢb式四山纹镜

Ⅲc式，1993 年欧家山南岭山庄工地出土 1 件（M1：4），圆形，三弦钮，方钮座，外围凹面形带方格。地纹为羽状纹。凹面方格纹的四角向外伸出一叶，其顶端连接一四瓣的花朵，花的中心为凹面同心圆。四花以镜钮为中心呈十字相交，将镜背分为四区，每区置一山字纹,山字左旋,在各山字之右角还有一叶,共八叶。青灰色。直径14厘米,边厚0.6厘米(图八)。

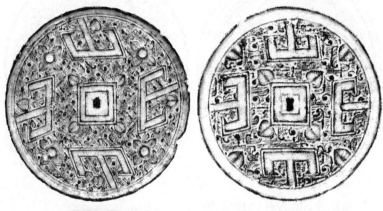

图八　BⅢc式四山纹镜　　　　　图九　BⅢd式四山纹镜

Ⅲd式,1993年飞机坪地区建筑工程公司工地出土1件(M1:6),圆形,双弦钮,方钮座。座外围凹面宽带方框纹。地纹为羽状纹。钮座四角伸出四组连贯式的叶纹,每组二叶,叶尖相对,将镜背分为四区,每区置一山字,左旋,山字底边与方钮座边平行。青黑色。直径9.2厘米,边厚0.3厘米(图九)。

C型,菱纹镜,共3件。1995年茅谷岭木材加工厂工地出土1件(M1:4),圆形,三弦钮,圆钮座。座外饰对称四叶纹。以羽状纹为地纹。主纹为凹面宽条带组成的菱纹,将镜面分为九个菱形小区。中心菱形及与它四边相接的四区,各有一凹面形花蕊的四瓣花朵,与中心菱形顶点相对的四区为半个折叠式菱形纹,内有由镜缘向内伸出的一片花瓣纹。菱形纹以镜钮为中心的中心对称图形。青灰色。直径13.2厘米,边厚0.5厘米(图一〇)。

D型,龙纹镜,以羽状纹或云雷纹为地纹,主纹为三龙纹,分为两式。

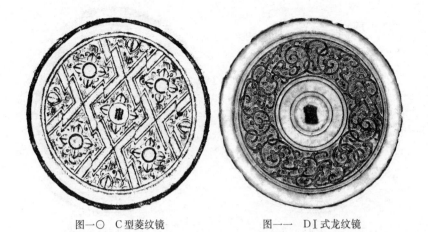

图一〇　C型菱纹镜　　　　　图一一　DI式龙纹镜

　　I式,1993年竹叶冲市国土局工地出土1件(M4:7),圆形,三弦钮,圆钮座。钮座外围短斜线纹两周间以一周凹面宽带纹。地纹为云雷纹。主纹为三龙纹,龙首贴镜缘,一角延伸卷曲与相邻龙尾相互勾连。灰黑色。直径17厘米,边厚0.5厘米(图一一)。

　　II式,共3件,分为三个亚型。

　　IIa式,1996年东风路筑路机械厂家属区工地出土1件(M1:16),圆形,三弦钮,圆钮座。座外饰凸宽带纹、凸弦纹各一周。以云雷为地。主纹为蟠螭纹,可分为三组,张嘴,大眼,头顶有弯角,与钮座外弦纹圈相接。身躯和足均为弧形枝蔓,勾连在一起,腹部向后伸出一折叠菱形纹。青灰色。直径17.4厘米,边厚0.5厘米(图一二)。

　　IIb式,2003年磨心塘龙门小区工地出土1件(M13:1),圆形,三弦钮,圆钮座。钮座外围凹面环带内饰短斜线纹一周。地纹为细密的云雷纹与碎点纹。主纹为三龙纹,龙张嘴回首,身躯如弯卷柔长的枝条,勾连交错,龙四肢伸长,腹中部被一折叠菱形纹所叠压。青黑色。直径11.6厘米,边厚0.6厘米(图一三)。

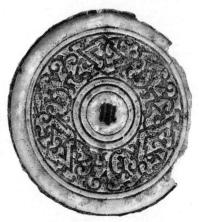

图一二　DⅡa式龙纹镜　　　　　　　图一三　DⅡb式龙纹镜

Ⅱc式,1998年马家坪湘运总站工地出土1件(M15:1),圆形,三弦钮,圆钮座。座外饰凸弦纹两周,其间夹两周短斜线纹。以羽状纹为地。主纹为三龙纹,三龙纹较简单,龙首贴镜缘处饰凸弦纹一圈,龙躯处延伸出的菱形纹叠压于龙的翼部。灰绿色。直径10.7厘米,边厚0.4厘米(图一四)。

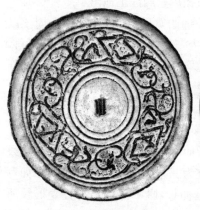

图一四　DⅡc式龙纹镜　　　　　　　图一五　F型几何纹镜

F型，几何纹镜。1959年马家坪出土1件，由双线组成的V形、三角形、四边形等几何图案组成，图案内填花纹、叶纹、三角纹、卷云纹、涡纹、圆圈纹、鸟纹、平行短线纹等。直径10.8厘米（图一五）。

二、年代

A型Ⅰa式与资兴战国中期前段M117：7铜镜[④]相似，而此镜四叶更饱满，与此镜同出还有琉璃璧、铜剑、铜矛、陶壶、陶敦、陶盆、陶勺、陶鼎、砝码。陶敦为对称两个半球形，分别附"S"钮。铜剑与资兴旧市战国中期前段Ⅳ式剑[⑤]相同。A型Ⅰb式与常德战国晚期墓出土铜镜相似[⑥]，与此镜同出还有陶壶、陶鼎、琉璃璧，属于战国晚期器物的特征[⑦]。A型Ⅱ式少见此类型，与此镜同时随葬铜鼎、陶盆、陶豆、铜戈、铜矛、铜樽、琉璃璧、铜剑，其中铜剑与资兴旧市战国晚期Ⅴ式剑[⑧]相似。

B型Ⅰ式，与Ⅲ式镜叶纹相似，并与上海博物馆藏铜镜相似[⑨]。B型Ⅱ式，山字设计上缺乏合理性，1983年广州市象岗山西汉南越王墓出土此类镜[⑩]，其中纹饰中增加十二叶，地纹不清晰，地纹均为羽状纹且简化；与此镜同出还有陶豆、陶壶、陶鼎，其中陶鼎为战国晚期器物的特征；陶壶与资兴旧市战国墓的战国晚期Ⅴ式壶相似[⑪]。B型Ⅲa式多出于战国晚期的楚墓[⑫]，与此镜同出还有陶罐、琉璃璧、铜剑、铜矛、铜戈、陶壶、铜灯、陶鼎、陶盆、陶敦、陶勺、陶匜、戈樽、矛樽、铁锸等，这些陶器组合应为战国晚期墓葬的状况。B型Ⅲb式，吉林省吉林市出土相同的铜镜[⑬]，同此镜随葬还有陶罐、陶敦、铜磬、铜铃、铜带钩，其中铜铃在资兴旧市战国中期墓出土（M528：6）[⑭]。B型Ⅲc式，湖南常德德山战国晚期楚墓出土此类铜镜[⑮]，与此镜同时随葬陶壶、陶敦和陶鼎。B型Ⅲd式少见此类镜，与此镜同出还有陶壶、陶鼎、陶敦、铜蚁鼻钱、箭镞，其中随葬铜蚁鼻钱断定该墓的年代应属战国中期偏晚[⑯]。

C型，衡阳公行山战国中期墓出土此类铜镜[⑰]，与此镜同出土陶器组合为鼎、敦、壶,其中陶敦钮饰已成小钉状,以此断定该墓年代为战国晚期。还有其他郴州战国晚期墓葬出土类似铜镜。

D型Ⅰ式,与此镜同出还有陶豆、陶鼎、陶壶、铁环首刀。D型Ⅱa式,上海博物馆藏此类镜[18],与此镜同出还有五铢铜钱若干和汉代器物随葬,此墓年代为汉代早期。D型Ⅱb式,湖北云梦睡虎地第35号西汉墓初年墓出土此类镜[19],与此镜伴出有陶熏炉,此墓年代为战国晚期。D型Ⅱc式,少见此类型铜镜,与此镜同出还有琉璃璧、陶敦、铜灯、陶壶、陶盘、陶勺,以此看墓葬年代应在战国晚期。

F型,唯一特殊纹饰铜镜,随葬还有陶器鼎、敦、壶组合,其中敦为两半球相合,上下皆附有三"S"状钮,该墓葬年代应为战国中晚期。

A、B、F型时代为战国中晚期;C型时代为战国晚期;D型时代为战国晚期到西汉初期,其中D型Ⅱa式和Ⅱb式伴出器物为西汉器物,铸造时间应为战国晚期,总的来说郴州出土战国铜镜时代偏晚。圆形,直径多在10厘米左右,最大不超过20厘米。胎体薄,大部分铜镜除边缘外厚度在0.1左右。素卷边,厚度在0.4—0.6之间。小弦纹的弓形钮,但钮顶部多饰有1至3道凸弦纹,高度0.3—0.7厘米之间。钮座或方或圆,以后者为多。纹饰精美,主纹、地纹层层交织,大部分繁而不乱,但亦表现程式化。山字纹镜最多,其次是花叶镜。铜镜已素镜开始,经过羽状纹或云雷纹为地,进一步加上山字纹、叶纹、龙纹等,形成相当复杂的筑镜系统。较早的素镜和纯地纹镜,在郴州无出土。A、B、C型铜镜地纹相对来说,主要为羽状纹,存在一定规律,呈现程式化。D型主要为云雷纹,纹饰模糊,主纹图案化。F型纹饰排列自由,无规律。

三、讨论

随葬铜镜的墓葬中器物组合以鼎、敦、壶为主,也有鼎、壶、豆或鼎、壶,属于平民阶层的仿铜礼器。随葬铜镜的墓葬依形制和类别不同,可划分为两种类型。第一类型,窄坑墓,墓窄而长,一般长为宽的二至三倍左右。第二类型,宽坑墓,长和宽差不多。窄坑墓仅见两座,其余墓葬均为宽坑墓。两个类型的墓葬出土随葬品不一,有多有少,多则几十件,少则两三件,表明郴州战国时期贫富分化差距较小,平民和富人均有享受提高生活质量和祭祀的要求。

1. 矿产和铸造

史料多有记载长江中游区域的金属矿产。内田纯子、向桃初等对湖南望城县高砂脊遗址出土青铜器做铅同位素分析[20],青铜器本地化过程中,铅料来源可能为湖南以南的地区提供。马江波等对宁乡炭河里26件青铜器检测分析[21],其中20件普通铅青铜,部分铅矿可能来自湘南或湘西北等区域。马江波还对益阳、湘潭、湘乡、株洲等地近30件西周至春秋越式青铜器检测分析[22],其中铅锡青铜材质的器物所用金属来源于湘南地区。以此看,商周时期对湘南区域金属矿产已开发利用。到春秋中期以后,强大的楚国陆续控制长江中游的矿产资源,如湖北大冶铜绿山、江西新干、皖南、湖南麻阳等。也许这些矿产不足以支撑楚国征战的需要,而作为储藏丰富的金属资源的郴州区域,楚国统治者早已注意到该区域的重要性,才将郴州在战国早期纳入楚国的统治范围。

随着楚国在本区域统治稳定,民众才有更多的精力装饰面容和穿戴,铸造精良的铜镜随之而发展起来。经便携式X荧光谱仪检测,多为三元合金,且为高锡青铜。在手工业的带动下,各诸侯国的商业日渐发达,冲破了“工商食官”制度的束缚,出现了许多私商。战国中期开始,在现在全国很多地方可看到出土楚国铜镜,说明铜镜数量增加使得铜镜商品化成为可能,私商携带贩运这些铜镜到全国各地。铜镜几乎没有完全相同的,由此看当时铸镜为一范一镜,这样更显示出当时铸造技术的高超和烦琐。铜镜的铸造必定有一套的工艺流程,包括采矿、冶炼、制造、熔铸等青铜冶炼和铸造程序[23]。铸造过程的复杂化,必须实行分工明确的商业,这也证明当时长沙乃至湖南处在比较活跃的商业范围之中,郴州也不例外。郴州作为矿产地,在当时成熟的铸镜体系中,更能充分利用本地的资源,将铜镜铸造更加实用和精美。

2. 人口和文化

郴州出土战国镜40多件(其中资兴战国墓出土铜镜11件),约占墓葬数(共381座,其中资兴战国墓80座)的10%。长沙发掘2 048座楚墓[24],出土铜镜485件,约占墓葬数的23.7%。郴州较长沙比,墓葬数量少,铜镜出土相对少。常德发掘1 592座楚墓[25],出土铜镜56件,约占墓葬数3.5%。郴州与常德相比,墓葬数依然少于常德,而郴州铜镜比例高出常德的一半,说明郴州战国时期,人口聚集数量少于常德,而文化或礼制水平并不低于常德。益阳发掘653座楚墓[26],出土铜镜44件,占墓葬数的6.8%。郴州与益阳相比较,在人口总量不同的前提下,文化或礼制水平还高于益阳。益阳靠近长沙,而郴州离长沙350千米,说明楚国把郴州作为南进的桥头堡,凸显军事地位的重要性,且重视程度远高于常德和益阳。楚镜分布在湖南各个当时重要的城市,以此看当时湖南内部经济文化频繁的交流。

特别是到了战国晚期,随葬铜镜的墓葬分布分散,平民阶层也可用铜镜随葬,显示郴州文化和经济发展差距的缩小。收藏铜镜工具已经腐朽,与其他随葬品混在一起,但我们从铜镜放置情况看,墓主人非常珍视铜镜,多放置在靠头部的位置。铜镜不仅有照容作用,还有装饰和辟邪作用[27]。铜镜作为照面饰容、修正衣冠的主要用具,是文明的象征,代表爱美之心和自我认识。因此郴州与益阳和常德文化发展水平相比,还处在相对较高的层次。

3. 来源和纹饰

据不完全统计,出土的两周时期的铜镜,已有数千面,大多属战国,而主要出自楚国,且以长沙为主。高至喜先生统计洛阳、禹县、郑州、西安、河北等地若干地点出土这一时期的铜镜情况,只有楚国所管辖的地方出土最多㉘。郴州战国铜镜与长沙出土类似较多,来源地无疑为长沙。郴州是个矿产资源非常丰富的地区,拥有铸造铜镜的原材料,储存大量的铜、铅、锡矿资源。以楚国开采和冶炼技术,郴州矿产开采和铸造也有可能,且处在与越人对峙区域,铸造青铜兵器主要为使用,免除从长沙或其他地方运输而来的路途。但也不能排除外来运输过来的或者外地工匠到郴州,才有战国中晚期的墓葬中出现如此高超技术的铜镜。以上述分析情况看,郴州出土春秋战国金属器可能为本地铸造,同时为汉代郴州设立冶炼的"金官"和"铁官"奠定良好的基础。

郭沫若先生把水盆到铜镜转变过程是这样描述:"……普通人用陶器盛水,贵族用铜器盛水,铜器如果打磨得很洁净,即无水也可以鉴容。故进一步,即由铜水盆扁平化而成镜。铜镜背面有花纹,背心有钮乳,即是盛水铜器扁平化的痕迹,盛水铜器的花纹是在表面的,扁平化后则变成背面了。钮乳是器足的根蒂。"㉙这段话可说明铜镜及纹饰的起源。郴州战国铜镜的纹饰分为五类:叶纹镜、山字纹镜、菱形纹镜、龙纹镜和几何纹镜,山字镜出土最多,最为珍贵莫过于六山纹镜的出现。山字纹镜在长沙楚墓中出土较多,对于纹饰的来源说法不一。菱形纹镜属于叠状式纹饰,可能起源于几何纹的三角纹㉚。花叶镜中的叶纹镜从简单的三叶、四叶到八叶,还出现云雷纹地花叶镜。四山镜的山字由粗短变得瘦削,在山字间配有花瓣纹、长叶纹、绳纹,相当繁缛,还出现五山纹镜、六山镜。战国铜镜的纹饰主要是沿袭和模仿商周时期的青铜器上的纹饰㉛。

四、结语

郴州出土战国铜镜属于楚镜的范畴,整个造型规矩,纹饰刻画纤细。目前,郴州战国镜应是湘江上游出土最多的区域,亦应是这个时期我国最靠南边的出土最多的区域。随葬铜镜的墓葬难以决定墓主人身份的高低,以此,铜镜仅是郴州战国中晚期丧葬习俗的一种,与铜镜同时随葬还有作为礼器的陶器,那么铜镜亦当为一种礼器。这一时期铜镜以实用为主,因此推断当时郴州民众非常普及使用铜镜,才会出现在相对贫富差异的墓葬中,应与郴州有足够铸造铜镜原料有关。现今,我们把六山纹镜定为非常珍贵的文物,因为出土少。学术界一直以来借助广州南越王墓出土和上海博物馆馆藏六山纹镜推断,认为六山纹镜出现较晚。郴州出土六山纹镜正好弥补考古中的补足,属于小型墓葬,与此同出还有几件陶器。总之,郴州出土战国铜镜是我国铜镜艺术发展的重要组成部分,从侧面反映出郴州当时政治、经济、文化、风俗以及民众的审美观念及审美情趣的变化与发展。

注释:

① 龙福廷:《湖南郴州地区几何印纹陶的分布及分期初探》,《南方文物》1989年第1期。

② 郴州市博物馆内部资料;湖南省博物馆:《湖南资兴旧市战国墓》,《考古学报》1983年第1期。

③ 湖南省博物馆:《湖南出土铜镜图录》,文物出版社,1960年。

④⑤⑧⑪⑭ 湖南省博物馆:《湖南资兴旧市战国墓》,《考古学报》1983年第1期。

⑥⑮ 湖南省博物馆:《湖南常德德山楚墓发掘报告》,《考古》1963年第9期。

⑦ 高至喜:《论战国晚期楚墓》,《东南文化》1990年第4期。

⑨ 陈佩芬:《上海博物馆藏青铜镜》,上海书画出版社,1987年,图18。

⑩ 孔祥星、刘一曼:《中国铜镜图典》,文物出版社,1992年,第25、57—58页。

⑫ 邓秋玲:《论山字纹铜镜的年代与分期》,《考古》2003年第11期。

⑬ 同⑩,第40页。

⑯ 龙福廷:《湖南郴州战国墓葬出土蚁鼻钱》,《中国钱币》1995年第2期。

⑰ 周世荣:《湖南古墓和古窑址》,岳麓书社,2004年,第93页。

⑱ 同⑩,第124页。

⑲ 同⑩,第126页。

⑳ 内田纯子、向桃初等：《湖南省望城县高砂脊遗址出土青铜器及铅同位素比值分析》，《湖南省博物馆馆刊》（第五辑），岳麓书社，2009年。

㉑ 马江波等：《湖南宁乡县炭河里遗址出土青铜器的科学分析》，《考古》2016年第7期。

㉒ 马江波：《湖南出土商周青铜器的科学分析与研究》，中国科技大学博士论文，2015年，第129页。

㉓㉔ 湖南省博物馆等编著：《长沙楚墓》，文物出版社，2000年，第509页。

㉕ 湖南常德市文物局编著：《沅水下游楚墓》，文物出版社，2010年。

㉖ 益阳市文物管理处；益阳市博物馆编著：《益阳楚墓》，文物出版社，2008年。

㉗ 昭明、洪海编著：《古代铜镜》，中国书店，1997年，第3—7页。

㉘ 高至喜：《从长沙楚墓看春秋战国时期当地经济文化的发展》，《中国考古学会第二次年会论文集》，文物出版社，1982年。

㉙ 郭沫若：《三门峡出土铜器二三事》，《文物》1959年第1期。

㉚ 邓秋玲：《论楚国菱形纹铜镜》，《南方文物》1996年第2期。

㉛ 杜迺松：《战国铜镜初探》，《故宫博物院院刊》1984年第1期。

滕州大韩东周贵族墓地楚文化
因素及相关问题

郝导华　刘延常　王　龙

（山东省文物考古研究院）

　　大韩墓地位于山东省枣庄市滕州市官桥镇大韩村村东，地处古代的泗水中游，现在的薛河与小魏河之间。该地地势较为平坦。墓地主体时代为东周时期，另外，墓内还有龙山文化、商周及汉代的少量遗存。这座墓地曾被盗掘。2017 年 4—5 月对墓地进行了初步考古勘探，墓地东西长约 100 米，南北宽约 70 米，总面积约 7 000 平方米。2017 年 10 月至 2019 年 9 月又进行了三次发掘，共清理墓葬 198 座。其中，战国末期小型墓葬 150 座，春秋晚期至战国晚期大中型墓葬 48 座。出土陶器、青铜器、玉器、石器、骨器、角器、蚌器、锡器、铅器、漆木器、金器等文物 3 000 余件。从棺椁、用鼎、墓葬规模等情况分析，大中型墓葬多为士一级贵族墓葬，一部分为卿大夫墓葬，M208 与 M57 则可能为国君夫妻并穴合葬墓。而小型墓为一般平民墓。从 M43 出土的 5 件器物皆有"倪大司马"的铜器铭文看，墓地可能与倪国有关。该墓地的发掘，对研究枣滕地区及薛河流域东周文化分期，完善区域文化谱系，深入研究泗上十二诸侯及其与周边古国关系，研究墓葬制度与丧葬习俗等方面具有重要学术价值。通观大韩墓地这 48 座大中型墓，不仅多具有中原、吴、越、齐等文化因素，还深深烙上的楚文化的印痕。本文试以文化因素分析方法，对其中的楚文化因素进行分析，以期搞清楚国在春秋晚期至战国时期对本地区的影响和交流并对其中的原因作出说明。

一、墓葬形制、葬俗体现的楚文化因素

（一）墓道的设置

楚墓设置墓道的现象非常普遍，其特点是墓道并不只是为了区分墓主人的身份和等级差别，而是其固有的设置^①。而大韩墓地除一部分墓葬没有墓道外，特别是到了战国时期，多设置较长的墓道(图一,1)。而一般士级别的墓葬，墓道有的亦较长。所以墓道的设置是墓葬的固有组成部分而非墓葬等级差别的标志物。

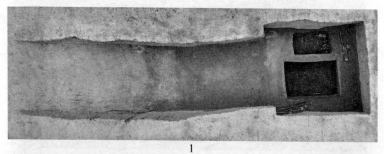

1

2

图一　墓葬形制、葬俗体现的楚文化因素
1. 墓道的设置(M137)　2. 铺垫青灰膏泥(M131)

（二）铺垫青灰膏泥

在春秋中期的楚国墓葬中，经常见到在椁顶及四周铺垫青灰膏泥的现象。而在大韩墓地中，常见在器物箱中铺垫青灰膏泥的做法（图一，2）。这可能是大韩墓地对楚文化墓葬习俗的吸收和变通。

1

2

图二　器物箱中放置鹿角

1. M126 北器物箱　2. M136 北器物箱

（三）器物箱中放置鹿角

大韩墓地在 M126、M136、M204 的器物箱中发现放置鹿角的现象（图二，1；图二，2）。而"楚墓中经常出土一种神秘的漆雕器物，下部为方座，上部立有直身曲颈的怪兽，头部插两只鹿角"。日本学者水野清一考证其为"山神像"。有人认为是镇墓兽，其作用是"镇妖辟邪"。有人认为其为丧葬用的"祖重"。众说纷纭，不一而足。

二、出土器物体现的楚文化因素

大韩墓地中的楚文化因素主要还是体现在出土的一批器物上。器物主要有以下几种。

（一）铜器

1. 鼎

依据口沿和承盖方式的不同，楚式铜鼎可分为束腰平底鼎、折沿鼎、箍口鼎和子母口鼎。其中大韩墓地出土梦式铜鼎较多的为箍口鼎。这种铜鼎的主要特征是："附耳，有盖，口沿下另置一圈单独的凸棱以承盖，深腹，高蹄足。"[②] 大韩墓地 M43 出土的一件铜鼎，是典型的楚式鼎（图三，1）。

2. 簠

大韩墓地出土的铜簠可分为两型，一型为折沿簠，另一型为无沿簠[③]。其中无沿簠属楚文化系统。对于这两种簠，陈小三直接称之为中原式簠和楚式簠。对于二者的差异，他进行了较详细地分析，认为楚式簠的特点主要表现在三个方面。一是楚式簠的圈足和捉手的切口边缘皆有加厚处理，二是簠身环钮均安置在簠的斜壁上且穿孔较小。三是簠直壁下没有宽平沿，而是在簠盖上设置兽头状卡口以与簠身扣合[④]。而大韩墓地 M39 出土的铜簠（图三，2）完全具备这些特点，是较典型的楚系铜簠。

3. 浴缶

从器形上，浴缶与罍相近，然而两者的流行地区有别。对此，

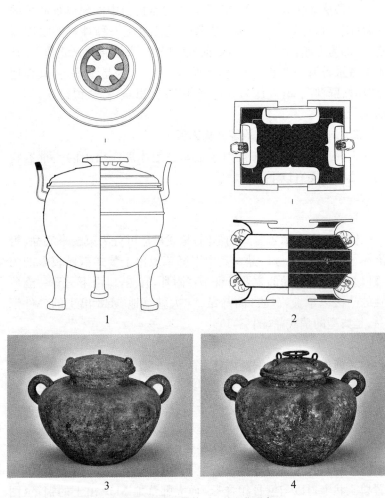

图三　出土器物体现的楚文化因素

1. 铜鼎（M43：22）　2. 铜簠（M39：6）
3. 铜浴缶（M39：40）　4. 铜浴缶（M43：20）

刘彬徽先生称:"罍是属于中原文化系统的器类,浴缶是南方楚文化系统的器物。"⑤同时,浴缶没有颈部,而罍均有短颈,故它们的承盖方式不同,这也是它们的区别。大韩墓地出土铜浴缶数量众多,例如,M39、M43皆有出土(图三,3;图三,4)。这种铜器的起源可追溯至两周之际的江淮地区,春秋早期,被引入楚文化系统而成为楚文化的典型器类从而被认为是楚系青铜礼器的基本组合器种之一⑥。

4. 尊缶

楚人所用的缶分为盛酒用的"尊缶"和盥洗用的"浴缶"这两大类。两者最大的区别是,浴缶腹部有2个钮,而尊缶腹部有4个钮。尊缶的名称来源于淅川下寺M2出土的2件带有自命名器物铭文铜尊缶。大韩墓地发现较多楚系铜尊缶。较典型的为M206所出的两件(图四,1;图四,2)。东周时期,尊缶主要在楚地流行,而大韩墓地出土了典型了楚式尊缶,说明两地深度的文化交流和影响。

1   2

图四　铜尊缶

1. M206：1　2. M206：2

5. 匜

大韩墓地M39出土的铜匜可分为横长腹和纵长腹2类(图五,1;图五,2)。其中纵长腹匜春秋初期见于淮河上游,春秋早期被楚人接受成为楚文化的一部分并逐渐向外渗透，至战国早期后，逐步取代了北方的横长腹铜匜⑦。

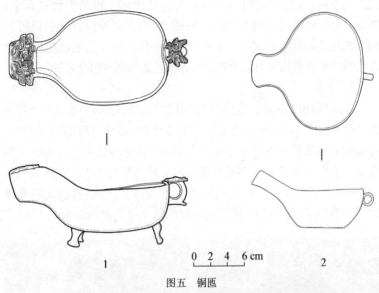

图五　铜匜
1. 横长腹匜（M39：10）　2. 纵长腹匜（M39：54）

6. 锁形器

在大韩墓地M26中出土了一件锁形器（图六，1）。这种器物在楚系墓地经常被发现。例如，淅川下寺楚墓（M2、M8、M36）⑧、襄阳沈岗春秋墓⑨、寿县蔡侯墓⑩等。山东枣庄徐楼M2⑪、莒南大店⑫等地也有发现，应该是受到楚文化影响的结果。

7. 铸镶工艺的铜器

从制作工艺看，大韩墓地存在一系列使用了铸镶工艺的铜器，有的具有楚式风格，可能是受楚文化影响的结果。

（二）金箔饼

在M39的棺内出土一件金箔饼（图六，2）。此箔饼圆形微隆，

图六　出土器物体现的楚文化因素

1. 铜锁形器(M26∶18)　2. 金箔饼(M39∶3)

近外缘处饰两周交错三角纹,中间饰一周带竖线的重环纹,重环纹内外两侧则饰交龙纹。然而从出土位置推测,这件器物很可能是棺顶或椁顶塌落之物。这种金箔饼在大量发现于楚国高等级墓。例如,河南淅川下寺 2 号墓中发现大量的金箔饰物,共近 200 片,有长方形、方形、圆形、曲形、锯齿形等多种,有的还有绳索纹等图案。淅川和尚岭的椁板上贴有金箔饰。该类金箔饰原多装饰在椁或棺板上,除有装饰效果外,还可能与辟邪有关,应与楚地流行的巫术有关。

（三）漆木器

在先秦时期,楚国的漆木器生产业十分发达。在墓葬中随葬精美的漆木器是楚文化的一个典型特点。而在大韩墓地中也发现了漆器的朽痕。例如,M201 北器物箱出土的漆器朽迹呈器物状(图七,1)。另外,许多墓葬的器物箱中有一定的"空白"区域(图七,2),虽然没有朽痕了,但应是放置漆器的空间。山东地区发现的漆木器不多,多分布于鲁东南与鲁中南地区并且多出土于较高规格的墓葬之中,这应是受到楚文化影响的结果。

1   2

图七　漆木器出土情况

1. M201 北器物箱漆木器出土情况　2. M200 南器物箱右侧的"空白"区域

三、相关问题

大韩墓地位于鲁南,大中型墓葬共清理 48 座。从年代上说,从春秋晚期延续至战国晚期。大韩墓地出现浓重的楚文化因素是有其背景的。春秋争霸,战国兼并,在这演化的进程中,楚国对鲁南甚至是鲁东南等地产生了深远的影响。从春秋中期开始,楚国即开始展开对山东南部地区的攻略。然而由于吴、越、齐等国家的变强和楚国的衰弱,期间并没有多大的行动。至战国时期,楚国势力变强,对鲁南展开了一系列的战争而发展至泗水流域。据《楚世家》,公元前 445 年,楚灭杞,"东侵,广地至泗上",《楚世家》又载:"简王元年(公元前 431 年)(楚)北伐灭莒。"于是楚国东北境,已深入到山东东南部。战国中期,齐国向南挺进,灭掉薛国,并占据了南武城。这与楚国产生摩擦,楚向北与齐国争夺,并破齐于徐州(今滕州薛国故城附近),两国形成均衡的发展态势。战国晚期,齐秦东西对峙。公元前 286 年,齐灭宋后,齐"南割楚之淮北,西侵三晋,欲以并周室,为天子"。公元前 284 年,在乐毅的统帅下,燕、秦等五国联军大举破齐于济西,燕军则率军深入齐国内地,齐只剩下莒、即墨等几座孤城。此时,楚国则派出淖齿率师救齐,在淖齿任齐湣王相国时,楚国收回了原齐国侵夺的淮北。鲁国虽小,亦乘机占领了齐之薛邑,即徐州。随着齐国的衰落,各国之间的局势发生很大变化。后来楚国郢都被破,楚王东走徙陈,失去了西部大面积土地,于是向东经略。在楚考烈王二年(公元前 261 年),"楚伐我(鲁),取徐州"。徐州即为薛。大韩墓地楚文化因素的出现,正是在这样的大背景下产生的。当然,对于楚文化因素,大韩当地人也不是简单的吸收,而是同对于齐、吴、越文化因素一样,经过自身的改造而形成了当地综合的有自身特点的当地文化。

注释:

① 邹芙都:《巴蜀文化中的楚文化因素》,《衡阳师范学院学报》2005 年第 4 期。

② 张闻捷:《楚国青铜礼器制度研究》,厦门大学出版社,2015 年,第 33 页。

③ 路国权:《周楚二系:试论东周时期铜簠的分类和谱系》,《四川文物》2016 年第 4 期。

④ 陈小三:《琉璃阁墓地春秋铜器群文化因素分析》,《古代文明》第 12 卷,上海古籍出版社,2018 年。

⑤ 刘彬徽:《楚系青铜器研究》,湖北教育出版社,1995 年。

⑥ 刘彬徽:《论东周青铜缶》,《考古》1994 年第 10 期;路国权:《江淮起源:论铜浴缶的谱系和源流》,《四川文物》2018 年第 3 期。

⑦ 路国权:《南北二系:试论东周时期铜匜的分类和谱系》,《考古与文物》2018 年第 4 期。

⑧ 河南省文物考古研究所、河南省丹江库区考古发掘队、淅川县博物馆:《淅川下寺春秋楚墓》,文物出版社,1991 年。

⑨ 襄阳市文物考古研究所:《湖北襄阳沈岗墓地 M1022 发掘简报》,《文物》2013 年第 7 期。

⑩ 安徽省文物管理委员会、安徽省博物馆:《寿县蔡侯墓出土遗物》,科学出版社,1956 年。

⑪ 枣庄市博物馆、枣庄市文物管理委员会办公室、枣庄市峄城区文广新局:《山东枣庄徐楼东周墓发掘简报》,《文物》2014 年第 1 期。

⑫ 山东省博物馆、临沂地区文物组、莒南县文化馆:《莒南大店春秋时期莒国殉人墓》,《考古学报》1978 年第 3 期。

浅析先秦两汉出廓玉璧

谢春明　陈　程

（华中师范大学楚学研究所、荆州博物馆）（荆州博物馆）

　　出廓玉璧是指在玉璧边廓外缘镂雕龙、凤、螭、植物和吉语文字等装饰的一类玉璧。装饰数量为一至三个，有单个镂雕、左右对称镂雕和不对称镂雕。出廓玉璧出现在春秋晚期，沿用至秦汉，造型独特而富有变化。本文选取这一时期出土和传世具有代表性的出廓玉璧，对其发展演变关系作简单梳理。

一、春秋晚期

　　河南洛阳西工段 M131 出土一件双龙出廓玉璧①，玉璧廓外两侧对称镂雕龙、鸟、螭，小鸟立于龙首，龙口衔螭尾，鸟喙啄螭身。璧面饰处于分解过程中的龙首纹。龙头完整，椭圆眼，上颚（涡纹）与下颚（卷云纹）连接线呈束丝状（"藕断丝连"），预示着上下颚将要分离。但龙首整体形象尚属清楚，显示出该器的年代在春秋晚期。缝隙间填充的一字形绚索纹，流行于春秋中晚期的楚式玉雕。（图一）

图一　双龙出廓玉璧

（河南洛阳西工段 M131：45）

二、战国时期

战国时期出廓玉璧数

量众多,造型丰富。按年代可分为战国早期、中期、晚期;按附饰物数量和象生动物类别又可分为单龙、双龙、双凤及双螭出廓玉璧。

(一)战国早期

1. 单龙出廓玉璧

湖北当阳李家洼子 M13 出土,玉璧上方透雕凤首龙。龙头有简化颈圈纹,龙身有三处鳞形网纹。龙足和龙尾饰绹索纹。璧面饰浅浮雕谷纹、卷云纹和长尾蝌蚪纹(图二)[②]。

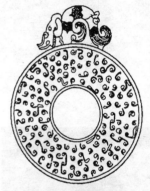 

图二　单龙出廓玉璧
(当阳李家洼子 LM13：8)

图三　双龙出廓玉璧
(天马—曲村 M6577：1)

2. 双龙出廓玉璧

天马曲村 M6577 出土一件,玉璧两侧附雕 S 形相向双龙。龙首上颚较长,龙身饰谷纹。璧面饰谷纹、卷云纹(图三)[③]。

山西侯马机运站祭祀遗址 K189 出土一件,双龙相向攀附于玉璧外侧,龙首上颚较长,尖端上翘,下颚后缩,龙身饰谷纹。璧面饰长尾蝌蚪纹、卷云纹、谷纹(图四)[④]。

荆州熊家冢南侧殉葬墓 M4 出土一件,玉璧两旁镂雕背向 S 形双龙。龙回首及背,龙身饰谷纹,多个谷纹芽尾阴刻外卷,尾饰绹索纹。璧面饰不减地浅浮雕谷纹(图五)[⑤]。熊家冢北侧殉葬墓

M2出土一件,外形与前者相似⑥。随州曾侯乙墓出土一件,玉璧两侧各附雕一S形龙,龙首在上,素面,玉璧一面残留一道割痕⑦。

天马—曲村墓M6431出土一件,两侧镂雕二凤首龙。凤身饰四条纵向平行线。璧面饰卷云纹、蝌蚪纹、谷纹(图六)⑧。

图四　双龙出廓玉璧
(侯马机运站祭祀遗址K189∶1)

图五　双龙出廓玉璧
(熊家冢M4∶56)

图六　双凤出廓玉璧
(天马—曲村墓M6431∶1)

图七　三龙出廓玉璧
(熊家冢M23∶7)

3. 三龙出廓玉璧

荆州熊家冢M23出土一件,两侧透雕龙造型不对称,一侧雕两条反向相连的龙,其中一条为凤首龙,二龙身上阴刻两条纵向平行线。另一侧雕一只较大的凤首龙,凤颈饰绚索纹、龙身饰蝌蚪纹、谷纹、圆首尖钩纹(图七)⑨。

4. 双凤出廓玉璧

侯马晋国古都博物馆藏一件,两侧附雕背向二凤。凤回首,圆眼,尖喙触及腹部。凤身修长,有多处尖钩状凸饰。璧面饰满长尾蝌蚪纹、卷云纹、谷纹(图八)。

图八　双凤出廓玉璧　　　　　　　　　图九　双凤出廓玉璧

(晋国古都博物馆)　　　　　　　　(山西长治分水岭墓 M14)

山西长治分水岭墓 M14 出土一件,玉璧外侧边缘左右两端各有一透雕之小凤鸟作为附加装饰,凤身饰谷纹,凤尾饰绚索纹。璧面饰蝌蚪纹、谷纹(图九)[⑩]。

5. 双螭出廓玉璧

望山桥 M1 出土一件,廓外镂雕对称 S 形螭。螭身饰骨节纹、尾部饰绚索纹。璧面饰卷云纹、谷纹、蝌蚪纹(图一〇)[⑪]。

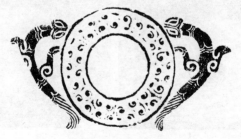

图一〇　双螭出廓玉璧

(望山桥 M1：X63)

（二）战国中期

1. 双龙出廓玉璧

中山国国王𰀉墓出土一件，玉璧两侧镂雕背向 S 形凤首龙。凤尖喙，杏眼，冠羽较长，龙身饰人字形纹、花朵纹。璧面饰清一色谷纹（图一一）[12]。

图一一　双龙出廓玉璧
（中山国国王𰀉墓 GSH：65）

图一二　双凤出廓玉璧
（益阳赫山庙基建工地）

2. 双凤出廓玉璧

益阳赫山庙基建工地 M108 出土一件，玉璧两侧镂雕双凤。凤首上仰，冠羽较长。璧面满饰谷纹（图一二）[13]。

上海博物馆藏一件，玉璧两侧镂雕背向双凤。凤尖喙、长翎羽。玉璧上部有一个柿蒂瓣形系耳。璧两面均饰减地浮雕谷纹（图一三）。

图一三　双凤廓玉璧
（上海博物馆藏）

图一四　双凤出廓玉璧
（鲁国故城 M58：122）

山东曲阜鲁国故城乙组58号墓出土两件。M58：122玉璧两侧外缘下方对称镂雕背向双凤,喙为双钩形。玉璧饰纯谷纹(图一四)[14]。M58：17玉璧两侧外缘下方镂雕二凤,一侧残缺,上方外缘有方形系耳[15]。

(三)战国晚期

1. 双凤出廓玉璧

河南固始楚墓出土一件,玉璧廓外对称镂雕凤首,凤首向外卷(图一五)[16]。美国福格艺术馆藏一件双凤出廓玉璧,其造型与固始双凤出廓玉璧几乎相同(图一六)[17]。

图一五　双凤出廓玉璧　　　　图一六　双凤出廓玉璧
　　(河南固始楚墓)　　　　　　(美国福格艺术馆)

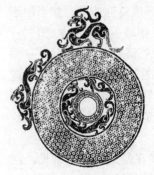

图一七　双龙出廓玉璧
(传河南洛阳金村大墓出土)

2. 双龙出廓玉璧

传河南洛阳金村大墓出土。边廓外镂雕不对称和大小不一的二龙,肉部也镂雕一龙。璧面满饰谷纹(图一七)[18]。

3. 龙凤螭出廓玉璧

伦敦大英博物馆藏一件龙凤螭出廓玉璧,边廓外镂雕龙、凤、螭各一,龙螭的长尾皆伸入璧内,以双钩阴刻表示。璧面饰纯谷纹(图一八)[19]。

93

图一八　龙凤螭出廓玉璧
（大英博物馆藏）

战国时期是出廓玉璧制作和使用高峰期，也是楚式玉雕大放异彩的时期，出土的出廓玉璧大部分带有楚式玉雕风格，少数为中原式玉雕。

从出廓玉璧造型看，中原式出廓璧讲究左右平衡和对称，但楚式出廓璧中却流行不平衡、不对称的风格[20]。廓外附饰物不对称是楚式出廓玉璧一大特点。战国出廓玉璧廓外装饰不对称分为两种形式：一种是廓外的象生装饰为偶数，但位置不在同一水平或大小、姿态不一致。据传河南洛阳金村大墓出土的双龙出廓玉璧，其边廓外有不对称和大小不一的二龙（图一七）；另一种是廓外象生装饰为奇数，且是不同物种，自然无法形成对称造型。如当阳李家洼子 LM13 的单龙出廓玉璧，边廓外只镂雕一个凤首龙（图二）；大英博物馆收藏的龙凤螭出廓玉璧，边廓外镂雕龙、凤、螭各一（图一八）。龙和螭的长尾深入廓内，以双钩阴刻表示，是楚式象生造型的一种装饰手法。古代玉工在琢制玉器时，通常也会遵循平衡原则，形成视觉上对称、稳固的效果。但楚国玉工敢于打破传统，追求创新，创造出不拘一格的造型艺术。

从出廓玉璧纹饰看，其上雕刻的纹样在楚式玉雕中常见。网纹、绚索纹、骨节纹、花朵纹、颈圈纹、长尾蝌蚪纹、不对称卷云纹、谷纹芽尾阴刻外卷等，都是战国时期楚式玉雕流行纹饰[21]。廓外象生动物造型细部常刻有楚式玉雕纹样,如网纹、绹索纹、骨节纹、花朵纹、颈圈纹等。如望山桥 M1 玉璧螭身饰三组骨节纹,每组有三个人字形纹,螭尾饰绹索纹(图一〇);中山国国王譽墓玉璧附饰凤首龙龙身分别刻三个花朵纹(图一一)。当阳李家洼子 LM13 玉璧上方凤首龙龙颈至龙尾分别饰有颈圈纹、双人字形纹、塔形网纹和绹索纹(图二)。与出廓玉璧廓外镂雕姿态各异的象生动物相比,璧面纹饰显得低调、简单。玉璧璧面以谷纹为主,其间杂有长尾蝌蚪纹、不对称卷云纹、芽尾阴刻外卷的谷纹等。如侯马机运站祭祀遗址 K189 出廓玉璧璧面刻有长尾蝌蚪纹及谷纹芽尾阴刻外卷(图四);晋国古都博物馆的双凤出廓玉璧璧面浅浮雕多个长尾蝌蚪纹和不对称卷云纹(图八)。熊家冢 M4 双龙出廓玉璧璧面的不减地浅浮雕谷纹,也是楚式玉雕中广泛运用的纹饰(图五)。

从出廓玉璧附饰造型看,中原地区流行双龙出廓玉璧,两侧镂雕双龙,中间璧和中孔为圆形,如天马—曲村 M6577 出土双龙出廓玉璧(图三)。而楚式出廓玉璧廓外镂雕造型不仅有龙,还有凤首龙、凤和螭。凤首龙造型最早见于战国早期当阳李家洼子 M13 出廓玉璧外侧。战国中期中山国国王譽墓出土的双龙出廓玉璧,廓外两侧也附饰凤首龙。可以说,凤首龙造型最早出现和流行于楚式玉雕。楚人尊龙崇凤,凤的形象经常出现在楚式玉雕中。河南固始楚墓出土一件双凤出廓玉璧(图一五)。美国福格美术馆也藏有一件双凤出廓玉璧(图一六),二者造型几乎相同,应为楚式玉雕。以螭作为附饰对象的出廓玉璧少见,望山桥 M1 出土的一件双螭出廓玉璧,从其纹饰中的蝌蚪纹、人字形节纹可以推断为楚式玉雕无疑。

战国时期出廓玉璧造型、纹饰、附饰对象具有明显的楚式玉雕风格,这种风格特征一直延续到西汉早期。

三、西汉时期

南越王墓共出土六件出廓玉璧,编号 D77 龙凤谷纹玉璧,中央为一游龙,左右外侧各附一凤,凤颈部饰串贝纹。璧面饰勾连谷纹(图一九)[22]。编号 E143 - 6 三凤谷纹玉璧,璧面饰勾连谷纹,外缘透雕三凤纹,对称分立,大小不一,姿态各异(图二〇)[23]。编号 D166 双凤出廓玉璧,边缘两侧镂雕凤纹如座,凤颈部有颈圈纹。璧面饰谷纹(图二一)[24]。编号 E53 凤纹出廓璧,璧面饰谷纹,外缘上端有一系耳,下端右侧为镂雕凤,左侧似一简化凤形[25]。编号 E97 花瓣出廓玉璧,玉璧两侧各附一柿蒂花瓣,每瓣各钻二孔,以阴线划边,中饰菱形花蕊纹,与璧相接处刻有一束绞丝纹(图二二)[26]。编号 B6 玉环,残缺,可以看出外围有 5 个花瓣状装饰[27]。

图一九　龙凤出廓玉璧(环)
(南越王墓 D77)

图二〇　三凤出廓玉璧(环)
(南越王墓 E143 - 6)

图二一　双凤出廓玉璧
(南越王墓 D166)

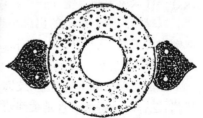

图二二　花瓣出廓玉璧
(南越王墓 E97)

河北满城汉墓出土一件双龙出廓玉璧。玉璧外侧透雕繁缛背向双龙。张口挺胸，长角上扬，尾由背后伸至头顶。上端有两个对称卷云纹，顶端为柿蒂形，并有一小穿孔。璧面饰清一色浅浮雕谷纹（图二三）㉙。

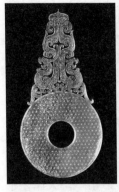

图二三　双龙出廓玉璧　　　　　　图二四　双凤出廓玉璧
（满城汉墓 M1：5048）　　　　　　　（定县 M40）

河北省定县 M40 出土一件双凤出廓玉璧。玉璧两侧镂雕 S 形背向凤鸟。中间双璧相套，大璧饰浅浮雕谷纹，部分芽尾阴刻向外卷，小璧阴刻五个卷云纹㉚（图二四）。

南越王墓为西汉初年南越王国第二代王赵眜的陵墓，墓中出土玉器 237 件。杨建芳先生对该墓玉器年代和文化属性进行过详细考证，一部分为先秦玉器，一部分为西汉玉器。出廓玉璧 D77、E143-6、D166、B6 年代为战国晚期，E53、E97 年代为西汉。六件出廓玉璧的文化性质均为楚式㉛。南越地区毗邻战国时期楚国南端，深受楚文化影响。楚人玉文化和玉雕风格也传入岭南，如南越王墓出土出廓玉璧璧面的勾连谷纹，就是楚式玉器中流行纹饰㉜。

西汉出廓玉璧造型依然讲究"对称、平衡"，但就艺术风格而言，透雕之龙凤姿态优美、灵动，张扬生命的气息，不似战国那般规整、呆滞,缺乏生机。这与两个时期的社会政治秩序密切相关。春秋战国时候,社会仍然受到西周礼制的影响,等级严格、思想束缚,龙凤拘谨、规整。经过楚汉战争,西汉初期统治者制定休养生息国策。社会安定,思想开放、艺术活跃,这一系列改变也反映在了汉代的出廓玉璧上,造就了龙飞凤舞、神采飞扬的汉代玉雕龙、凤。南越王墓E97出廓玉璧以柿蒂纹花瓣作出廓造型也是这一时期的新变化。

西汉国力强盛,玉料来源广泛,玉器制作技术和工艺水平更上一层。海昏侯墓、满城汉墓、徐州楚王墓等汉代诸侯王墓中都出土大量精美玉制品,包含礼仪用玉、装饰用玉、生活用玉、丧葬用玉等。玉器数量多、种类全、质地佳,但出廓玉璧却仅有一二,满城汉墓和定县40号墓中各仅出土一件,说明西汉中期以后出廓玉璧式微。

四、东汉时期

双螭谷纹玉璧,河北定县北庄刘焉墓出土。玉璧上端相互缠绕的双螭和植物,双螭相向,各衔花蕊一侧(图二五)㉜。天津艺术博物馆藏一件双螭谷纹玉璧,外形与此相似㉝。

龙螭谷纹璧,定县43号汉墓出土。玉璧左右两端各透雕一龙为耳,璧上透雕二龙衔环,生动活泼。璧面饰规整谷纹(图二六)㉞。

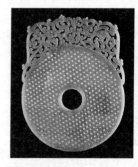

图二五	图二六	图二七
双螭谷纹璧	龙螭谷纹璧	"宜子孙日益昌"璧
(定县北庄汉墓)	(定县 M43)	(合浦县环城乡黄泥岗 M1)

"宜子孙日益昌"璧,合浦县环城乡黄泥岗 M1 出土。顶部出廓透雕二龙,龙回首立于吉祥语"宜子孙日益昌"六字上,龙身有云纹环绕。璧面饰谷纹(图二七)㉟。

"益寿"谷纹璧,故宫博物院藏。玉璧上方出廓镂雕一螭一龙环托"益寿"二字。璧面为浅浮雕谷纹(图二八)。

"长乐"谷纹璧,故宫博物院藏。玉璧上方二螭虎分立两侧,中间镂雕"长乐"二字,璧面满饰浅浮雕谷纹(图二九)㊱。

图二八 "益寿"谷纹璧　　　图二九 "长乐"谷纹璧　　　图三〇 "宜子孙"谷纹璧
　(故宫博物院)　　　　　　(故宫博物院)　　　　　(邗江甘泉老虎墩)

"宜子孙"谷纹璧,扬州市邗江区甘泉老虎墩出土。璧上缘镂雕凤纹及"宜"字,肉部镂雕双螭纹及"子""孙"二字(图三〇)㊲。

楚式玉雕对汉代玉雕的影响逐渐退去后,东汉出廓玉璧以新的面貌出现,受到统治者和贵族喜爱。出廓玉璧器型、纹饰、附饰位置和对象都发生变化:其一,出廓玉璧器形变大,普遍高15 厘米以上,璧径 13 厘米以上。璧面满饰乳钉纹,附饰只有一组,位于玉璧上端外缘。其二,镂雕对象为龙螭或龙螭间夹文字。分为两种类型:一种是透雕双龙、双螭或龙螭相向伏于玉璧之上,二者中间饰有植物或圆环。天津艺术博物馆藏一件双螭谷纹玉璧,透雕附饰狭长低矮,纹样为双螭相向伏于玉璧上方㊳;

定县 M43 龙螭谷纹玉璧,玉璧上方廓外镂雕龙螭衔环,两侧廓外居中透雕一龙、一螭,明显以上端附饰作为主要装饰(图二六)。另一种在龙螭间透雕吉祥文字,如"长乐""益寿""延年""宜子孙""宜子孙日益昌"等。"长乐"是对现实奢华生活的一种祈求,与"长乐未央""长乐无极"意义相同,即长乐享用不尽;"延年""益寿"是对生命超时性的追求。人只有得寿延寿,才能享尽诸福。延年益寿本是道家之术,是道教为满足人心理永生欲望教条的表现:将人的求生本能,服从于享乐观的一种现实性幻想⑨。"宜子孙""宜子孙日益昌"则是广义长生思想的体现,它超越个人对本体生命不朽的追求,将生命延续希望寄托在家族血缘关系之中。通过福佑子孙,实现延续不绝的欲望,求得生命的永恒。从这些镂雕的吉祥语,可以看出汉代上层人物祈求无穷欢乐,渴望长命和眷顾子孙后代的意识⑩。吉祥文字和玉璧的结合,也体现玉器在长达数千年发展进程中逐渐世俗化。

东汉出廓玉璧虽被改造、创新,但依然保留和继承了春秋晚期以来出廓玉璧造型、纹饰中部分特点。其一,镂雕附饰虽简化成一组,但其内部构图仍然遵循左右对称原则,也保持了出廓玉璧"中轴对称""平衡"的效果。其二,出廓玉璧璧面的乳钉纹是战国西汉时期的"浅浮雕谷纹失去芽所致"⑪。

五、出廓玉璧的功能

出廓玉璧流行时间长,造型独特、工艺精美、蕴意丰富。以往学者对其功能虽有论及,但较简略。本文加以整理研究,将其使用功能分为佩饰用玉、装饰用玉和丧葬用玉。

(一)佩饰用玉

分为组佩和单佩两种。组佩以多件玉饰相连分两组挂于胸前。单佩以一根组带连接一件或多件玉饰挂于胸前。

1. 组佩

组玉佩由璧、环、珩、管珠等特定玉件连缀而成,是古代权贵身份的象征和标志。《礼记·玉藻》中记载:"古之君子必佩玉""君子无故玉不去身。"战国至汉代的组玉佩构件中,多次出现出廓玉璧。出廓玉璧的造型特征,与组玉佩"中轴平衡"、"左右对称"的构造原则完美契合。在组玉佩组合关系中,出廓玉璧通常位于组佩的前端或中部,成为组玉佩的核心构件。管、珠、珩、龙形玉佩等构件被串成二至三股,总束于出廓玉璧之下。以曲阜鲁国故城 M58 佩玉(图三四)和南越王墓组玉佩(图三五、三六)为例,位于组玉佩顶端和中部的出廓玉璧,利用外缘附饰的串联功能向上与玉璧、玉环相连,向下串起玉珩、玉珠。墓葬所出的组玉佩虽是后期发掘者根据出土时位置关系进行的复原排列,但信阳楚墓[42]、纪城 1 号楚墓[43]出土的佩玉俑,身上所绘佩饰有助于我们了解组佩结构和佩系方法。

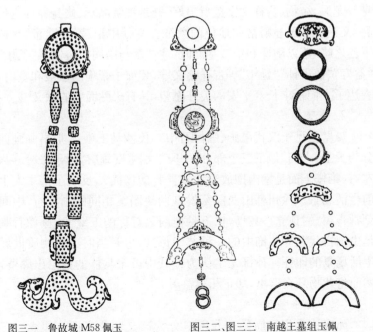

图三一　鲁故城 M58 佩玉　　　　图三二、图三三　南越王墓组玉佩

2. 单佩

形制小，制作精美，常随身佩戴或系于服饰和带间，这类玉璧也被称为系璧。《说文》："珥，石之次玉者，以为系璧。"段《注》曰："系璧，盖为小璧。"河南固始楚墓、美国福格艺术馆藏双凤出廓玉璧，器型小巧，应是古人佩戴的系璧。出土玉系璧以战国、汉初居多，汉末以后少见。

（二）装饰用玉

东汉出廓玉璧透雕图案和吉祥文字，这类玉璧在现实生活中最有可能的用途是充当豪华的室内装饰。

1. 陈设品

西汉中晚期后出现的文字璧，又称"吉文璧"，通常为陈设、观赏性玉璧。廓外透雕组合纹饰，集构图、造型、图案、雕刻之美于一身。龙凤、植物、吉祥文字蕴意美好，既是观赏品玩、修身养性之佳品，又是贵族彰显财富和地位的象征。文献中记载，汉武帝"兴造甲乙之帐，落以随珠和璧"。颜师古注："落与络同。"将镂雕"长乐""益寿""益子孙""延年"等吉祥铭文璧，装饰于豪华的宫殿和室内，表达了人们祈求长寿平安的美好愿望，具有厌胜辟邪的意义[44]。

2. 悬璧

悬璧常见于汉代帛画、画像石中。长沙马王堆 T 形帛画画面分为天上、人间、地下三个部分，中段下端玉璧垂磬，彩帛帐幔分飘左右，帷帐下面是室内摆放着饮食器物的场面[45]，反映了墓主人生前生活场景。徐州韩山西汉墓发现两块图案相同的画像石，中间刻常青树，树顶立一只鸟，树下悬挂两只对称的玉璧[46]。画像石既是中国古代墓葬装饰中的一种艺术形式，也是当时人们物质世界生活场景的印证。孙机先生认为："其中虽未具体的描绘出廓璧，然而将此物悬在这里，却正相得益彰。"[47]

（三）丧葬用玉

孙庆伟先生将周代丧葬用玉分为广义和狭义两个概念：广

102

义泛指墓葬中随葬的一切玉器;狭义指"丧礼"中"丧""葬""祭"三个阶段使用的玉器⑥。从出廓玉璧考古发掘情况来看,至少用于"葬"和"祭"两个环节。熊家冢楚王陵园已清理的殉葬墓中出土三件出廓玉璧,均未经抛光,表面受沁呈灰色、青灰色、淡黄色。这三件出廓玉璧不是实用玉器,应是为下葬而赶制的玉器。古人重视对祖先神的祭祀,在山西侯马机运站祭祀遗址、曲村战国祭祀坑分别出土一件双龙出廓玉璧和双凤出廓玉璧。玉作为"二精"之一,被视为沟通人神之间的纽带。出廓玉璧附饰龙、凤、螭等象生动物,或许能起到驱除恶鬼、保护墓主,引魂升天的作用。

　　出廓玉璧从春秋晚期发展至东汉,造型、纹饰、功能的时代特征显著。西汉中期以前,出廓玉璧深受楚式玉雕风格影响,附饰不对称,细部纹样丰富,功能上以佩戴和"葬""祭"为主;东汉时期,出廓玉璧流行镂雕"吉语文字",功能转为以日常生活装饰为主。出廓玉璧打破传统玉璧"圆"的结构,不仅创造出新的艺术形式,而且丰富了玉璧的文化内涵。

注释:

① 蔡运章、梁晓景、张长森:《洛阳西工 131 号战国墓》,《文物》1994 年第7 期。

② 湖北宜昌地区博物馆等:《当阳赵家湖楚墓》,文物出版社,1992 年,第 149页,图一○九:1,图版四五:1。

③ 邹衡主编:《天马——曲村(第三册)》,科学出版社,2000 年,第 989 页,图一六一六:2。

④ 山西省考古研究所侯马工作站:《2000 年侯马省建一公司机运站祭祀遗址发掘报告》,《三晋考古》2006 年第 1 期。

⑤ 荆州博物馆、张绪球编著:《荆州楚王陵园出土玉器精粹》,众志美术出版社,2015 年,第 183 页。

⑥ 见注⑤,第 264 页。

⑦ 湖北省博物馆:《曾侯乙墓》,文物出版社,1989年,第405页,图版一五八,1。

⑧ 邹衡主编:《天马——曲村(第三册)》,科学出版社,2000年,第989页,图一六一六:1。

⑨ 荆州博物馆、张绪球编著:《荆州楚王陵园出土玉器精粹》,众志美术出版社,2015年,第236—237页。

⑩ 杨建芳:《中国古玉研究论文集(下)》,众志美术出版社,2001年,第85—86页。

⑪ 荆州博物馆:《湖北荆州望山桥一号楚墓发掘简报》,《文物》2017年第2期。

⑫ 河北省文物研究所:《厝墓——战国中山国国王之墓》,文物出版社,1995年,第169页,图六七:1、2。

⑬ 高至喜主编:《楚文物图典》,湖北教育出版社,2000年,第377页。

⑭ 山东省文物考古研究所等编:《曲阜鲁国故城》,齐鲁书社,1982年,第173页,图一二二。

⑮ 同上,第172页,图一二一。

⑯ 詹汉清:《河南固始出土战国玉佩》,《文物》1986年4期。

⑰ 杨建芳:《中国古玉研究论文集续集》,文物出版社、众志美术出版社,2012年,第169页,图101。

⑱ 见注⑰,第167页,图77。

⑲ 见注⑰,第167页,图79。

⑳ 荆州博物馆、张绪球编著:《荆州楚王陵园出土玉器精粹》,众志美术出版社,2015年,第26页。

㉑ 杨建芳:《中国古玉研究论文集续集》,文物出版社、众志美术出版社,2012年,第136—144页。

㉒ 广州市文物管理委员会编:《西汉南越王墓》,文物出版社,1991年,第200页,图一三〇:2。

㉓ 见注㉒,第241页,图一六三:2。

㉔ 见注㉒,第200页,图一三〇:1。

㉕ 见注㉒,第244页,图一六七:3。

㉖ 见注㉒,第245页,图一六六:2。

㉗ 见注㉒,第63页,图四:5。

㉘ 中国社会科学院考古研究所、河北省文物管理处编:《满城汉墓发掘报告》(上),文物出版社,1980年,第135页。

㉙ 中国美术全集编辑委员会编:《中国美术全集:工艺美术编9 玉器》,上海人民美术出版社,1986年,第102页。

㉚ 杨建芳:《中国古玉研究论文集续集》,文物出版社、众志美术出版社,2012年,第241—258页。

㉛ 杨建芳:《中国古玉研究论文集续集》,文物出版社、众志美术出版社,2012年,第242页,图101。

㉜ 河北省文化局文物工作队:《河北定县北庄汉墓发掘报告》,《考古学报》1964年第2期,第145页,图二〇:2。

㉝ 古方主编:《中国传世玉器全集·2》,科学出版社,2010年,第51页。

㉞ 定县博物馆:《河北定县43号汉墓发掘简报》,《文物》1973年第11期,第11页,图4。

㉟ 古方主编:《中国出土玉器全集·11》,科学出版社,2003年,第146页。

㊱ https://digicol.dpm.org.cn/cultural/detail?id=0e2b15524fa44affbacd6819a040b45c

㊲ 扬州博物馆:《江苏邗江县甘泉老虎墩汉墓》,《文物》1991年第10期,第66页。

㊳ 古方主编:《中国传世玉器全集·2》,科学出版社,2010年,第51页。

㊴ 尤仁德:《古代玉器通论》,紫禁城出版社,2004年,第221页。

㊵ 尤仁德:《汉代玉器的吉祥文化(二)》,《故宫文物月刊》16卷12期,第110—117页。

㊶ 杨建芳:《中国古玉研究论文集(下)》,众志美术出版社,2001年,第72页。

㊷ 河南省文物研究所:《信阳楚墓》,文物出版社,1986年,第115页。

㊸ 湖北省文物考古研究所:《湖北荆州纪城一、二号楚墓发掘简报》,《文物》1999年第4期。

㊹ 卢兆荫:《玉振金声——玉器·金银器考古学研究》,科学出版社,2007年,第33页。

㊺ 何介钧、张维明:《马王堆汉墓》,文物出版社,1982年,第145页。

㊻ 武利华:《中华图像文化史·秦汉卷(下)》,中国摄影出版社,2016年,第

380 页。

㊼ 孙机:《汉代物质文化资料图说》,上海古籍出版社,2008 年,第 423 页。

㊽ 孙庆伟:《周代用玉制度研究》,上海古籍出版社,2008 年,第 229—230 页。

历 史 地 理

战国时期重丘、垂沙地望考

李元芝

（叶县文化局）

周赧王十四年(前 301 年),秦、齐、韩、魏四国联合攻打楚国。结果,负责从方城(楚长城)西侧进攻的秦将庶长奂斩杀楚军二万,而从方城东侧进攻的齐将匡章、魏将公孙喜、韩将暴鸢,则帅军攻破了楚国垂沙和重丘的城池,斩首数千,并杀死了楚国大将唐眛(或称唐蔑)。笔者试就战争中涉及的重丘和垂沙两地之方位,谈一点自己的看法,敬请批评指正。

一、关于重丘的地望

据《史记·楚世家》记载:"(楚怀王)二十八年,秦乃与齐、韩、魏共攻楚,杀楚将唐眛,取我重丘而去。"①而《史记·六国年表·楚表》则云:"二十八年,秦、韩、魏、齐败我将军唐眛于重丘。"秦、齐、韩、魏《表》下均有大致相同的记载②。而《史记·田敬仲完世家》亦云:"湣王二十三年,与秦击败楚于重丘。"③上述资料所指,即《史记·秦本纪》中所说的齐、魏、韩"共攻楚方城"的战争④。这场战争是在楚长城的东西两线展开的。就齐、韩、魏对楚东线的战争来说,亦称为重丘之役。

对于楚国和齐、魏、韩联军在重丘发生的战事,郦道元在《水经注·泚水》中,也有较详细的记载:"泚水出泚阳东北太胡山,东南流径其县南,泄水从南来注之。"郦道元注云:"太胡山在泚阳北,如东,三十余里,广圆五六十里,张衡赋《南都》,所谓天封太胡者也。应劭曰:泚水出泚阳县,东入蔡。《经》云:泄水从南来注之。然泚阳无泄水,盖误引寿春之沘、泄耳。余以延昌四年(515),蒙除东荆州刺史,州治泚阳县故城,城南有蔡水,出南磐石山,故亦曰磐石川,西北流注于泚,非泄水也。《吕氏春秋》曰:齐令章子与韩、魏攻荆,荆使唐蔑应之,夹泚而军,欲视水之深浅,荆人射之而莫知也。有刍者曰:兵盛则水浅矣。章子夜袭之,斩蔑于是水之上也。泚水又西,澳水注之。水北出苴丘山,东流,屈而南转,又南入于泚水。"⑤

司马光《资治通鉴·周纪三》赧王十四年云:"秦庶长奂会韩、魏、齐兵伐楚,败其师于重丘,杀其将唐昧;遂取重丘。"胡三省《通鉴注》云:"《吕氏春秋》曰:齐令章子与韩、魏攻荆,荆使唐蔑将兵应之,夹泚而军;章子夜袭之,斩蔑于是水之上。《水经注》曰:泚水又西,澳水注之。水北出苴丘山,南入于泚水。意者重丘即苴丘也。"⑥

《泌阳县志·大事记》:"楚怀王二十八年(前301年),秦、齐、韩、魏四国联合攻楚,'夹泚而军',楚溃败,盟军取重丘(今泌阳县付庄乡政府驻地)。"⑦但该县志直接把泚阳改成了泌阳。其观点则和胡三省相同。

根据《水经注》和《泌阳县志》的说法,《史记》中所记载的重丘就是泌阳县的付庄古城。但是,清代以来的文人在注《水经》时,大都把泚水改成了比水,意即重丘位于泌阳县城附近。改字的结果不但没有解决老问题,反而又带来了新的疑团:

一是改泚阳为比阳(今泌阳)和《水经注》中的地理位置相矛盾。清人倪明进所修《泌阳县志》载:大湖山,在县北七十里⑧。1994年新编的《泌阳县志》记载:白云山,古称大湖山,距县城35公里⑨。二者记载相同。而郦道元则云:"太胡山在泚阳北,如东,三十余里。"县城距太湖山的距离比县志记载的近了一半,说明楚国和联军作战的泚阳与今泌阳县城不在一地;现在所说的大湖山和郦道元所说的太胡山亦不相同。

二是郦道元云"太胡山在沘阳北,如东,三十余里"。"沘水出沘阳东北太胡山,东南流过其县南",证明郦道元所说的沘阳县城东必有东南流之河道。今泌阳县城东则无,而付庄古城东侧则有板桥水库,城南亦有河流存在。

　　三是《水经注》引盛弘之云:"叶东界有故城,始犨县,东至溃水,达沘阳界,南北联联数百里,号为方城,一谓之长城云。"⑩《史记·秦本纪》:"齐使章子,魏使公孙喜,韩使暴鸢共攻楚方城,取唐昧。"说明战争发生在楚长城脚下。而《泌阳县志》云:"楚长城在泌阳的分布为,由今泌阳县白云山经付庄、象河出境,境内长约30公里,称楚长城。"⑪河南省公布的第六批省保单位亦列有付庄段。齐、魏、韩攻楚方城的战争也只能在有楚长城存在的付庄至象河间展开,而泌阳县城距楚长城尚有山路七十余里,象河距县城更达九十多里,他们怎么会率军越过崎岖的长城山险,跑到长城里边向外攻长城呢?

　　为了弄清楚重丘的具体位置,近几年来,笔者四次到泌阳县以及相关的付庄、象河、板桥和沙河店等乡镇实地调查。经实测,付庄位于泌阳偏北部的一个小盆地内。北、西、南均为山岭,东南和北面的山岗为楚长城山险地段;村东、村南有流水环绕,东南有河水北注城南河中。城东面地势低洼,多积水,形成了一道由水围起的屏障。村北有古城一面,在城西北隅可见有战国时期的绳纹陶片和板瓦等遗物大面积裸露;古城北侧城墙尚存一米以上,在已经挖开的一道城墙断面中,发现有多座汉代砖券墓,可以证明该城历史较早。付庄东南部和北面的长城(楚方城)山险,东面的宽阔水域及四周的地形地貌,完全契合文献对重丘之战地形的描述。加之郦道元曾在当地任过要职,他的记述应该是有依据的。但是,后来学者之所以对沘阳地名产生怀疑,我认为,很可能与对当地地理状况不了解有关。

　　从历史文献记载来看,重丘为楚国方城东端的关城。《鄂君启车节》[12]标明的楚长城西隅的关城为兔禾山。兔禾在今陕西商州东。楚长城北境的关城在方城山和黾塞。方城的位置在今河南叶县保安镇西北的杨令庄，黾塞在今信阳南。楚长城东端的关城实际上应在《鄂君启车节》中记载的阳丘。阳丘在今河南方城东南十六里处的菜山口。从菜山口向东南可达唐国，并进入随枣走廊。而且在绕过今方城县南的山区丘陵后，再向东北即为今泌阳县城。之后，再向东北行，进入崎岖逶迤的山区路段。约七十里后到达重丘（付庄古城）。因此，菜山口可控制楚国向东南至唐国和东出重丘的道路。《车节》不列重丘，说明该地虽位于楚国东北部的长城要塞，但是因为道路悬远，通行不便或来往车辆太少之故。现在，有研究者称，诸侯联军攻重丘之役在泌阳之南或更纵深处的南阳附近，显然是没有理解文献原意（取我重丘而去），也没有弄清楚战场发生地的具体环境。至于清儒，在没有弄清重丘和沘水来龙去脉的情况下，将《水经注》等典籍中的沘水改为比水，反而又增加了问题的复杂性，显然是不可取的。

综上所述，我们发现，楚国和齐、魏、韩联军作战的重丘必须具备以下条件：一是重丘城必须濒临楚长城。二是城东边必有河流。三是城东距无假之关的垂沙应该不远。四是重丘必有向东的道路。五是应该有相应的实物遗存。以上条件，除付庄古城外，泌阳其他古城均不具备。因此可以证明，付庄古城即战国时期楚国之重丘城。

二、关于垂沙的地望

《战国策·楚三》苏子谓楚王篇记载："人臣莫难于无妒而进贤。为主死易，垂沙之事，死者以千数。为主辱易，自令尹以下，事王者以千数。至于无妒而进贤，未见一人也。"[13]

《战国策·楚四》："长沙之难，楚太子横为质于齐。楚王死，薛公归太子横。因与韩、魏之兵，随而攻东国。"[14]

《史记·礼书》："楚人鲛革犀兕，所以为甲，坚如金石；宛之钜

111

铁施,钻如蜂虿,轻利剽遫,卒如熛风。然而兵殆于垂涉,唐眜死焉;庄蹻起,楚分而为四参。"⑮

以上文献对该地名的记述虽有"垂沙""长沙"和"垂涉"的差异,但是,许多从事研究的学者都认为,三个地名实指为一。钱穆《史记地名考》"垂涉"注谓:《荀子·议兵篇》做"垂沙",此殆即《楚策》所谓"长沙之难"也⑯。范祥雍《战国策笺证》"垂沙之事"注认为:垂沙和垂涉的沙与涉形近致误。垂沙和长沙的垂与长一声之转,则垂沙又名长沙⑰。何建章《战国策注释》"长沙之难"注:"即垂沙之役。"⑱张清常《战国策笺注》"长沙之难"注:即垂沙之役。"长""垂"音近而讹。公元前 301 年,齐、魏、韩三国攻楚,在垂沙大败楚军,杀唐眜⑲。何宁《淮南子集释》:《荀子·议兵篇》《韩诗外传四》并做垂沙。《楚策三》垂沙之事,《史记》做垂涉。涉、沙相近⑳。可见,先秦史籍中的垂沙即垂涉或长沙,三名是相通的。

据《史记·越王勾践世家》记载:"楚三大夫张九军,北围曲沃、于中,以至无假之关者三千七百里,景翠之军北聚鲁、齐、南阳,分有大此者乎?且王之所求者,斗晋楚也;晋楚不斗,越兵不起,是知二五而不知十也。此时不攻楚,臣以是知越大不王,小不伯。复雠、庞、长沙楚之粟也,竟泽陵,楚之材也。越窥兵通无假之关,此四邑者不贡事与郢矣。"㉑

中华书局《史记》注本把无假之关称为地名㉒,我认为是错误的。无假之关应该是指没有关险可以凭借防守的城邑。这段文字大意是说,楚国把部队都放到边境去攻打晋、齐、鲁诸国,战线太长,位于平原地带三千七百里间的城邑都无险可守。如果抓住这个机会进行偷袭,就可以把没有关隘可守的楚国粮仓和木材产地都攻占为越国所有。

由于专家学者之前对被称为楚国粮仓的雠、庞、长沙的具体方位谈及者甚少,所以,这里有必要申明一下。在楚国的三个粮仓中,已知的只有犨(雠)。郦道元《水经注·潕水》:"潕水又东,犨水注之,俗谓之秋水,非也。水有二源,东源出其县西南践犊山东崖下,水方五十许步,不测其深,东北流径雕县南,又东北屈迳其县东,而北合西源水。西源出县西南颇山北阜下,东北径雕城西,又屈迳其县北,东合右水,乱流北注于潕。"[23] 雕所辖地域在叶县西、鲁山县东之间,为伏牛山区东北麓向北冲积形成的沃地,面积近200平方公里。地势平坦,潕水、雕水、昆水纵横交流,从春秋战国时期一直到清末,雕地都是部队屯田之所。因此,作为楚国的粮仓,应该是无愧的。

对于庞地,钱穆先生认为:庞,疑乃"不羹"(羹,音郎)之合音[24]。钱先生的意见是很有道理的。郦道元《水经注·汝水》:"汝水又东南流,径西不羹城南。《左传·昭公二十年》,楚灵王曰:昔诸侯远我而畏晋,今我大城陈、蔡、不羹,赋皆千乘,诸侯其畏我乎?《东观汉记》曰:车骑马防以前参药,勤劳省闼,增封侯国襄城羹亭千二百五十户,即此亭也。"[25] 不羹城现存城墙周围十一里余,因为北城墙已经全部冲毁,实际城周可能不低于十五里。该城原本筑于汝水和潕水之间,后因潕水改道城北而成今状。两水间肥沃的积淤地,自然是粮食的高产区。不羹所辖地域面积近于雕城。城西不远处有楚灵王所筑之章华台遗址。

对于长沙之地,史书中没有确切记载,但可以肯定的是距离垂丘不远的长城外侧。因其地处无假之关的区域,当然也应该从平原肥沃之地求之。通过实地调查,付庄古城的西、南、北三面俱为山区,向东位于平原上的古城只有沙河店北的一座。沙河店古城位于该镇西北隅近八里的地方。现在可见的地理位置是,古城东、北、南三面环水,向西北略见丘陵,西隅为板桥乡,南为老河乡,东至驻马店郊区,面积略小于雕、庞。这里地势基本平坦,河流纵横,土地肥沃,的确是一处天然粮仓。推测历史上的长沙(垂沙)和现在的长沙店应该有地名的传承关系。

长沙古城距离付庄古城只有四十余里,齐、魏、韩联军在攻下垂沙后,很快就可以到达重丘城东与楚师夹泚而军。但是,联军竟在付庄古城对面,和楚师对峙了半年之久。《吕氏春秋·似顺论》载:齐令章子将而与韩魏攻荆,荆令唐蔑将而拒之。军相当,六月而不战。齐令周最趣章子急战,其辞甚刻。章子对周最曰:"杀之免之,残其家,王能得此于臣。不可以战而战,可以战而不战,王不能得此于臣。"与荆人夹泚水而军。章子令人视水可绝者,荆人射之,水不可得近。有刍水旁者,告齐候者曰:"水浅深易知。荆人所盛守,尽其浅者也;所简守,皆其深者也。"候者载刍者与见章子,章子甚喜。因练卒以夜奄荆人之所盛守,果杀唐蔑[⑧]。

　　联军远途出战,粮草辎重运输困难,犯兵家之大忌。只有他们能在当地取得补给的情况下,才能坚持长达半年之久。而正是楚国的粮仓垂沙被攻占,联军有了充足的粮草供应,才有了和楚军对峙的资本。这些文献资料也足以证明,泌阳东北长沙店镇北面的古城,应该是历史文献中记载之楚国另一粮仓长沙故城。

结语

　　通过以上论证可知:

　　一、公元前301年,齐、魏、韩联军与楚国发生的进攻方城之战,所攻陷之重丘为今泌阳县东北部的付庄古城,该城为楚长城东部边缘的一座关城。

　　二、垂沙(长沙)古城在今泌阳县东北的长沙店镇北部,为楚国的粮仓之一。

　　三、《史记·秦本纪》中谓:"齐使章子,魏使公孙喜,韩使暴鸢共攻楚方城,取唐昧"。《楚世家》中云:"二十八年,秦乃与齐、韩、魏共攻楚,杀楚将唐昧,取我重丘而去。"说明联军在这场战争中攻破了楚国的长城防线,杀死了楚将唐昧,粮仓可能被洗劫一空。但之后联军即自行撤离,并未向楚国纵深处进攻。

注释：

① （汉）司马迁：《史记》，中华书局，1959 年，第 1727 页。

② （汉）司马迁：《史记》，中华书局，1959 年，第 736 页。

③ （汉）司马迁：《史记》，中华书局，1959 年，第 1896 页。

④ （汉）司马迁：《史记》，中华书局，1959 年，第 210 页。

⑤ （清）沈炳巽：《水经注集释订讹》，《文渊阁四库全书》史部第 574 册，台湾商务印书馆，1983 年，第 521 页。

⑥ （元）胡三省注：《资治通鉴》，中华书局，1956 年，第 110 页。

⑦ 泌阳县地方史志编纂委员会：《泌阳县志》，中州古籍出版社，1994 年，第 6 页。

⑧ （清）倪明进：《泌阳县志校注》卷二，道光刊本，台湾城文出版社，1976 年影印出版。

⑨ 泌阳县地方史志编纂委员会：《泌阳县志》，中州古籍出版社，1994 年，第 89 页。

⑩ （清）沈炳巽：《水经注集释订讹》，《文渊阁四库全书》史部第 574 册，台湾商务印书馆，1983 年，第 521 页。

⑪ 泌阳县地方史志编纂委员会：《泌阳县志》，中州古籍出版社，1994 年，第 6 页。

⑫ 郭沫若：《关于鄂君启节的研究》，载《文物参考资料》1958 年第 4 期。

⑬ 《战国策》李维琦标点本，岳麓书社，1988 年，第 133 页。

⑭ 《战国策》李维琦标点本，岳麓书社，1988 年，第 141 页。

⑮ （汉）司马迁：《史记》，中华书局，1959 年，第 1164 页。

⑯ 钱穆：《史记地名考》，商务印书馆，2001 年，第 604 页。

⑰ 范祥雍：《战国策笺证》，上海古籍出版社，2006 年，第 844 页。

⑱ 何建章：《战国策注释》，中华书局，1990 年，第 581 页。

⑲ 张清常：《战国策笺注》，南开大学出版社，1993 年，第 397 页。

⑳ 何宁撰：《淮南子集释》，中华书局，1998 年，第 1061 页。

㉑ （汉）司马迁：《史记》，中华书局，1959 年，第 1749 页。

㉒ （汉）司马迁：《史记》，中华书局，1959 年，第 1750 页。

㉓ 杨守敬：《水经注疏》，江苏古籍出版社，1989 年，第 2591 页。

㉔ 钱穆：《史记地名考》，商务印书馆，2001 年，第 381 页。

㉕ 杨守敬：《水经注疏》，江苏古籍出版社，1989 年，第 1762 页。

㉖ 陈奇猷：《吕氏春秋新校释》，上海古籍出版社，2002 年，第 1678 页。

清华简《楚居》之"夷屯"地望考[*]

笪浩波

（湖北省文物考古研究所）

"夷屯"是清华简《楚居》中新出现的一个地名,传世文献中从未记载过。从熊绎"卜徙于夷屯"起,至熊渠"徙居于发渐"止,楚国先后有五世六代国君居住于此,历经 160 多年。毫无疑问,"夷屯"是楚国早期一处十分重要的都城,在楚国的肇兴和楚文化的形成中具有举足轻重的地位。因此,"夷屯"之所在是楚国都城研究中首先要解决的问题。学界也注意到这一点,纷纷撰文进行了探讨,但学者们普遍认为"夷屯"即"丹阳"。"夷屯"是"丹阳"吗?下面对"夷屯"的地望加以考证,并就其与"丹阳"的关系加以辨析。

一、"夷屯"地望考

清华简《楚居》载:"……季连先处于京宗,穴熊迟徙于京宗,……至畲绎与屈紃,思(使)都嘂卜徙于夷屯……"^①学界多认为此则为熊绎受封之事,因为司马迁所谓"封熊绎于楚蛮,封以子男之田,姓芈氏,居丹阳"^②。《楚居》中又记有"熊绎……卜徙于夷屯"。两相联想,自然就将"夷屯"与"丹阳"联系上了。我们暂不论"夷屯"与"丹阳"的关系,先就有关文献来考证"夷屯"的地望。熊绎从"京宗"迁于"夷屯",则"京宗"与"夷屯"当为两个地方。

"夷屯"在传世文献中不见,但我们可以通过文献及铭文的有

---

* 本文系国家社科基金项目《清华简〈楚居〉与楚国都城研究》(项目编号：14BZS069)资助的阶段性研究成果。

关史实推测其大致方位。文献中与"夷屯"相关的史实见于《左传》,《左传·昭公十二年》载楚右尹子革追忆先祖语:"昔我先王熊绎,辟在荆山。筚路蓝缕,以处草莽,跋涉山林,以事天子……"③子革这几句话实际是宣扬熊绎受封之事,因为是周封,自然无比荣耀,故常常挂在楚人嘴边,荆山即熊绎的受封之地。又《史记·楚世家》:"……熊绎当周成王之时,举文、武勤劳之后嗣,而封熊绎於楚蛮,封以子男之田,姓芈氏,居丹阳。"④由此看,《史记·楚世家》所言熊绎受封之地"丹阳"应该在荆山之中或包含了荆山。

周昭王的南征与"夷屯"有关,传世文献中最早提出昭王南征之事的是《左传》,《左传·僖公四年》载齐桓公率诸侯之师讨伐蔡国后再征讨楚国,管仲以"昭王南征而不复,寡人是问"⑤兴师问罪。楚使则以"昭王之不复,君其问诸水滨"⑥相搪塞。又《吕氏春秋·音初》记周昭王南征之事:"周昭王亲将征荆,辛余靡长且多力,为王右。还,反涉汉,梁败,王及祭公抎于汉中,辛余靡振王北济,又反振祭公。"⑦吕氏言昭王伐的是荆。昭王南征的是不是楚国?为何不返?留下一宗悬案。汲冢竹书的出土,才使学者明白,昭王南征的对象是"楚""楚荆",不返的原因是"丧六师于汉,王陟(升天)"⑧。

汲冢竹书关于昭王南征的记载有以下几条:

　　古本《竹书纪年》:(昭王)十六年,伐楚荆,涉汉,遇大兕⑨。

　　今本《竹书纪年》:(昭王)十六年,伐楚,涉汉,遇大兕⑩。

　　今本《竹书纪年》:(昭王)十九年春,有星孛于紫微,祭公、辛伯从王伐楚。天大曀,雉兔皆震,丧六师于汉,王陟⑪。

古本与今本《竹书纪年》对于昭王十六年南征之事的记载文字除讨伐对象一为"楚荆",一为"楚"外,其他皆相同。《竹书纪年》所记之事是否属实?铭文可以提供佐证,关于昭王南征之事见于铭

117

文有以下几例:

令簋:唯王于伐楚,伯在炎。唯九月既死霸丁丑,作册矢令尊宜于王姜[12]。

京师畯尊:王涉汉伐楚,王又戬(?)工,京师畯吕(师)斤,王釐(赐)贝,用乍日庚宝尊彝,邶奰[13]。

过伯簋:过伯从王伐反荆,孚金,用作宗室宝尊彝[14]。

蕭簋:蕭从王伐荆,孚[金],用作餴簋[15]。

犾驭簋:犾驭从王南征,伐楚荆,有得,用作父戊宝尊彝[16]。

鸿叔簋:唯九月,鸿叔从王员征楚荆,在成周,誐作宝簋[17]。

墙盘:……宏鲁昭王,广敝楚荆,唯寏南行……[18]。

学界多认为以上诸器除墙盘非昭王时之器外,其他的皆为昭王时器[19]。也有学者认为并非皆为昭王时器,伐楚的还有成王、康王等[20]。但文献中记载所见西周早期只有昭王南征之事,而不见其他周王南征之事。墙盘中也只宣扬昭王伐楚荆,而不见他王。这说明西周早期,只有昭王南征过,其他王并没有南征。最近新出现的穆王年间的胡应姬鼎明确记载"唯昭王伐楚荆,胡应姬见于王……"[21],证明昭王伐楚荆史实的存在,从而印证了以上诸器记载的皆应是昭王南征之事。从这些从王南征者"孚金""有得"或受王尝赐并将功绩记于铜器上以炫耀的情形看,此次南征大获全胜,以致昭王后还有人作墙盘来歌颂此次南征。显然,此次南征不可能是昭王丧六师于汉的那次,如此重创断不会加以纪念和歌颂,殒去的昭王也不可能赏赐功臣。铭文所记南征之事只可能是十六年之事,故昭王十六年的南征之事是存在的。

又今本《竹书纪年》所记昭王十九年之事与《吕氏春秋·音初》篇中关于昭王的史实多有相同之处,如都有祭公,前者的辛伯对应后者的辛余靡，都有涉汉等，所不同的一是讨伐对象，前者记为楚，后者则记为荆。二是结局，前者记为“丧六师于汉，王陟”，后者记为“辛余靡振王北济”。尽管有出入，但所记应为同一事件。古本《竹书纪年》记昭王十九年之事虽没言伐楚，但同样有“丧六师于汉”和“王南巡不返”，可以与今本对照。又昭王南征而不返之事件在《楚辞·天问》中也有提及，《楚辞·天问》：“昭后成游，南土爰底。厥利惟何，逢彼白雉？”[22]既然《竹书纪年》所记昭王十六年之事存在，则所记十九年事也不会是妄造。1976 年出土于陕西扶风庄白的作册折尊、作册折觥、作册折方彝也记有昭王十九年之事，三器铭文相同：“隹五月，王在厈，戊子，令乍册折兄（贶）望土于相侯，易（锡）金、易（锡）臣，扬王休，隹（唯）王十又（有）九祀，用乍（作）父乙隮（尊），其永宝。木羊册。”学者们认为作册器群为昭王时制作[23]。其铭文有“隹王十又九祀”，说明昭王在位年份不会少于十九年，即昭王十九年南征之事也应该存在。

昭王南征相关的史实又见于“安州六器”之上，“安州六器”于宋代出土于安州安陆郡孝感县，凡方鼎三、圆鼎一、甗一、觯一。器物画本及器铭拓本录入《博古图》和《钟鼎彝器款识》上。关于“安州六器”的年代，学者们多倾向于是昭王时期[24]，也有学者认为是成、康王时期[25]。近年，山西晋侯墓地所出𩰫甗铭文中有与“安州六器”之一中方鼎铭文中相同的纪年，表明它们为同年份之器，可以由𩰫甗的年代推断“安州六器”的年代。𩰫甗出土于天马曲村北赵晋侯墓地 M114，墓葬虽被盗，但是仍然出土铜、陶、原始瓷、玉、金、蚌、漆和骨器共 200 多件（组）。M113 为其夫人墓，保存完好，M113 共出土铜、陶、玉、蚌类器物共 144 件组。两墓出土的陶器具有西周早、中期的特点，故简报将两墓的年代定在西周早中之际[26]。孙庆伟先生认为𩰫甗为墓主晋侯燮所有，其年代为昭王十八年[27]。由此可以推定“安州六器”不出昭王时期。

“安州六器”皆出自一位叫“中”的贵族，所记皆为他受王命省南国之事，为王南征打通道路，以及他在南征的过程中立功受赏的一些情况。其中的主要任务，便是在南伐中充任先锋，为王除路及设立行帐等。

中甗：王令中先省南国，贯行，埶应在曾。史儿至，以王令曰："余令女使小大邦，厥又舍女刍量，至于女麇(庸)小多邦。"中省自方、邓、洀(泛)、鄂邦，在鄂师(次)。白买父乃用厥人戍汉中州，曰段、曰旒。厥人[illegible]廿夫。厥贮粦言曰：贮□贝。日传肆(劭)王□休。肆肩有羞。余□□[illegible]，用作父乙宝彝[28]。

中觯：王大省公族于庚(唐)，振旅，王赐中马自隣(厉)侯四駷，南宫兄(贶)，王曰："用先"，中埶王休，用乍父乙宝尊彝。

据中甗及中觯铭文，王在南省过程中曾到过唐、厉和曾等地。王并且命令中出使这一带的"小大邦"，中因而还到过附近的"方""邓"及"汉中州"等地。凡此，见周人此次征伐及南省的路线在以曾、厉、唐几个地点为中心的江汉流域，尤在汉水以东的随枣走廊一带。安州六器出自古曾国东南不远的湖北孝感，亦证明了这一点。

此次南征的对象在中方鼎中很明确，两件中方鼎铭文同："唯王令南宫伐反虎方之年，王令中先省南国，贯行，埶王应在夒隥真山。中呼归生凤于王。埶于宝彝。"(《释文》2751、2752)。近年山西晋侯墓地所出西周早期的𣪕甗铭文同样记有"惟十又二月，王令南宫伐虎方之年"之语[29]。此器以南宫伐虎方作为纪年，与记昭王南征之事的中方鼎纪年方式相同，说明伐虎方是当年一大事，才作为纪年。关于此次南伐之事还记于静方鼎："佳(唯)七月甲子，王在宗周。令(命)师中罘静省南或(国)，□埶应(位)……"[30]此处的师中应该就是安州六器的中，静方鼎所记与安州六器所记为同一事。又中方鼎三曰："唯十又三月庚寅，王在寒师……今贶畀女隔土作乃采……"(《释文》2785)。说明此次伐虎方是从七月昭王派大臣南省至十三月（该年为闰年）南伐胜利赏有功的中止，长达七个月之久。由此可见，这是一次大规模的南征，主要征伐对象是铭文中所言的虎方。据学者考证，虎方即殷墟甲骨文中的虎方，位于举水流域③。正好在随枣走廊的下边，与中、静南省路线相合。

既然这次南征的对象在铜器铭文中记载很明确，那么，另外几次南征的对象在铜器铭文中也应该很明确。铭文是铸刻在铜礼器之上，以禀报祖先家族的功绩，为子孙万代祈福的祭祀之辞。其语辞经过反复斟酌、提炼，要求述事简洁，内容准确，语句明了，能够让祖先知道原委。古代，"国之大事在祀与戎"。征伐乃国之大事，故功臣往往要在铜器上记载一笔，而征讨对象及受赏情况是必须要记的内容。受赏的原因与征讨的对象有关，故征讨的对象必须明确，否则，祖先不知道因何事立功受赏。从昭王十六年征伐的对象看，《竹书纪年》有"楚"和"楚荆"，铭文中有"楚""楚荆""荆"，除了"荆"称外较一致。我们知道，征伐往往有一个主要对象，其他为从属者。只有击败了主要对象，其他从属者也都成鸟兽散。战胜主要敌人的功绩显然要大于打败从属者，故铭文中所记征伐的对象应该是主要的敌人。换句话说，有关昭王十六年、十九年南征铜器铭文中所记的征伐对象应该一致，指的同一个敌人。

楚为楚国之专称在清华简《楚居》的记载中就很明确，《楚居》："穴酓（穴熊）迟徙于京宗，爰得妣疬（厉），逆流哉（载）水，厥（厥）状聂耳，乃妻之，生侸叔、丽季。丽不从行，渭（溃）自胁出，妣疬宾于天，巫栽（巫咸）赅（该）亓（其）胁以楚，氐（抵）今曰楚人。"②穴酓即鬻酓，简文的意思是丽季（熊丽）从鬻熊之妻妣厉胁下坼剖而生，妣厉因此难产而死，巫师用楚条包裹其胁，从此后就称楚人。这段话虽然充满神话色彩，但却透露了一个信息，即楚国之名的来历，楚国是以楚这种植物作为国名的，而楚这种植物在南方称荆，楚人却将其称楚，这种称名显然是楚人的先辈流传下来的，成为楚人的习

121

惯称法,这也可以作为楚人祖先来自中原的一个铁证。因楚人祖先来自中原,其有些用词与中原相同,而与南方有别。楚国"辟在荆山",却以楚为国名。显然是有意而为之,表明其与中原的血脉关系。反推之,南方除了楚国称楚外,再无他国或他族称楚。有鉴于此,《竹书纪年》和铜器铭文中所记载的征伐对象"楚"必定指的楚国。依此可知,"楚荆"及"荆"也应该指的是楚国,更何况战国文献中,"荆"常常指的就是楚国,看来这种称呼由来已久。楚国可以称荆,楚荆同义,那么称楚国为楚荆也是顺理成章之事。

综上所考,昭王至少南征三次,无论是《竹书纪年》还是铜器铭文中都明确记载了每次征伐的对象,两次伐楚,一次伐虎方,而殒命于最后一次伐楚之途中。

楚国何以成为昭王征讨的主要敌人,这应该与其所处的地理位置有关。楚国在西周初年虽然是"辟在荆山,筚路蓝缕"的"蕞尔小邦",领土只不过是"子男之田",但其在江汉地区发展迅速,至西周中期的熊渠时能"甚得江汉间民和",即得到江汉地区各方国或部族的拥戴,成为盟长,并兴兵"伐庸,杨越,至于鄂"。说明其有一定的军事实力,已经掌控了江汉地区的交通贸易之路。虽然国土范围很小,但控制的范围并不小,有很多属国。熊渠能达到如此实力显然非一日之功,而是几代国君努力的结果。也许,在熊渠之前的某个国君时就已控制了江汉地区。随枣走廊是周人"金道锡行"的重要通道,周人为了安全畅通,特封其同姓的随(曾)来镇守此道。考古证明周初的随(曾)国位于今随州的淅河一带。江汉地区紧临随枣走廊,随着楚国强大和需求的增多,对于有如此行大货的通道不可能漠视,率领或指使其属国干些打劫铜料的事是再平常不过了。楚国对铜路的威胁直接影响了周人的祭祀礼仪生活,周人难以忍受如此骚扰,故周王多次亲征伐楚。就《竹书纪年》中所记,就不止一个周王对楚征伐,控制铜路应该是周人征讨楚人的主要原因。昭王殒于南征之途也许是个意外,但其因楚国而死则是不争事实,这也是管仲以"昭王南征而不返"为借口讨伐楚国的主要原因。

此时的楚国位于何处?据《吕氏春秋·音初》载:"周昭王亲将征荆……还,反涉汉……"⑬涉,本意是指蹚水过河,《说文》云:"涉,徒行厉水也。"⑭后引申为渡水。如《诗·卫风·氓》:"送子涉淇,至于顿丘。"⑮又如《吕氏春秋·慎大览·察今》:"荆人弗知,循表而夜涉,溺死者千有余人。"⑯从《吕氏春秋·音初》记载可知,昭王南征伐楚返回时渡过了汉水。铜器铭文也可以佐证昭王伐楚时渡过了汉水,青铜器"京师畯"尊,李学勤先生认为该尊为周昭王时期⑰。铭文中不仅明言昭王南征涉过了汉水,而且指明所伐对象为楚。文献与铜器铭文的记载都表明昭王伐楚时渡过了汉水,则此时的楚国必位于汉水以南。

昭王时期可能对应哪几位楚君?《楚居》载:"至酓绎与屈紃,思(使)䢃嗌卜徙于夷屯……至酓只、酓䢶、酓樊及酓锡、酓渠,尽居夷屯,酓渠徙居发渐"⑱。熊渠的活动年代很确切,为周夷、厉二王时。《史记·楚世家》载:"熊渠生子三年。当周夷王之时,王室微,诸侯或不朝,相伐。熊渠甚得江汉间民和,乃兴兵伐庸,杨粤,至于鄂。熊渠曰:'我蛮夷也,不与中国之号谥。'乃立其长子康为句亶王,中子红为鄂王,少子执疵为越章王,皆在江上楚蛮之地。及周厉王之时,暴虐,熊渠畏其伐楚,亦去其王。"⑲定为熊渠之器的《楚公豪钟》的年代也断为西周中晚期,属夷、厉二王时期⑳,与《史记·楚世家》所记熊渠的时代互为佐证。即使熊渠生于夷王之前,也到不了昭王时期。熊绎在周成王时受封,可能经过康王时期,但绝对过不了昭王时期。其后的几位楚君酓只、酓䢶、酓樊及酓锡则只能对应于昭、穆、共、懿、孝时期,也即昭王所伐的只能是其中的某一位楚居。简文告知熊绎迁居"夷屯"后,直到熊渠初期的这几位楚君皆未离开过"夷屯",则此时昭王所伐的楚君也必定在"夷屯",而昭王伐楚已过汉水,则"夷屯"必在汉水以南。

新蔡简中有一条简文也可能与熊绎受封有关,新蔡简甲三11、甲三24:"……昔我先出自颛顼,宅兹沮、章(漳),以徙迁处。"㊶关于宅兹的意思,董珊先生有专论:金文中经常有"宅××"或"宅兹××"的辞例,如晋公盆铭文:"王命唐公,□宅京师,有晋邦。"(《释文》10342)何尊:"初迁宅于成周……宅兹中或(国),自之义民。"(《释文》06014)秦公簋:"鼏(宓)宅禹责(蹟)。"(《释文》04315)九里墩鼓座:"余以宅东土,至于淮之上。"(《释文》00429)曾侯与钟铭:"萦宅汭土,君此淮夷。"㊷文献中也有楚人自言宅的,如《左传·昭公十二年》记载楚灵王语:"昔我皇祖伯父昆吾,旧许是宅。"㊸在这些铭辞及文献中,"宅"字下所接地点都是讲都邑之所在的范围㊹。依此解释简文的意思是:我先王为颛顼之后,迁徙到沮、漳二水之间定都㊺。此简应该记的是熊绎受封迁都之事,即熊绎迁徙至沮水与漳水之间定都。

　　沮、漳二水名在传世文献中最早出现于《左传》,《左传·哀公六年》记载有关楚王祭祀之事:"楚昭王有疾,卜曰'河为祟'。王弗祭。大夫请祭诸郊,王曰:'三代命祀,祭不越望。江、汉、雎、章,楚之望也。'"㊻望在这里指的是地域范围,这段话的意思是楚国的祭祀范围在江、汉、沮、漳四水之间。昭王在此强调的是祭祀范围,而非楚国的领土范围,因为这时已是春秋时期,楚国的领土范围远大于此。这个特定的祭祀范围显然指的是楚国先王们长期居住和生活过的地方,只有这个范围内的祖灵和神灵才能保佑楚王的子孙们,故这个范围内的神灵才得以被楚王所祭祀。换句话说,楚国先王们居住和生活过的地域不出长江、汉水和沮、漳二水所包含的范围。又战国时期成书的《山海经·中次八经》:"荆山之首,曰景山。……雎(沮)水出焉,东南流注于江……东北百里曰荆山。……漳水出焉,而东南流注于雎。"㊼此荆山山系即为今湖北的大荆山,其名至迟在新石器时代晚期就存在㊽。沮、漳二水皆发源于此荆山,则熊绎徙迁之都位于湖北的大荆山中的沮水与漳水附近。换句话说,"夷屯"不出沮水、漳水和荆山之范围。

"夷屯"当与夷水有关,屯字的本义是"包起来""卷起""围起来"等,《说文》云:"屯,难也,象屮木之初生,屯然而难。从中贯一屈曲之也;一,地也。"[49]《广雅·释诂三》:"屯,聚也。"[50]屯即可以指地,也表示聚集的意思。"夷屯",即在夷水边围起的土台,聚集在一起,也即在夷水边建都。夷水在文献记载中有二处,一处为清江,《水经·夷水注》:"夷水出巴郡鱼复县江,夷水即佷山清江也⋯⋯昔廪君浮土舟夷水,据扞关而王巴。"[51]清江位于长江以南,文献及铭文并未言昭王伐楚涉过长江,故"夷屯"不可能位于清江之滨(详后)。一处为蛮水,《水经·沔水注》:"(沔水)又南过宜城县东,夷水出自房陵,东流注之,夷水,蛮水也,桓温父名夷,改曰蛮水。夷水导源中庐县界康狼山,山与荆山相邻。"[52]汉魏的中庐县,在隋唐叫义清县。《括地志》云:"中庐在义清县北二十里。本春秋时庐戎之国也,秦谓之伊庐,汉为中庐县。"[53]《元和郡县图志》:"义清县,本汉中庐县地也,西魏于此置义清县,后因之。"[54]《读史方舆纪要》:"⋯⋯汉置中庐县,属南郡。后汉因之,亦曰中卢。晋仍曰中庐,县属襄阳郡。宋、齐因之。梁改置穰县。西魏曰义清县⋯⋯隋仍曰义清县,属襄州。唐因之。"[55]中庐县即今南漳县和宜城县一部。康狼山,杨守敬《水经注疏》引《一统志》:"康狼山在南漳县西八十里,盖即今之司空山。"[56]查百度地图,今南漳长坪与保康黄堡交界的司空山地理大势较符合文献所记的康狼山。蛮水并非发源于康狼山,只是在此有个大回弯,经康狼山之峡谷入南漳。此处山陡谷狭,古时交通不便,不易进入,故郦道元误以为蛮水源出于此。实际上,蛮河发源于保康聚龙山北麓,流经康狼山时,又有乍峪河和三条峪河汇入,形成三水交汇,好似蛮河的三源头。

"夷屯"在今蛮河的何处,本人认为位于聚龙山至司空山一带的可能性较大。现蛮河是汉水的一条支流,发源于保康县聚龙山北麓的布峪,流经保康县黄堡镇、南漳县长坪、李庙、城关、武安镇,与北支清凉河(王家河)在南漳武安堰西汇合,再经宜城市小河、雷河、郑集、孔湾镇,在钟祥市胡集镇汇入汉江。聚龙山正处于沮水与漳水之间,靠近荆山,又是古夷水的发源地,与传世和出土文献的记载都相合,故"夷屯"位于聚龙山一带的可能性较大。按周人就地受封的习惯,"京宗"与"夷屯"应该相距不会太远。"京宗"即景山,景山即望佛山[57]。"夷屯"在聚龙山,望佛山与聚龙山相距不到 100 里,符合西周时期就地受封的情况。周人一方面承认楚,另一方面又要限制楚,故给楚国重新划定一个区域,夷屯就是一个蛮荒之地。2015 年,湖北省文物考古研究所为配合国家社科基金"清华简《楚居》与楚国都城研究"课题项目,对蛮河流域楚文化遗址进行调查,在蛮河上游的南漳县长坪镇黄潭村发现一处西周遗址。该遗址是蛮河上游发现的第一处西周遗存,此则增大了"夷屯"在蛮河上游的可能性[58]。

二、"夷屯"之丹阳说剖析

学界关于"夷屯"主要有丹淅说[59]、宜昌和枝江说[60]及南漳说[61],这都是"丹阳"说的变通,但各说也有各说的硬伤。

先来剖析丹淅说,若"夷屯"在丹淅地区,此处有荆山,《山海经·中次十一经》:"荆山之首,曰翼望之山。湍水出焉,东流注于育;脱水出焉,东南流注于汉……"毕沅校:"山在今河南内乡县,〈水经注〉云:'湍水出弘农界翼望山'〈元和郡县志〉云:'临湍县翼望山在县西北二十里'案临湍治在今淅川西北,则山当在内乡也。"[62]又《水经·湍水注》:"湍水出弘农界翼望山,水甚清彻,东南流经南郦县故城东,〈史记〉所谓下郦也。汉武帝元朔元年,封左将黄同为侯国。"[63]弘农郡,汉武帝设立,郡治在秦国名关函谷关,县名也是弘农,故址在今天河南省灵宝市东北。东汉、三国沿置,但今商洛市范围划归京兆尹,只领有河南省西部范围。西晋时,郡南部析置上洛郡,其区域进一步缩小到黄河流域今三门峡市范围。南北朝时,为避讳曾改为恒农郡,隋朝恢复弘农,但郡治弘农向西南迁到了今灵宝市中心。

关于此荆山之具体地望,石泉先生认为在丹淅地区的内乡与邓县间[64]。但丹淅地区没有夷水,"夷屯"之名因何而来? 有学者通过甲骨文考释,认为商代在丹淅地区有个"陳廩",即后来的"夷屯"[65]。姑不论商代的"陳廩"是否为西周之"夷屯",假设此观点成立,但丹淅地区没有沮、漳二水,与新蔡简所记的"宅之沮、漳,以徙迁处"不符。又文献与铜器铭文都记载昭王伐楚时曾渡过汉水,此时的楚君都城在"夷屯"。若"夷屯"在汉水以北的丹江流域,则昭王何必又"涉汉伐楚"? 显然丹淅之"夷屯"说与文献及铜器铭文所记昭王伐楚之事是牴牾的。故丹淅之说不可取。

再来分析宜昌和枝江说,该说立论依据是"夷屯"即夷陵。夷陵第一次出现于史料来自《史记》,《史记·楚世家》载:"(顷襄王)二十一年(公元前 278),秦将白起遂拔我郢,烧先王墓夷陵。"司马贞索隐:"夷陵,陵名,后为县,属南郡。"张守节正义:"括地志云:'峡州夷陵县是也。在荆州西。应劭云夷山在西北。'"[66]由是知,夷陵之名至迟于战国时出现,以陵墓之名而获称,后变为县名,《汉书·地理志》南郡条内列有夷陵县[67],夷陵作为县名当不晚于汉代。

夷陵若以夷水而得名,则必在江南,因为古夷水即清江。清江发源于湖北省恩施州利川市之齐岳山,流经利川、恩施、宣恩、建始、巴东、长阳、宜都等七个县市,在宜都陆城汇入长江。夷陵必在夷水边。按《史记·楚世家》所言白起拔郢后烧夷陵,说明夷陵距离郢较近,白起所拔之郢为今江陵纪南城,若夷陵在江南,则白起还要渡过长江天堑,再上行才能到夷陵。姑不论白起沿途还要受到楚军的阻击,仅就这行程也得大几天的。就为了烧个夷陵,还要费如此大的周折,这显然违背战争常理,也与《史记·楚世家》所记不符。另"夷屯"位于江南也与昭王伐楚涉汉不涉江相矛盾,故夷陵不可能因夷水而得名。

应劭云:"夷山在西北。"即夷陵因夷山而名,则夷陵当在宜昌以东的地域内。此地距江陵相对较近,又是楚国的重要区域,较符合《史记·楚世家》所记白起拔郢后"烧先王墓夷陵"史实。若此夷陵即"夷屯",其地距沮漳河较近,可符合新蔡简所记"宅之沮、漳,以徙迁处"之事。但此地域距离荆山相对较远,与《左传·昭公十二年》所记楚右尹子革追忆先王语"昔我先王熊绎辟在荆山"相背。又当时楚国面积尚小,《左传·昭公二十三年》云:"……若敖、蚡冒至于武、文土不过同。"⑧杜注:方百里为一同。若此,"夷屯"范围东不过沮漳河,北不到荆山。楚国若在此地,即远离周之王畿又与汉水和随枣走廊相隔甚遐,又如何会威胁到周人铜路安全,以致昭王亲自征伐? 于情于理都无法解释昭王伐楚之动因。故此夷陵非"夷屯"。

三、"夷屯"与"丹阳"关系辩证

最后来辩证"夷屯"与"丹阳"的关系,学界多认为"夷屯"就是"丹阳",理由已见前述。《世本·居篇》言"鬻熊居丹阳",《史记·楚世家》又曰"熊绎……居丹阳",则鬻熊与熊绎先后同居于一地。《楚居》则记"鬻熊迟徙于京宗","熊绎……徙于夷屯","京宗"与"夷屯"为两个不同的地方,则鬻熊与熊绎分居两地。若"京宗"是"丹阳",则"夷屯"就不是"丹阳";若"夷屯"是"丹阳",则"京宗"就不是"丹阳"。传世文献与出土文献的记载相互矛盾,为了解决这个问题,学者们提出了"京宗"与"夷屯"皆是小地名,它们都在"丹阳"这个大区域中的看法。这样看似调解了矛盾,其实又绕进了"丹阳"这个无解之谜。举丹淅说者可以说明"丹阳",却无法论证"夷屯"之地望;举南漳说者可以论证"夷屯"之地望,却无法说明"丹阳";举宜昌和枝江说者可以论证"丹阳"之地望,但却无法说明"夷屯"。故只要将"夷屯"与"丹阳"联系起来,无论是小丹阳也好,大丹阳也好,任何一说都会出现自相矛盾之处。显然"夷屯"是不能与"丹阳"相关联的,否则是自己打自己嘴巴。"夷屯"是一个很具体的地名，又先于"丹阳"之名出现，又何必再将其与"丹阳"相套？

注释：

① 李学勤主编，清华大学出土文献研究与保护中心编：《清华大学藏战国竹简》(壹)，中西书局，2010 年，第 181 页。

②④ (汉) 司马迁：《史记》，中华书局，1959 年，第 1691—1692 页。

③ 十三经注疏整理委员会：《春秋左传正义》，北京大学出版社，2000 年，第 1502 页。

⑤ 十三经注疏整理委员会：《春秋左传正义》，北京大学出版社，2000 年，第 379 页。

⑥ 十三经注疏整理委员会：《春秋左传正义》，北京大学出版社，2000 年，第 380 页。

⑦ (战国) 吕不韦：《吕氏春秋·音初》，上海古籍出版社，1989 年，第 48 页。

⑧⑨ 方诗铭、王修龄：《古本竹书纪年辑证》，上海古籍出版社，1981 年，第 48 页。

⑩⑪ 方诗铭、王修龄：《古本竹书纪年辑证》，上海古籍出版社，1981 年，第 244 页。

⑫ 中国社会科学院考古研究所编：《殷周金文集成释文》4300、4301，香港中文大学中国文化研究所，2001 年；华中师范大学中国文字研究与应用中心编《金文引得》5038，广西教育出版社，2001 年。按《令簋》铭文无绝对纪年，其年代有成王、康王、昭王二说，郭沫若《两周金文辞大系》认为《令簋》系成王时器，唐兰则认为《令簋》系昭王时器，说参唐兰《论周昭王时代的青铜器铭刻》，载《古文字研究》第 2 辑，中华书局，1981 年；王光镐则据类型学从器形上考证《令簋》系昭王时器，说见王光镐《商代无楚》，《江汉论坛》1984 年第 1 期；彭裕商则从纹饰、铭文字体、辞例诸方而断为昭王世，参彭裕商：《西周青铜器年代综合研究》，巴蜀书社，2003 年，第 257—258 页。

⑬ 李学勤：《由新见青铜器看西周早期的鄂、曾、楚》，《文物》2010 年第 1 期。

⑭ 中国社会科学院考古所：《殷周金文集成释文》3907，香港中文大学中国文

化研究所,2001 年;华中师范大学中国文字研究与应用中心:《金文引得》4819,广西教育出版社,2001 年。

⑮ 中国社会科学院考古所:《殷周金文集成释文》3732,香港中文大学中国文化研究所,2001 年;华中师范大学中国文字研究与应用中心:《金文引得》4703,广西教育出版社,2001 年。

⑯ 中国社会科学院考古所:《殷周金文集成释文》3976,香港中文大学中国文化研究所,2001 年;华中师范大学中国文字研究与应用中心:《金文引得》4850,广西教育出版社,2001 年。

⑰ 中国社会科学院考古所:《殷周金文集成释文》3950、3951,香港中文大学中国文化研究所,2001 年;华中师范大学中国文字研究与应用中心:《金文引得》4843,广西教育出版社,2001 年。

⑱ 中国社会科学院考古所:《殷周金文集成释文》10175,香港中文大学中国文化研究所,2001 年;华中师范大学中国文字研究与应用中心:《金文引得》5411,广西教育出版社,2001 年。

⑲ 学界多认为这些器物属昭王时期,见唐兰:《论周昭王时代的青铜器铭刻》,载中国古文字研究会编:《古文字研究》(第 2 辑),中华书局,2005 年,第 18—142 页;马承源:《商周青铜器铭文选》(3),文物出版社,1990 年,第 61—79 页;王世民、陈公柔、张长寿:《西周青铜器分期断代研究》,文物出版社,1999 年;彭裕商:《西周青铜器年代综合研究》,巴蜀书社,2003 年,第 255—270 页;李学勤:《基美博物馆所藏令簋的年代》,载《法国汉学》丛书编辑委员会编:《法国汉学》(第 11 辑),中华书局,2006 年,第 128—131 页;朱凤瀚:《中国青铜器综论》(中),上海古籍出版社,2009 年,第 1270—1271 页。

⑳ 陈梦家:《西周铜器断代》(上),中华书局,2004 年,目录页;刘启益:《西周纪年》,广东教育出版社,2002 年;杜勇、沈长云:《金文断代方法探微》,人民出版社 2002 年,第 52—88 页。

㉑ 李学勤:《胡应姬鼎试释》,载清华大学出土文献研究与保护中心编:《出土文献与古文字研究》(第 6 辑),上海古籍出版社,2015 年,第 109—111 页。

㉒ (汉)王逸:《楚辞章句》,岳麓书社,1989 年,第 105—106 页。

㉓ 陕西周原考古队:《陕西扶风庄白一号西周青铜器窖藏发掘简报》,《考古》

1978 年第 3 期。

㉔ 唐兰：《西周青铜器铭文分代史徵》，中华书局，1986 年；马承源主编：《商周青铜器铭文选》（三），文物出版社，1990 年，第 61—79 页；王世民、陈公柔、张长寿：《西周青铜器分期断代研究》，文物出版社，1999 年；李学勤：《静方鼎与周昭王历日》，《夏商周年代学札记》，辽宁大学出版社，1999 年，第 22—30 页；彭裕商：《西周青铜器年代综合研究》，巴蜀书社，2003 年，第 255—270 页。

㉕ 郭沫若、刘启益认为是成王，文见郭沫若：《两周金文辞大系图录考释》，载《郭沫若全集》（第 8 卷），科学出版社，2002 年；刘启益：《西周纪年》，广东教育出版社，2002 年；陈梦家、孙长云、杜勇等认为是康王，文见陈梦家：《西周铜器断代》（上），中华书局，2004 年，目录页；杜勇：《安州六器与麦氏四器年代考辨》，《管子学刊》2001 年第 4 期；杜勇、沈长云：《金文断代方法探微》，人民出版社，2002 年，第 52—88 页；孙长云：《静方鼎的年代及相关历史问题》，《中国国家博物馆馆刊》2013 年第 7 期。

㉖ 北京大学考古文博院、山西省考古研究所：《天马—曲村遗址北赵晋侯墓地第六次发掘》，《文物》2001 年第 8 期。

㉗ 孙庆伟：《从新出 𩵦 𣄴 看昭王南征与晋侯燮父》，《文物》2007 年第 1 期。

㉘ 中国社会科学院考古研究所：《殷周金文集成释文》949，香港中文大学中国文化研究所，2001 年，第 595 页。

㉙ 孙庆伟：《从新出 𩵦 𣄴 看昭王南征与晋侯燮父》，《文物》2007 年第 1 期。

㉚ 徐天进：《日本出光美术馆收藏的静方鼎》，《文物》1998 年第 5 期；张懋镕：《静方鼎小考》，《文物》1998 年第 5 期。

㉛ 江鸿：《盘龙城与商朝南土》，《文物》1976 年第 2 期。

㉜ 李学勤主编，清华大学出土文献研究与保护中心编：《清华大学藏战国竹简》（壹），中西书局，2010 年，第 181 页。

㉝ 吕不韦：《吕氏春秋·音初》，上海古籍出版社，1989 年，第 48 页。

㉞ 段玉裁：《说文解字注》，上海古籍出版社，1981 年，第 567 页。

㉟ 十三经注疏整理委员会：《毛诗正义》，北京大学出版社，1999 年，第 228 页。

㊱《吕氏春秋》，上海古籍出版社，1989 年，第 127 页。

㊲ 李学勤：《由新见青铜器看西周早期的鄂、曾、楚》，《文物》2010 年第 1 期。

㊳ 清华大学出土文献研究与保护中心编:《清华大学藏战国竹简(壹)》,中西书局,2011年,第181页。

㊴ (汉)司马迁:《史记》,中华书局,1959年,第1692页。

㊵ 郭沫若认为�读为字,即指熊仪,文见《两周金文辞大系图录考释》,第164页;朱德熙、裘锡圭和李家浩认为读至,即熊挚,文见《江陵望山一、二号墓竹简释文与考释》,载《江陵望山与沙冢楚墓发掘报告》,文物出版社,1996年;张亚初认为读为家较合适,家、渠声韵相同或相近,可互通文见其《论楚公家钟和楚公逆钟的年代》,《江汉考古》1984年第4期;刘彬徽也认为其形制、纹饰、辞例和字体分析,定为西周中期之末,文见其《楚系青铜器研究》,湖北教育出版社,1995年,第287页;本人赞同刘、张二位先生的意见。

㊶ 河南省文物考古研究所编著:《新蔡葛陵楚墓》,河南大象出版社,2003年。

㊷ 湖北省文物考古研究所、随州市博物馆:《随州文峰塔M1(曾侯与墓)、M2发掘简报》,《江汉考古》2014年第4期。

㊸ 十三经注疏整理委员会:《春秋左传正义》,北京大学出版社,2000年,第1502页。

㊹ 董珊:《新蔡楚简所见"颛顼"和"沮漳"》,《简帛文献考释论丛》,上海古籍出版社,2014年。

㊺ 本文采纳董珊先生的意见,见董珊:《新蔡楚简所见"颛顼"和"沮漳"》,《简帛文献考释论丛》,上海古籍出版社,2014年。

㊻ 十三经注疏整理委员会编:《春秋左传正义》,北京大学出版社,2000年,第1884页。

㊼ (东晋)郭璞注,(清)毕沅校:《山海经》,上海古籍出版社,1989年,第67页。

㊽ 笪浩波:《从清华简〈楚居〉看"为"郢之所在》,《中国历史地理论丛》2016年第4期。

㊾ (东汉)许慎撰,(清)段玉裁:《说文解字注》,上海古籍出版社,1981年,第21页。

㊿ (清)王念孙:《广雅疏证》,北京:中华书局,1983年。

○51 (北魏)郦道元著,(清)王先谦校:《水经注》,巴蜀出版社,1985年,第

567页。

(52)(北魏)郦道元著,(清)王先谦校:《水经注》,巴蜀出版社,1985年,第466页。

(53)(唐)李泰著,贺次君:《括地志辑校》,中华书局,1980年,第188页。

(54)(唐)李吉甫:《元和郡县图志》,中华书局,1983年,第530页。

(55)(明)顾祖禹:《读史方舆纪要》,中华书局,2005年,第3716页。

(56)杨守敬、熊会贞:《水经注疏》,江苏古籍出版社,1986年。

(57)笪浩波:《"京宗"辨》,《荆楚学刊》2016年第6期。

(58)湖北省文物考古研究所、宜城市博物馆、南漳县博物馆:《蛮河流域楚文化遗址调查简报》,《江汉考古》2017年第4期。

(59)高崇文:《清华简〈楚居〉所载楚早期居地辨析》,《江汉考古》2011年第4期;周宏伟:《楚人源于关中平原新证——以清华简〈楚居〉相关地名的考释为中心》,《中国历史地理论丛》2012年第2期;杜勇:《清华简〈楚居〉所见楚人早期居邑考》,《中国国家博物馆馆刊》2013年第11期;夏麦陵:《清华简"楚居"中螙宅和发渐地望试探》,罗运环等主编《楚简楚文化与先秦历史文化国际学术研讨会论文集》,湖北人民出版社,2013年;高江涛:《清华战国楚简〈楚居〉中的'夷屯'的一些思考》,《三代考古》(五),科学出版社,2013年。

(60)李家浩:《谈清华战国竹简〈楚居〉的"夷宅"及其他——兼谈包山楚简的"埦人"等》,李学勤主编:《出土文献》第二辑,中西书局,2011年;牛鹏涛:《清华简〈楚居〉与楚都丹阳》,《文史知识》2013年第5期。

(61)李学勤:《论清华简〈楚居〉中的古史传说》,《中国史研究》2011年第1期;赵平安:《"楚居"的性质、作者及写作年代》,《清华大学学报》(哲学社会科学版)2011年第4期;周运中:《"楚居"东周之前地理考》,罗运环等主编:《楚简楚文化与先秦历史文化国际学术研讨会论文集》,湖北人民出版社,2013年。

(62)《山海经》,上海古籍出版社,1989年,第72页。

(63)(北魏)郦道元著,王先谦校:《水经注》,巴蜀书社,1985年,第478页。

(64)石泉:《古代荆楚地理新探》之《楚都丹阳及古荆山在丹、淅附近补证》篇,武汉大学出版社,1988年,第206—208页。

(65)高江涛:《清华战国楚简〈楚居〉中的"夷屯"的一些思考》,《三代考古》

（五），科学出版社，2013 年。

⑥（汉）司马迁：《史记》，中华书局，1959 年，第 1735 页。

⑥（汉）班固：《汉书》，中华书局，1962 年，第 1566 页。

⑥ 十三经注疏整理委员会编：《春秋左传正义》，北京大学出版社，2000 年，第 1657 页。

清华简《楚居》之"宵"地刍议

刘　甫

（广东电视台）

　　清华简《楚居》[①]为我们提供了楚国世系自季连始至悼王止、历代各楚君的居所。就目前情况来看,其中多数地望尚难确定。今就简文中"若敖酓义徙居郜,至焚冒酓帅自郜徙居焚,至宵敖酓鹿自焚徙居宵,至武王酓达自宵徙居免,焉始称王,祭祀致福"一句中之"宵"地,笔者结合新近发现的一些线索加以整理和思考,谈谈个人对于"宵"地地望的理解。不免浅薄,愿闻赐教。

一、"若敖之郜"及"秦汉销县"地望分析

　　关于清华简《楚居》中若敖所徙居之"郜",有学者认为其在"丹淅"一带[②],也有学者认为其在今宜城市南部至钟祥乐乡关区间[③]。笔者赞同后者观点。如果说西周一世,楚国先"丹淅"后"荆山"寻求发展的话,那么春秋之初的楚国显然不会原地踏步。《史记·楚世家》中言早至西周中期熊渠便已经略江汉[④],而清华简《楚居》中则明确记载,楚君若敖自"夷屯"徙居"郜"。如果"夷屯"不是在"丹淅"便是在"荆山"(目前有不少学者认为其在南漳县武安镇蛮河附近)[⑤],则此"郜"必定非"丹淅之郜"。根据《左传》中所载春秋早期楚国大量征伐之事来看[⑥],楚的发展路线应自荆山向东经略襄宜平原甚至跨过汉东,此"郜"指襄宜平原之"郜"似乎更合逻辑。至于焚冒所迁"焚"地不是本文要点,因目前也无任何线索,故略而不谈,大致近"郜"不远。以下重点来说说宵敖所居之"宵"。

　　此前有王琢玺先生将秦末汉初销县定于今荆门市子陵镇一

135

带⑦，曾一度引起笔者质疑。然结合王先生依据"北大秦简""里耶秦简"等出土材料中所提供的有关地名间距通过古今里程换算来看，"销县"地望定于子陵则又趋于合理。笔者曾数次赴子陵作实地调查，在子陵镇南部铁路跨越桥附近，发现有大量汉代板瓦、筒瓦、瓦当、汉砖、陶片等残片，以及大堆疑似土城墙状的古建废墟垃圾。据当地百姓介绍，20世纪80年代前，在该镇北端曾有十多座高约6米以上、直径约50米的大型汉代墓冢由北至南排列，目前尚存一冢。此外，根据荆门市文物部门所作记载，20世纪80—90年代，曾于该区域发掘出秦、西汉墓共计14座，东汉墓17座⑧。如此高级别的贵族墓群及数量众多的庶民墓，说明秦汉时该处必为一重要聚落。笔者所发现的大量汉代考古遗存，有力地支撑了王琢玺先生观点。

二、"宵"地地望

根据"北大秦简"知"销县"始置于秦，清华简《楚居》则大致成书于战国中期。若依简文来看，战国中期"宵"地似还称"宵"。"宵"，上古音"宵"部，与"销"可通。秦距战国中期时间并不长，联系宵敖之"宵"应距"都"不远分析，笔者颇疑"销县"之"销"或正是"宵敖"之"宵"，周振鹤等先生推"销县"或为"宵"之论是很有见地的，颇合我意⑨。据荆门市博物馆编《荆门子陵岗》中信息显示，该馆同样曾于20世纪80—90年代在子陵发掘出东周楚墓共62座⑩，似乎该地的楚文化成分远超秦汉文化。根据分析结果，子陵岗楚墓始于春秋中期⑪，文化面貌呈现出楚民蛮民杂居，中原文化与南蛮土著文化结合的现象⑫。子陵岗为一处楚国重要的大型聚落，这与楚国由北至南发展，与当地土著不断融合的情况是相吻合的。囿于目前暂未发现可溯至春秋早期的文化遗存，尚待今后新资料的出现。《左传》载楚武王灭权⑬，子陵位于权国北部，不排除在武王灭权前、该处即已被其前任"宵敖"所据之可能。由此笔者认为，荆门子陵岗或可作为《楚居》中"宵敖"所居"宵"地的考虑地望之一。

三、结语

荆门子陵岗所呈现出的大量汉代文化遗存,结合《北大藏秦水陆里程简册》所提供的准确距离,笔者认为"秦汉销县"或即该地。而"秦汉销县"地望能否与清华简《楚居》中"宵"地联系上? 笔者通过逻辑分析结合该地出土的大量春秋战国尤其是早至春秋中期的楚文化遗存面貌,认为该处可作"宵"地地望参考之一。

注释:

① 清华大学出土文献研究与保护中心编,李学勤主编:《清华大学藏战国竹简》(壹),中西书局,2010 年。

② 高崇文:《清华简〈楚居〉所载楚早期居地辨析》,《江汉考古》2011 年第 4 期,第 63 页。

③ 胡刚:《有"都"铜器与都国历史新论》,《文物》2013 年第 4 期,第 84 页。

④《史记·楚世家》载:"当周夷王时,王室微,诸侯或不朝、相伐。熊渠甚得江汉间民和,乃兴兵伐庸、杨粤,至于鄂……"

⑤ 分别见笪浩波:《从近年出土文献看早期楚国中心区域》,《江汉考古》2011 年第 2 期,第 68 页;周运中:《清华简〈楚居〉地理考》,载《楚简楚文化与先秦历史文化国际学术研讨会论文集》,武汉大学出版社,2011 年 10 月,第 160 页。

⑥ 分别见于《左传·桓公三年》《左传·桓公六年》《左传·桓公八年》《左传·桓公九年》《左传·桓公十一年》《左传·桓公十二年》《左传·桓公十三年》《左传·庄公四年》。

⑦ 王琢玺:《秦汉销县小考》,《中国历史地理论丛》2014 年第 3 期。

⑧ 荆门市博物馆编著:《荆门子陵岗》,文物出版社,2008 年,第 164、221 页。

⑨ 程少轩:《谈谈〈楚居〉所见古地名"宵"及相关问题》,简帛网,2011 年 5 月 31 日。

⑩ 荆门市博物馆编著:《荆门子陵岗》,文物出版社,2008 年 5 月,第 126 页。

⑪ 崔仁义:《子陵岗东周墓的初步认识》,《江汉考古》1990 年第 4 期。

⑫ 山人:《子陵岗东周墓地性质剖析》,《江汉考古》1990 年第 4 期。

⑬ 见《左传·庄公十八年》。

清华简《系年》所见楚国封君小札[*]

郑 威

（武汉大学历史学院历史地理研究所）

　　《清华大学藏战国竹简（贰）》之《系年》第二十三章新见三位楚国封君：阳城桓定君、平夜悼武君和郎庄平君。阳城君在各类文献中多次出现，我们曾有过梳理和讨论：

　　　　曾侯乙简文中有关于楚"阳城君"的记载，见于简119、简163、简166、简193。此"阳城君"应是惠王晚期楚国封君。《考释》（《曾侯乙墓竹简释文与考释》）说："《吕氏春秋·上德》有'阳城君'，曾参与谋害吴起事件。这件事发生在楚悼王刚死的时候，上距曾侯乙之死约四十二年，不知简文的'阳城君'跟楚悼王时的'阳城君'会不会是一个人。"

　　《考释》引述的《吕氏春秋·离俗览·上德》篇关于楚阳城君的故事内容如下：

　　　　墨者钜子孟胜，善荆之阳城君。阳城君令守于国，毁璜以为符，约曰："符合听之。"荆王薨，群臣攻吴起，兵于丧所，阳城君与焉，荆罪之。阳城君走，荆收其国。孟胜曰："受人之国，与之有符。今不见符，而力不能禁，不能死，不可。"……孟胜死，弟子死之者百八十。

　　讲的是楚国阳城君与墨家的孟胜毁璜为符，孟胜为阳城

　　＊ 本文为国家社科基金冷门绝学研究专项"出土东周秦汉荆楚地理资料整理与地域空间整合研究"（20VJXG017）成果。

君守国,死国的故事。吴起变法,关系到封君利益。支持吴起的悼王死后,吴起受到攻击,阳城君当参与此事。所说的"国"大概指的是阳城君的封邑"阳城"。

简文所见之阳城君与《吕氏春秋》所记载的阳城君关系尚不明确,可能如《考释》所言,二者所指为同一人,也有可能前后承袭的关系。楚阳城君存续时间,上限至少在公元前433年,下限至悼王去世之年,即前381年[①]。

这篇文字写于《系年》刊布之前。《系年》中新见的三位封君与鲁阳县公[②]一同参与了对抗郑、晋的战争,其中阳城、平夜两位封君战死。由此可知,见于《吕览》的悼王末年的阳城君应是战死的阳城桓定君的后人。

三位封君皆以地名为封号,阳城、平夜、郎指各自的封邑,桓定、悼武、庄平为谥称。其中,平夜地望概无疑义,在今新蔡县西北境至平舆县一带。鲁阳公掌管的鲁阳县在今鲁山县城附近。阳城一名比较常见,地望说法各异。包山简中有"阳城公"(简120 - 121),是楚怀王时期的阳城县公,相关简文记述了下蔡人在下蔡、阳城之间卖马,并涉案杀人之事。学者们据此推测阳城当近于下蔡,或谓在安徽宿州南[③]。

从楚国北部军事力量的发展情况来看,春秋时期以县师为主力,先有申息之师,在楚成王至共王时期长期存在,后为陈蔡之师所取代[④]。至战国前期,楚国境内出现了大量的封君,据前引《吕览》所载阳城君故事可知,当时的封君军事性质很强,而《系年》所记载的战事则验证了这一点。封君与县公一同统帅楚军,组建了楚国的北部防线。为方便调度,楚国的军队在边境各地驻扎,常以驻屯地为名,如申息、陈蔡之师皆因地得名,驻屯地同时也当是兵士的主要来源地,军事首长亦以地方官员(贵族)为主。由此推测,为方便统帅军队,直接应对中原诸国,鲁阳公掌管的鲁阳县和阳城、平夜、郎三位封君的封邑应当相去不远,都在楚国北境一线。

关于阳城君封邑地望的说法不少,目前看来,其中的秦南阳郡之阳成(城)县距离鲁阳县最近,可能性也最大。《里耶秦简(贰)》简9-2076载"宛、新野、比阳、阳成(城)、雉各言书到",可知阳城为南阳郡属县,且距郡治不远。张家山汉简《二年律令·秩律》有"阳成"(简457),仍为南阳郡属县⑤。说明秦至汉初其名未改,《汉书·地理志》"堵阳"之名后出。至于包山简中阳城县的地望所在,仍有待讨论。

楚国封君的封地是可以世袭的,为了整个家族和子孙后代考虑,受封者多不愿意接受贫瘠和边险之地。鲁阳曾为鲁阳君之封地,鲁阳君受封之时,"惠王以梁与鲁阳文子,文子辞曰:'梁险而在北境,惧子孙之有贰者也。……惧子孙之以梁之险,而乏臣之祀也。'"(《国语·楚语下》)梁在鲁阳北,处楚边地,若受封于此,鲁阳君担心其子孙叛楚而绝其祀,同时会更担心边地战乱频繁,失邑的可能性很大。阳城地处南阳盆地北部,是楚人长期经营和发展的地区,阳城君应当乐于接受这一封邑。鲁阳君与墨子交往密切⑥,而阳城君与墨家钜子孟胜为生死之交,二人封邑共同处于墨家势力的影响之下,或许也是因为相距不远。鲁阳、阳城分处方城内外,在地图上可与东南方向的平夜君封邑相互勾连,联为一线(参图一),形成楚国北境的军事联防基地,攻可迅速到达北部边境,守可据县邑、封邑自保。

郎庄平君的封邑也当在这一线寻找。我们曾提出郎地是否与北京大学藏秦水陆里程简册记载的"阆丘亭"相关⑦,但其地距这一线过远。与《地理志》反映的西汉末年南阳郡辖域相比,《秩律》所见的汉初的南阳郡辖域更为广阔,其东部跨越了方城山、桐柏山,涵括了汝水以西地区,应是继承自楚国的宛郡和秦之南阳郡⑧,反映出战国时期楚国北境的南阳盆地内外、方城——桐柏山两侧已然存在着十分紧密的联系。观察《秩律》所列南阳郡诸县,"阳成、雉、阳安、鲁阳、朗陵、䣕"⑨,紧邻鲁阳排列的是朗陵,《地理

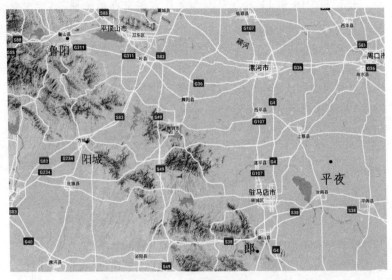

图一　楚国鲁阳、阳城、郎、平夜地望(以实心黑点标示)示意图

志》属汝南郡。朗,从月良声;郎,从邑良声。二者均从良得声,上古音同在来纽阳部,双声叠韵。陵是地名中常见的表意字,或表示其地起伏不平,或表示其地有陵寝存在。如《汉书·地理志》陈留郡之襄邑,"宋襄公所葬,故曰襄陵"⑩。汉朗陵故城遗址仍见存,在今确山县任店镇⑪,西距阳城、东离平夜都不远,楚国郎庄平君封地也许在这一带。

　　若以上判断不误,鲁阳、阳城、郎、平夜一线共同构筑了战国前期楚国北境的军事联防基地。作为楚人对抗北方诸侯的主要战线,构筑者应当还包括了其他一系列的封君和县公。吴起变法之后,楚国封君的实力受到了重创,楚国的军事力量或许也因此受到了削弱,楚人西、北防线在战国晚期的全面溃败应当与之相关。

2019 年 5 月 20 日记于仙台

追记：2019年11月3日参加复旦大学主办第一届"出土文献与中国古代史"学术论坛暨青年学者工作坊之时，从复旦大学杨智宇先生处得知其大作《楚国封君补正四则》(未刊稿)指出郎庄平君封邑可能与狼荡渠有关，也可能与朗陵相关。承杨先生提供大作，谨将其中相关文字节录如下："《汉书·地理志》汝南郡有朗陵，应劭注'朗陵山在西南'，此处地名也与'郎'相关，且与平夜君的封地相近，也有可能作为郎庄平君的封邑。"

注释：

① 拙著：《楚国封君研究》，湖北教育出版社，2012年，第122—123页。

② 鲁阳公指楚国鲁阳县之县公，而非封君，详参拙文：《〈灵王遂申〉与春秋后期楚国的申县》，《江汉考古》2017年第5期。

③ 徐少华：《包山楚简释地五则》，《考古》1999年第11期。

④ 参看拙文：《〈灵王遂申〉与春秋后期楚国的申县》，《江汉考古》2017年第5期。

⑤ 参看晏昌贵：《〈二年律令·秩律〉与汉初政区地理》，《历史地理》第21辑，上海人民出版社，2006年，第52—62页。

⑥ 参看拙文：《墨子游楚鲁阳年代考》，《江汉考古》2012年第3期。

⑦ 拙著：《楚国封君研究》之《再版后记》，湖北教育出版社，2017年，第278页。

⑧ 参看晏昌贵：《〈二年律令·秩律〉与汉初政区地理》，《历史地理》第21辑，上海人民出版社，2006年，第52-62页；但昌武：《秦至西汉南阳郡辖域变迁考略》，《楚学论丛》第5辑，湖北人民出版社，2016年，第118-130页。

⑨ 彭浩、陈伟、工藤元男主编：《二年律令与奏谳书》，上海古籍出版社，2007年，第270页。

⑩ 班固撰、颜师古注：《汉书》卷二十八上《地理志上》，中华书局，1962年，第1559页。

⑪ 国家文物局主编：《中国文物地图集·河南分册》，中国地图出版社，1991年，第466页。

从清华简《系年》看
三晋伐齐时楚国的反应 *

杨蒙生

（北京语言大学文献语言学研究所、
北京文献语言与文化传承研究基地）

在战国初期，尤其是三晋伐齐前后，宋国一直都是三晋的忠实盟友。这反映在清华简《系年》上便是宋国在晋幽公四年（公元前430年）与晋、越等国的联合伐齐和宋悼公在楚声王元年（公元前407年）奔赴晋人主持的、为伐齐做前期准备的任之会[①]。

以当时的国际形势判断，若不是宋悼公在赴任之会途中卒然亡故，宋国很可能会再次参与三晋的伐齐行动。然而，此事的发生暂时中止了宋人继续追随三晋、进攻齐国的计划[②]，宋国也因此成为三晋伐齐过程中落后于晋系盟国且不能为三晋所顾及的薄弱环节。与此同时，三晋全力攻齐也使得他们对郑国方面掌控力度的暂时削弱。此二者被投放在三晋伐齐时的列国关系链条上，便成为三晋南部防线上不容忽视的两大漏洞。这一情况自然被对时局有着全面把握的楚声王察知，并成为其救齐和北进的两个突破口。于是，就有了本文此处所说的围宋救齐和武阳扼晋[③]两大行动。

---

  * 本文系教育部人文社会科学研究项目"清华大学藏战国竹简文本来源问题综合研究"（20YJ030008）、北京语言大学一流学科团队支持计划的阶段性成果。

  作者信息：杨蒙生，男，北京语言大学文献语言学研究所、北京文献语言与文化传承研究基地副教授，主要研究方向为古文字、出土文献与先秦史。

以当时的局势和现有材料推断，"围宋救齐"很可能就是《吕氏春秋》所记楚"声王围宋十月"一事，"武阳扼晋"则是《系年》第23章所记声王四年，楚声王携宋公城榆关而为武阳一事。

一、楚声王"围宋十月"

《吕氏春秋·审分览·慎势》有如下一条记载：

> （楚）庄王围宋九月，康王围宋五月，声王围宋十月。楚三围宋矣而不能亡，非不可亡也，以宋攻楚④，奚时止矣？凡功之立也，贤不肖强弱治乱异也。

目前所见学界对它的解释较多。如吕祖谦、黄式三认为此事发生在周威烈王二十三年三晋封侯之后、声王被弑之前，即声王五年时⑤；苏时学则认为，从墨子活动时间与声王时代相当推断，其围宋十月与公输班为楚攻宋同时⑥；陈奇猷根据《六国年表》所见楚声王时代，定此事在宋昭公末至悼公初的某年⑦；任会斌认为，此事应发生在楚声王三到四年，即公元前405年至公元前404年之间⑧；马楠则定此事的发生时间在楚声王四年之前，或五年三晋列为诸侯之后；因宋国此时背楚朝周，故声王伐之，围宋十月⑨。

案，以公元前634年发生的、宋国叛楚即晋引起的楚伐宋事，最终导致晋、楚城濮大战一事⑩例之，声王此次围宋很可能并不简单。因此，本文怀疑它很可能是楚国为了救齐于三晋之围而采取的一次军事行动。

首先，以时间的关联性观之，可知声王围宋与三晋伐齐非常接近。已知声王元年宜从《六国年表》意见，定在公元前407年⑪，则结合《系年》战国段内容推测，楚之围宋多半发生在声王元年至四年，公元前407年至公元前404年宋公朝楚之前这段时间。又知三晋伐齐的确发生在公元前404年，则由此引申，若声王围宋起于三晋与齐战于廪丘之时，则此事发生的时间大致可以确定在公元前404年，基本与三晋伐齐同时而历时稍短于后者，并不会延续至次年。在此期间，三晋先是在廪丘战胜齐军，再是乘机请得周威烈王之命以攻齐，未遑讨楚，楚国才得以耗十月之时以迫宋，进而挟宋公去城榆关以逼晋。

由此看来，可以将声王围宋的时间大致推定在公元前405年12月至公元前404年10月之间。若将廪丘之战的短暂时间忽略不计，则声王围宋的时间几乎可以与三晋伐齐的大半时间重合。

其次，从事件的关联性上看，既知宋国因悼公意外亡卒而临时退出三晋主导的伐齐同盟，那么，因晋及其盟国阻隔而无法对齐国直接施以援手的楚国很可能会由此乘机伐丧，并以此作为对三晋力量的牵制，从而达到援助齐国的目的。尽管三晋当时为了顾全求名大局，并未放松对齐攻势来回头救宋，但楚国却意外且成功地分化了晋、宋联盟。

再次，就宋、楚关系和楚国自身的发展战略而言，楚之伐宋亦是必然之举。早在春秋之时，宋国即曾因正当晋、吴交通要道而甘任晋国扼楚的棋子[12]。时至春秋晚期、战国前期，越、晋为好，因以扼楚，宋之作用犹是。再者，宋为列国门户，战略位置重要，如若得宋，则齐、鲁两国可制，西面郑国可招[13]；且齐桓、晋文、晋悼之霸业莫不始于定宋[14]，楚之北上横行亦多肇于宋[15]。既然此时的三晋因为求名大计而全力攻齐，以致无暇救援宋国这一往日所必救的盟国[16]，那楚国自然不会轻易错失这个北上掣晋的良机。

最后，由齐、楚两国当时的关系判断，春秋中后期以降，齐、楚两国即有交通、互援的传统。这从《系年》第23章所记齐人应楚王之请增援武阳一事中更可窥见一斑。因此，面对三晋对齐国的攻击和自身北方势力的压制，楚国多半不会袖手旁观。

综上所述，任会斌将楚声王围宋十月一事的发生时间推定为公元前405年至公元前404年、亦即楚声王三至四年的做法是接近事实的。若以《系年》第23章所记声王四年宋、郑朝楚一事观之，则知声王围宋即在此前不远一段时间。

以当时形势，特别是宋国破则晋国危的情况度之⑰，声王此举之目的多半在于救齐且扞晋，而未必如《吕氏春秋》所说，单纯在于亡宋。同条所云楚庄王围宋九月一事实指楚庄王借口申无畏被杀而报复宋国、图谋北上即是证明⑱。楚国此时之所以未能如事后齐军深入楚地以救武阳那样兵进齐国，很可能是因为宋、鲁、越等三晋与国和魏文侯所率南路晋军遮蔽齐、楚通路的缘故。而它之所以会被如此片段地保存于《吕氏春秋》之中，则多半是因为编者为了满足自身需要而对原材料进行过多删减。

二、楚声王武阳扞晋

此事仅见于清华简《系年》第23章：

> 楚圣桓王立四年，宋公田、郑伯骀皆朝于楚⑲。王率宋公以城犊（榆）关，是武阳。秦人败晋师于雒阴，以为楚援。圣王即世，悼哲王即位，郑人侵犊（榆）关，阳城桓定君率犊（榆）关之师与上国之师以交（邀）⑳之，与之战于桂陵，楚师无功。景之贾与舒子共止而死。明岁，晋膊㉑余率晋师与郑师以纳王子定。鲁阳公率师以交晋人，晋人还，不果纳王子。明岁，郙庄平君率师侵郑，郑皇子、子马、子池、子封子率师以交楚人。楚人涉洀（湛㉒，氾），将与之战，郑师逃入于蔑。楚师围之于蔑，尽降郑师与其四将军，以归于郢，郑大宰欣亦起祸于郑，郑子阳用灭，无后于郑。明岁，楚人归郑之四将军与其万民于郑，晋人围津、长陵，克之。王命平夜悼武君率师侵晋，降郙，止鄁㉓公涉缗以归，以复长陵之师。厌（厭）年，韩取、魏击率师围武阳，以复郙之师。鲁阳公率师救武阳，与晋师战于武阳之城下。楚师大败，鲁阳公、平夜悼武君、阳城桓定君三执珪之君与右尹昭之埃死焉，楚人尽弃其旆、幕、车、兵，犬逸而还。陈人焉叛而纳王子定于陈，楚邦以多亡城。楚师将救武阳，王

命平夜悼武君使人于齐陈湨求师,陈疾目率车千乘,以从楚师于武阳。甲戌,晋、楚以战,丙子,齐师至喦,遂还。

对于其中的"鬴闗"[24]一词,整理报告读为"榆关"[25],学界罕有异议。对于楚国此番建制关塞的目的,学界则稍有论及。如《系年》整理报告以为是楚声王借晋、越联合攻齐之机,向中原发展势力[26];杨博在赞同整理报告意见的基础上认为,楚国此举是在利用三晋攻齐、无暇南顾之机,迫使宋、郑朝楚,以榆关为武阳城,并引秦援败楚师,之后,三晋和楚围绕郑国展开交锋[27];王红亮则认为楚国此举的目的是对抗晋国方面的进攻[28]。

关于地名榆关和武阳,学界也有若干说法。如《史记》索隐定其地在大梁以西[29],《系年》整理报告从其说[30];顾祖禹则认为其地在汝州境内,战国时处楚国边境[31];吴良宝认为,榆关或在今河南许昌以东之鄢地,距下文的郪(郙)地,及地处河南杞县、通许一带的喦地不远[32];刘全志认为榆关就在武阳[33],杨博、马楠则进一步认定,榆关即是武阳[34]。

本文认为,简文此处的"是"字确宜读如本字[35];地名武阳亦可能是榆关扩建为城后之别名。从后来郑国和晋国对楚国采取的强力反攻态势推断,此地很可能正位于两者之间的某个紧要之处。由《楚世家》楚悼王"十一年,三晋伐楚,败我大梁、榆关"的记载和前引吴良宝说推断,它的位置很可能在大梁以西,当郑地东部或东南,距下文出现的郪(郙)地不会太远。

以是观之,声王此举多半是在迫使宋公臣服之后针对三晋采取的进一步北进行动,其目的在于通过加固楔入三晋怀抱的榆关要塞,亦即武阳,来建立楚国北进的桥头堡,进而有效控扼三晋[36]。如此,似当以整理报告及杨博之说近是。

如上所述,可以将三晋伐齐对楚国方面的影响绘制成如下简图:

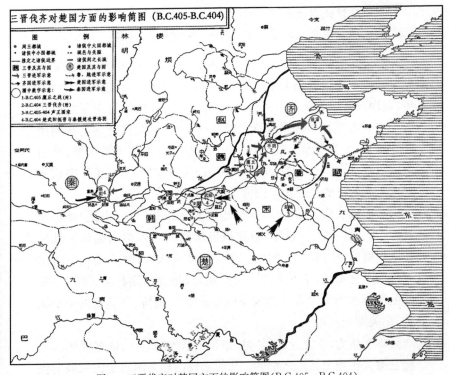

图一　三晋伐齐对楚国方面的影响简图(B.C.405－B.C.404)

声王的这两个行动如愿撕裂了三晋南部防线,分化了晋、宋同盟,给三晋造成了很大的压力。它直接诱发了公元前 399 年武阳之战前后的晋、楚纷争。由于笔者对此另有专文论述,故此不再赘述。

附记:本文的写作得到导师李学勤先生的悉心指导,谨致谢意。先生虽已驾鹤西去,恩情永难忘怀,故此纪之,以表寸心。

另,本文曾提交至 2019 年 11 月召开的湘鄂豫皖楚文化研究会第十六次年会,稍事修改后又收入拙作《曾羌编钟铭文与清华简〈系年〉》(上海古籍出版社 2020 年)第四篇第三节,特此说明。

注释：

① 李学勤主编，清华大学出土文献研究与保护中心编：《清华大学藏战国竹简（贰）》，中西书局，2010年，第186、192页。

② 代生认为，宋之参与伐齐是被晋、越两国要挟的。案，此说恐与实际情况有所偏差。参代生：《清华简〈系年〉所见齐国史事初探》，《烟台大学学报》（哲学社会科学版）2015年第1期，第92页。

③ 代生认为楚国此举意在帮助郑国，异于拙说。参代生：《清华简〈系年〉所见宋国史事初探》，《中国国家博物馆馆刊》2016年第7期，第136—137页。又案，由《系年》第23章所记秦之援楚行动可知，楚之武阳扼晋得到了秦国方面的积极响应。于此可见，它也是一个牵涉较大的历史事件。

④ 学界或以为此处有错字，或以为有脱漏，本文不做取舍。具体意见详参许维遹撰，梁运华整理：《吕氏春秋集释》，中华书局，2009年，第465页；吕不韦著，陈奇猷校释：《吕氏春秋新校释》，上海古籍出版社，2000年，第1131—1132页。

⑤ 吕祖谦：《大事记》，《吕祖谦全集》第8册，浙江古籍出版社，2008年，第21、278页；黄式三撰，程继红点校：《周季编略》，凤凰出版社，2008年，第39—40页。

⑥ 苏时学：《墨子刊误》卷一，《无求备斋墨学集成》第10册，成文出版社，1977年，第46页。

⑦ 吕不韦著，陈奇猷校释：《吕氏春秋新校释》，上海古籍出版社，2002年，第1131页。

⑧ 任会斌：《齐长城研究》附表（十一）《战国楚北侵过程简表》，山东大学硕士学位论文，2004年，第78页。

⑨ 马楠：《清华简〈系年〉辑证》，中西书局，2015年，第475页。引者案，此处"朝周"或为"朝晋"之误。

⑩ 《左传》僖公二十六年。

⑪ 杨蒙生：《三晋伐齐前后所见齐国一方人物史迹初考》，《文献》2020年第1期，第33—48页。

⑫ 顾栋高：《春秋列国疆域图表》，《春秋大事表》，中华书局，1993年，第529页。

⑬ 赵鹏飞、王樵、许翰说。参顾栋高：《春秋晋楚争盟表》，《春秋大事表》，第

1996—1997 页。引者案,关于宋国的地位,通篇所引其他学者亦有卓论,读者可参看顾文或本文对应处。

⑭《春秋》成公十八年冬,楚、郑侵宋。李廉论之曰:齐桓公之霸业始于平定宋乱,晋文公之霸业始于释解宋国之围,晋悼公之霸业始于彭城救宋,此时晋渐盛而楚渐衰。参顾栋高:《春秋晋楚争盟表》,《春秋大事表》,第2003页。

⑮ 顾栋高曾指出,宋国多事,其所为多致春秋局势大变,如宋襄求诸侯而致楚北上横行不可制(引者案,事在《左传》僖公二十一年、公元前639年以后),礼重耳、辅晋成霸业而中原息肩于晋(引者案,事在《左传》僖公二十八年、公元前632年以后),向戌发起弭兵之会,竟致楚、吴先后凌晋,中原遂夷陵于蛮夷(引者案,前一事见《左传》昭公元年、公元前541年,后一事见《左传》哀公十三年、公元前482年)。所言甚是。参顾栋高:《春秋宋执政表》,《春秋大事表》,第1843页。

⑯ 对于《春秋》襄公元年楚师侵宋一事,高阅论之曰:楚之不敢与诸侯之师相敌而侵宋之原因,很可能是因为宋乃诸侯之所必救。参顾栋高:《春秋晋楚争盟表》,《春秋大事表》,第2003页。

⑰《战国策·秦策一》。

⑱ 事见清华简《系年》第11章、《左传》宣公十四年,当楚庄王十九年,公元前595年。

⑲ 刘全志认为,郑国的朝楚或与郑伯骃之兄被韩国杀害有关。引者案,此处用一个皆字用意或在表明:此时的宋、郑两国均已暂时向楚国屈服,其意未必是说两国之君同时超见楚王,否则,声王仅携宋公城郑榆关便不好解释。参刘全志:《清华简〈系年〉"王子定"及相关史事》,《文史知识》2013年第6期,第25页。

⑳ 陈剑意见。参复旦大学出土文献与古文字研究中心读书会:《〈清华(贰)〉讨论记录》,复旦大学出土文献与古文字研究中心网,2011年12月23日。

㉑ 苏建洲说。参苏建洲、吴雯雯、赖怡璇:《清华二〈系年〉集解》,万卷楼图书股份有限公司,2013年,第892页、附录第59—60页。

㉒ 黄德宽:《释新出战国楚简中的"湛"字》,《中山大学学报》(社会科学版)2018年第1期,第49—52页。

㉓ 杨蒙生:《读清华大学藏战国竹简丛札》,《战国文字研究》第一辑,上海古

籍出版社,2019年,待刊。

㉔ 引者案,同一地名在《系年》简 127 作懶闑,在简 128 作犚闑。关字之前一字的形体在简文中分别被写作鬒、鬱、犚,均不从贝,本文隶定仅取习惯写法。

㉕ 李学勤主编,清华大学出土文献研究与保护中心编:《清华大学藏战国竹简(贰)》,第 197 页注 2。

㉖ 李学勤主编,清华大学出土文献研究与保护中心编:《清华大学藏战国竹简(贰)》,第 197 页注 1。

㉗ 杨博:《战国楚竹书史学价值探研》,北京大学博士学位论文,2015 年,第 207—208 页。

㉘ 王红亮:《清华简〈系年〉中的鬴羌钟相关史实发覆》,《古代文明》2013 年第 7 期,第 67 页。

㉙ 司马迁:《史记》,中华书局,1982 年,第 1720 页。

㉚ 李学勤主编,清华大学出土文献研究与保护中心编:《清华大学藏战国竹简(贰)》,第 197 页注 2。

㉛ 顾祖禹:《读史方舆纪要》卷五十一,中华书局,2005 年,第 2439 页。

㉜ 吴良宝:《清华简〈系年〉"武阳"考》,《吉林大学古籍研究所建所三十周年纪念论文集》,上海古籍出版社,2014 年,第 70—72 页。

㉝ 刘全志:《清华简〈系年〉"王子定"及相关史事》,《文史知识》2013 年第 6 期,第 27 页。

㉞ 杨博:《战国楚竹书史学价值探研》,北京大学博士学位论文,第 207 页。马楠:《清华简〈系年〉辑证》,第 479 页。

㉟ 马楠:《清华简〈系年〉辑证》,上海人民出版社,2001 年,第 479 页。

㊱ 杨宽认为,榆关地处大梁西南,介于今新郑、开封之间,为出入中原之战略要冲,故晋、楚多争之。其说甚是。参杨宽:《战国史料编年辑证》,第 206、221—222 页。

出 土 文 献

邓国铜器铭文研究[*]

王先福

（湖北省文物考古研究所）

据文献记载,邓国是周王朝分封于南土的一个重要诸侯国,不晚于西周早期受封,楚文王十六年(前678年)灭于楚。由于邓国的历史资料较少,邓国与邓文化的研究工作受到较大局限。历年传世和出土的邓国铭文铜器在印证其存续时代的同时,为我们研究邓国铜器铭文及其历史脉络、文化面貌提供了一定条件。

一、邓国铭文铜器的发现

邓国铭文铜器数量不多,截至目前,传世和出土邓国铭文铜器共27件,其中2件仅见铭文拓片,以容器为主,有少量兵器。

（一）容器

共23件,器类有鼎、簋、壶、牺尊、盘、匜等。

1. 鼎

共7件。

传世邓小仲方鼎2件,内壁铸相同铭文四行23字:"登(邓)小仲获得,弗敢取(沮),用作厥文祖宝鼒隣,用隣厥届于□宫(图一,1)。"[①]时代为西周早期后段[②]。

西安市文物中心征集邓公鼎1件,出土地不详。器内壁铸两

---

* 本文为国家社科基金重大项目"周代汉淮地区列国青铜器和历史、地理综合整理与研究"(15ZDB032)和国家社科基金一般项目"周代邓国考古学文化研究"(18KG019)的阶段性成果。

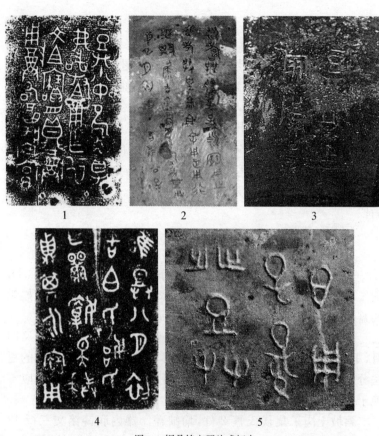

图一　铜鼎铭文照片或拓本
1. 邓小仲方鼎 2　2. 邓公孙无忌鼎（王坡 M1：1）　3. 西安文物中心邓公鼎
4. 邓伯氏鼎　5. 邓子孙白鼎（擂鼓台 M1：1）

行 6 字铭文："룿（邓）公乍（作）旅陣（尊）鼎（图一，3）。"③该鼎与西
周恭王前后的五年卫鼎④相比，时代特征稍早，应不晚于西周中期
前段。

　　传世邓伯氏鼎 1 件，内壁铸铭文四行 20 字："隹登（邓）八月初
吉，伯氏、姒氏作尔媭昊馐鼎，其永宝用（图一，4）。"⑤其时代为西

周晚期前段⑥。

谷城擂鼓台墓地 M1 出土邓子孙白鼎 2 件（M1：1、2），器内壁铸相同铭文三行 5 字："登（邓）子孙白用（图一，5）。"简报作者和徐少华先生考证其时代为春秋早期前段偏晚⑦，但从其器型和纹饰分析，其时代应为春秋早期后段偏早。

襄阳王坡墓地 M1 出土邓公孙无忌鼎 1 件，鼎内壁至底部铸四行 44 字铭文："隹九月初吉丁亥，登（邓）公孙无臮（忌）屖（徙）吉金䥸（铸）其□鼎。其用追考朕皇高且（祖）。余用正（征）用行，永寿无彊（疆）。子子孙孙永宝用之（图一，2）。"⑧时代为春秋早期后段⑨。

2. 簋

共 11 件，其中 2 件仅见铭文拓片。

平顶山出土邓公作应嫚簋 4 件（分别编号邓公簋 A、B、C、D，前二者缺盖），器、盖内壁均铸铭文三行 12 字："登（邓）公作应嫚毗媵簋，其永宝用（图二，1）。"⑩时代为西周中期后段⑪。

传世邓公簋 1 件，仅见铭文拓片。铭文两行 14 字："隹十又四月，王在侯□，登（邓）公作旅簋（图二，5）。"⑫其铭文"公""旅"的写法分别与西周早期应公簋⑬、西周中期贤簋⑭基本相同，时代应不晚于西周中期后段。

蔡坡土岗采集侯氏簋 2 件，均缺盖。器内底铸铭文三行 12 字："侯氏作孟姬䵾簋，其万年永宝（图二，2）。"⑮该簋与梁其簋更近，时代为西周晚期前段⑯。

蔡坡土岗采集邓公牧簋 2 件，1 件缺盖。器、盖内底铸铭文两行 6 字："登（邓）公牧作馐簋（图二，3）。"⑰整体与张家坡 M253 簋⑱完全相同，时代为西周晚期期段。

国家博物馆征集邓公用中夫人簋盖 1 件，应为出土品，具体地点不详。盖内壁铸铭文四行 23 字："隹登（邓）九月初吉，不故中夫人台（始）作登（邓）公，用为中夫人䵾䤾簋（图二，4）。"⑲其纹饰、铭

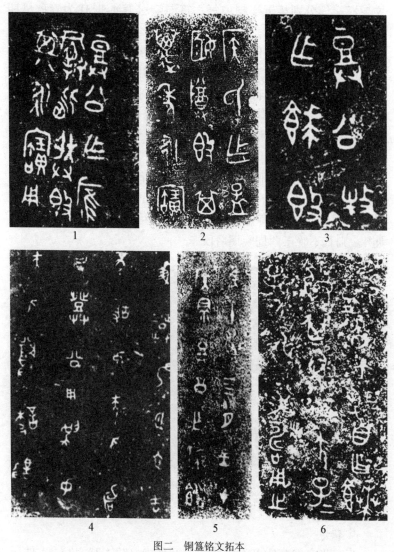

图二　铜簋铭文拓本

1. 邓公作应嫚簋C　2. 侯氏簋1　3. 邓公牧簋1　4. 邓公用中夫人簋盖

5. 传世邓公簋　6. 邓公午簋

157

文"公"字体分别接近于杞伯每亡簋㉒、秦公簋㉑,时代为春秋早期前段。

传世邓公午簋1件,仅见铭文拓片。铭文三行19字:"鄧(邓)公午□自作馈簋,其万年子子孙孙永寿用之(图二,6)。"㉒铭文"邓"的写法是较晚的特征,与邓子仲盆㉓、邓公乘鼎㉔特征近似,学者认为该器"邓公午"应为文献中的"邓侯吾离"㉕,则其时代为春秋早期后段,距邓灭国不远。

3. 壶

仅1件,即传世邓孟壶盖,内壁铸三行12字铭文:"登(邓)孟作监曼(曼)斲壶,子子孙孙永宝用(图三,1)。"㉖其纹饰、铭文特征见于西周宣王时的颂簋盖㉗,徐少华先生考证其时代为西周晚期㉘。则其不晚于西周晚期后段。

图三　铜壶、牺尊铭文拓本
1. 邓孟壶盖　2. 邓仲牺尊(张家坡 M163∶33)

4. 牺尊

西安张家坡墓地出土邓仲牺尊2件(M163∶33、43)。1件仅存盖。器内壁、盖内底各铸两行6字铭文:昪(邓)中(仲)作宝斲彝(图三,2)。发掘者定其时代为西周早期的康昭之世[29],即西周早期后段。

5. 盘

仅1件,即国家博物馆征集邓伯吉射盘,出土地点不详。内底铸四行17字铭文:"登(邓)伯吉射自作盥盘,子子孙万年永宝用享(图四,1)。"[30]其"邓"字铭文与上述邓公用中夫人簋盖基本相同,且下面的双"中"下端处撇,时代应相当或略早,即春秋早期前段。

1　　2

图四　铜盘、匜铭文拓本

1. 邓伯吉射盘　2. 邓初生匜

6. 匜

仅1件,即国家博物馆征集邓初生匜,出土地点不详。内底铸三行13字铭文:"隹登(邓)初生吉寿登(邓)公金,自作盥匜(图四,2)。"[31]专家考证其时代为春秋早期前段[32]。

(二) 兵器

仅4件戈。1件出土于谷城擂鼓台M2,戈胡上铸一行5字铭

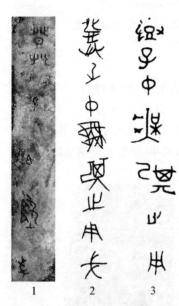

图五　铜戈铭文照片或摹本

1. 邓子白戈（擂鼓台 M2：1）
2. 邓子中无忌戈（王坡 M1：3）
3. 邓子中无忌戈（王坡 M1：4）

文："登（邓）子白随戈。"[33]根据同墓地 M1 出土同一人"邓子孙白"鼎[34]和该戈的形制分析，其时代为春秋早期后段。3 件出土于王坡墓地 M1,其中 2 件戈胡上阴刻铭文一行 8 字："登（邓）子中无期（忌）之用戈（图五,1）。"1 件胡上铸铭文 7 字："登（邓）子中无期（忌）之用（图五,2）。"[35]其时代与同出该墓的邓子孙无忌鼎相同,为春秋早期后段。

通过上述分析,邓国铭文容器可分为四期七段：

西周早期后段,包括邓小仲方鼎,邓仲牺尊。

西周中期前段,仅西安市文物中心征集邓公鼎。

西周中期后段,包括邓公作应嫚簋、传世邓公簋。

西周晚期前段,包括邓伯氏鼎,侯氏簋、邓公牧簋。

西周晚期后段,仅邓孟壶盖。

春秋早期前段,包括邓公用中夫人簋盖,邓伯吉射盘,邓初生匜。

春秋早期后段,包括邓子孙白鼎、邓子白戈,邓公孙无忌鼎、戈,传世邓公午簋。

二、邓国铜器铭文的特征

（一）容器

由于目前可以确认的邓国铜容器数量较少,铭文铜器更少,而不同时代的铭文铜器最多不过几件,其铭文变化的规律性难以完全厘清,只能进行大概的分析。

邓国铜容器有铭文者共 23 件,其中带"邓"国属的铭文铜容器 21 件。这些铜容器铭文均为铸铭,铸铭的部位早晚变化不大,而铭文行款、辞例等则因时代早晚不同而有所变化,个别还存在瑕疵。

1. 行款

行款主要是铭文在青铜器上的位置、布局与排列方式,跟字数的多少也有一定的关系。字间距尽管有一定不同,但似乎跟字数多少关系不大。

(1) 铭文字数

铭文字数从早到晚并没有明显的变化或规律性可循。

西周早期后段的 4 件容器中,各有 2 件器铭文字数相同,分别为 6、23 字。

西周中期前段仅 1 件容器,铭文字数也少,仅 6 字。

西周中期后段 5 件容器中,同一人所作的 4 件器物铭文相同,各有 12 字,另 1 件器铭文 14 字。

西周晚期前段 5 件容器中,各有 2 件器物铭文相同,分别有 6、12 字,另 1 件器铭文 20 字。

西周晚期后段仅 1 件容器,铭文 14 字。

春秋早期前段 3 件容器中,铭文字数差别较大,分别为 13、17、23 字。

春秋早期后段仅 4 件容器,其中有 2 件器物铭文相同,仅 5 字,另外 2 件字数均较多,1 件 19 字,1 件多达 44 字。

从上述各时期容器的铭文字数看,早期也有字数长的,晚期也有字数短的,其铭文字数的区段一般为 5—6、12—14、17—23、44 字四种。当然,字数的多少跟铭文表述的辞例和内容直接相关。

(2) 铭文铸造部位

除少量铭文仅见拓片,不知其位置外,可见器形之铭文所铸的部位大多在器、盖的内壁或内底,少量铭文较长者的位置从内壁延至内底,前后时代变化不大。

西周早期后段的邓小仲方鼎铭文铸于宽边的内壁口部以下;邓仲牺尊则分别铸于器腹、盖内底。

西周中期前段的邓公鼎铭文铸于器内壁。

西周中期后段的邓公作应嫚簋铭文铸于器、盖内底;传世邓公簋仅见拓片,铸铭部位不明,从铭文的排列看,推测为在器内壁并延至底部。

西周晚期前段的邓公牧簋铭文铸于器、盖内底;侯氏簋均失盖,铭文铸于器内底;而邓伯氏鼎铭文铸于器内壁至底。

西周晚期后段的邓孟壶盖铭文铸于盖长边内壁的中部。

春秋早期前段的邓公用中夫人簋盖铭文铸于盖内底;邓伯吉射盘、邓初生匜的铭文均铸于器内底。

春秋早期后段的邓子孙白鼎铭文铸于器内壁偏下;邓公午簋仅见拓片,铭文位置不明;邓公孙无忌鼎铭文铸于一鼎足对应的器内壁偏上至底心部位。

(3)铭文排列方式

文字均由上到下排列,除了春秋早期后段的邓子孙白鼎、邓公孙无忌鼎为从左向右排列外,其余均从右向左排列。且如器、盖均有铭文,则其内容和排列方式相同。铭文分二至四行,单行最少1字,最多12字。无论单行字数多少,除极少数外,一般上、下边缘基本平齐,但行间较多存在排列不整齐并有一定错位的现象。

西周早期后段邓小仲方鼎23字铭文分四行,单行5—7字;邓仲牺尊铭文6字分两行,每行3字。

西周中期前段邓公鼎6字铭文分两行,每行3字。

西周中期后段邓公作应嫚簋12字铭文分三行,每行4字;传世邓公簋仅见拓片,铭文14字分两行,每行7字。

西周晚期前段邓公牧簋6字铭文分两行,每行3字;侯氏簋12

字铭文分三行,每行 4 字;而邓伯氏鼎 20 字分四行,每行 5 字。

西周晚期后段邓孟壶盖 14 字铭文(含重文 2 字)分三行,一行 4 字,另两行各 5 字(各有重文 1 字),重文正好使后两行文字的布局跟前一行完全平齐。

春秋早期前段邓公用中夫人簋盖 23 字铭文分四行,前三行各 6 字,第四行 5 字,每行字对应略有错落;邓伯吉射盘 17 字铭文(重文 1 字)分四行,第三行 5 字(重文 1 字),其余每行各 4 字;邓初生匜 13 字铭文分三行,第一行 5 字,排列稍长,另两行各 4 字,排列稍短。

春秋早期后段邓子孙白鼎 5 字铭文分三行,一行仅"邓"1 字,另两行各 2 字;传世邓公午簋 19 字铭文(重文 2 字)分三行,第一行 7 字,第二、三行各 6 字(各有重文 1 字),上、下平齐;邓公孙无忌鼎 44 字铭文(重文 2 字)分四行,第一行 10 字,排列稍短,第二、三行各 11 字,第四行 12 字(含重文 2 字)。

(4) 铭文间距

铭文文字排列大多疏密适度,个别较为紧密。但也有少量铸铭字体较小,以致字间距较大,如西周中期后段邓公作应嫚簋内底铭文、春秋早期前段邓公用中夫人簋盖和邓初生匜铭文等。

2. 辞例

邓国铜容器铭文与周王室及同时代的其他诸侯国如曾国等的辞例基本相同,呈现出某个时代特定组合用语的情况。但可能只是因为发现的数量不多,铭文辞例并没有其他重要诸侯国的内容丰富。我们主要通过嘏辞、作器者标识、自铭等方面进行分析。

(1) 嘏辞

邓国铜容器铭文的辞例主要分为两大类,一类是没有嘏辞,一类是有嘏辞。没有嘏辞的铭文从西周早期后段开始,并一直沿用到春秋早期前段;而嘏辞从西周中期后段开始出现,并发展到春秋早期后段。

第一类：没有嘏辞的情况。主要是标识作器情况，如"邓公牧作馈簋""邓子孙白用"等。

第二类：有嘏辞的情况。西周中期后段出现嘏辞，表述为"其永宝用"，到西周晚期前段既有"其永宝用"，又有"其万年永宝"，两种嘏辞的表述意思一致，但都是对特定人即受器者的祝愿。到西周晚期后段，就增加了"子子孙""子子孙孙"字样，明确了传承子孙的意思，是"永宝用"类嘏辞的繁化，一直沿用到春秋早期后段；只是表述略有差别，有"子子孙孙永宝用""子子孙万年永宝用享""子子孙孙永寿用之""子子孙孙永宝用之"。到春秋早期后段，又有进一步的繁化，就是"子子孙孙永宝用之"前面在对先祖追思的基础上，增加了"永寿无疆"的愿辞。也就是说，嘏辞因时代的不同，其表述方式由简到繁，由对特定人到对泛指的子孙，最后到所有先祖和子孙，有一个不断强化、扩大范围的过程。

（2）作器标识

23件容器铭文都有作器标识，分以下几类情况：

第一类：某人"作"某器。该类作器标识的辞例有6例。包括西周早期后段的"邓仲作宝尊彝"，西周中期前段的"邓公乍作旅尊鼎"，西周中期后段的"邓公作旅簋"，西周晚期前段的"邓公牧作馈簋"。

第二类：某人"自作"某器。该类作器标识的辞例有2例，包括春秋早期前段的"邓伯吉射自作盥盘"，春秋早期后段的"邓公午囗自作馈簋"。

第三类：某人用"金""自作"某器。该类作器标识的辞例仅1例，为春秋早期前段的"隹邓初生吉寿邓公金，自作盥匜"。该"金"是"邓公"的酬金。

第四类：某人"用"（某器）。该类作器标识的辞例有2例，均为春秋早期后段的"登（邓）子孙白用"。

第五类：某人"徙吉金""铸"某器。该类作器标识的辞例仅1

164

例,即春秋早期后段的"邓公孙无忌徙吉金铸其□鼎","吉金"的来源未交待。

第六类：某人"作"某人某器。该类作器标识的辞例最多,有11例,有的表述还较为繁复。包括西周早期后段的"邓小仲获得,弗敢沮,用作厥文祖宝齍尊,用尊厥福于□宫";西周中期后段的"邓公作应嫚毗媵簠",四件器物辞例相同,很显然是邓公为其嫁到应国的女儿所做的媵器;西周晚期前段的"侯氏作孟姬尊簠",两件器物辞例相同,是唯一不见"邓"国属的容器,据陈昭容先生考证,该"侯氏"很可能为应侯,应国姬姓,该器即是应侯为嫁到邓国的女儿所做的媵器⑱;西周晚期前段的"伯氏、姒氏作爾嫚昊馐鼎","伯氏"应为邓的宗枝,"姒氏"可能为"伯氏"的夫人,二人为女儿"嫚昊"作器;西周晚期后段的"登(邓)作监曼尊壶",该器也可能为媵器,为邓国嫁到监国的女子所作之器;春秋早期前段的"佳登(邓)九月初吉,不故中夫人台(始)作登(邓)公,用为中夫人尊諔簠",根据考证"不姑"应为当时的山东一带的诸侯国"薄姑",该器很可能是薄姑的中夫人为嫁作邓公中夫人的女儿所作之器⑲。

上述六类作器标识中,第二、三类直接有"自作"字样,可以肯定作器为自用,强调了器物的所有权;第一类有"作"字,从表述的意思上看,这一类标识也是表明器主的自作和自用;第四类以"用"字标识该器的自用属性,显然也是自作的器物;第五类为器主"铸"器,与自作的意思相同。也就是说,前五类实际上都是自作用器,但在标识的表达上存在一定的变化,某人"作"某器的表达出现较早,西周早期后段就已出现,沿用到西周晚期前段。但其他四类的表达出现时间较晚,在春秋早期前、后段。

第六类强调的是作器人为受器人所作,其所有权一般为受器人所有。此类标识也在西周早期后段出现,并一直沿用到春秋早期前段,但受器对象前后有所变化。西周早期后段是为祭祀"文祖"所作,置于"□宫"祈福,这一为先辈所作的目的也仅见于这一时期,其后均变为当世人包括自己所作。西周中期后段、西周晚期前段、西周晚期后段的受器者分别为嫁到应国的邓公女儿嫚毗、嫁到邓国的应国贵族侯氏的女儿孟姬或嫁到某国的邓国贵族女儿嫚昊、嫁到监国的邓国贵族女儿监嫚,此类器物为媵器,受器者均为出嫁的女儿。春秋早期前段的 1 例则可能为薄姑国夫人为嫁作邓公夫人的女儿所作,推测仍为媵器。

(3) 自铭

上述容器除个别外,均存在自铭的情况。其自铭的表述一般是在器名前加一个表意的词,少数为叠词。除春秋早期后段的邓公孙无忌鼎最后的表意字漫漶无法确定外,其他器物的这种表意可分为以下两种形式:

第一种表意是对器物的泛称,并不说明器物的性质。以"尊"居多,至少在西周早期后至春秋早期前段均有使用。少量加"宝""齍""旅""誃"成为叠词,前二字均仅见于西周早期后段的"宝尊""齍尊",后二字分别仅见于西周中期前段的"旅尊"和春秋早期前段的"尊誃",这或许与邓国铭文容器发现数量少有关。"宝""齍"作为自铭单独使用在其他青铜器中较为多见,前者如曾国青铜器中的"曾仲斿父"豆、鼎(时代为春秋早期),前者铭文为"曾仲斿父自作宝甫",后者铭文为"曾侯仲子斿父自作齍彝"⑱。"誃"不识,其他青铜器铭文中不见,推测为自铭。不过"宝尊"叠词的连用在其他西周晚期的青铜器中仍有使用,如西周晚期逑盘,其铭文就有"用作朕皇祖考宝尊盘"之语⑲。有一点值得注意的是,西周晚期后段使用的器物名称并不直接点明,以"彝"替代,或者不予说明。而自西周中期前段开始,自铭中均有器名。仅见于西周晚期前段的"旅"器自铭,或许为泛称,也或许表述有某种用途。其他青铜器中较为常见的泛称"行"器自铭则不见于邓国容器中。

第二种表意表明了器物的性质。此类自铭常见"媵""饙"

166

"盨"，且不见叠词。其从西周中期后段出现，一直使用到春秋早期后段，"媵"为陪嫁之用，"馐"为饮食之用，"盨"为盥洗之用，器物的性质一目了然。

3. 书体

铭文书体的规范性因时代变化而有一定的差异，并存在一定的反书现象。

（1）规范性

西周早期后段邓小仲方鼎铭文书体稍草率，但邓仲牺尊的书体规范。

西周中期前段邓公鼎铭文书体较为规范。

西周中期后段邓公作应嫚簋体的铭文书体较规范，但盖相对草率；传世邓公簋铭文书体较规范。

西周晚期前段邓公牧簋、侯氏簋、邓伯氏鼎的铭文书体均较为规范。

西周晚期后段邓孟壶盖铭文书体规范。

春秋早期前段铭文书体均相对较为草率，如邓公用中夫人簋盖、邓初生匜铭文存在缺笔或较散的现象等。

春秋早期后段铭文书体也较草率，如邓子孙白鼎铭文中"登（邓）"字较大，笔画分得较开；邓公午簋、邓公孙无忌鼎有简笔、布局散而紧。

（2）反书现象

少量文字存在反书现象，这一现象从西周早期后段即出现，并在多个时期存在，几乎贯穿于邓国铜容器发展的始终。

西周早期后段邓小仲方鼎铭文中的"宝""尊"。

西周晚期前段侯氏簋、邓伯氏鼎和西周晚期后段邓孟壶盖铭文中的"宝"字。

春秋早期前段邓公用中夫人簋盖铭文中的"隹""九""月""尊""諆""簋"和邓初生匜铭文中的"隹"等。

春秋早期后段邓子孙白鼎铭文中的"子孙"和邓公孙无忌鼎铭文中的"隹"等。

从统计的情况看,反书较常见的是"宝""隹"二字。一般认为,反书可能是受教育水平限制的工匠们失误造成,但邓国的书体是否本就有这种写法也难以明了。

(3) 行文顺序

春秋早期后段的邓子孙白鼎、邓公孙无忌鼎铭文从左向右行文,其余容器铭文则均从右向左行文。

(4)"邓"字写法

23件邓国铭文铜容器中,仅有2件即侯氏簋未见"邓"字。有"邓"字者,其写法因时代变化的特征较为明显。

西周早期后段的邓仲牺尊之"登(邓)"为双手捧豆形,豆上有一横象征盖,口微凹。而"邓小仲方鼎"之"登(邓)"的下部双手连为一体,豆口部圆形。

西周中期前段的邓公鼎之"登(邓)"与邓小仲方鼎之"登(邓)"相比,只是口部略变,其他基本没有变化。

到西周中期后段,传世邓公簋拓片之"登(邓)"与前段基本相同;而邓公作应嫚簋之"登(邓)"发生了变化,一是豆口、圈足内各增加了一横,二是下部双手分开,笔画变短。

西周晚期前段之"登(邓)"继续沿用邓公作应嫚簋之"登(邓)"的写法。

西周晚期后段之"登(邓)"除了豆口部的一横消失外,其他与前段相同。

到春秋早期前段,"登(邓)"的写法中部依然为豆形,但圈足中的一横不见了,下部的双手更具象化,上部由一横变为两角各有一正、反向的"止"字。

而春秋早期后段,稍早的写法跟前段相同;稍晚的写法中,"登(邓)"下部的双手向豆形的两侧上移。

"登（邓）"的写法变化也是判断不同时代的标志。

4. 记时用语

从邓国铜容器铭文看，4 件容器有记时用语，应分属两种体系。

第一种是周历记时体系。仅见 1 例，为西周中期后段的传世"邓公簋"（拓片），铭文表述为"隹十又四月"，因其后紧接"王在侯□"，该"王"很显然是指周王。若此，"隹十又四月"很可能为周历纪时。这也表明，这一时期邓国的历法乃至意识形态在周王室的体系之下。

第二种是邓历记时体系。可见 3 例，分别为西周晚期前段的邓伯氏鼎，铭文表述为"隹登（邓）八月初吉"；春秋早期前段的邓公簋盖，铭文表述为"隹登（邓）九月初吉"；春秋早期后段的邓公孙无忌鼎，铭文表述为"隹九月初吉丁亥"。前 2 例因有"登（邓）"可确定为邓历；最后 1 例尽管未见"邓"字，但从表述方式和该器的前后意思看，其记时应仍为邓历。邓历在西周晚期前段的出现表明，邓国已经有了本身的历法体系，因而其上层建筑在一定程度上有了较强的自主性。

（二）兵器

仅 4 件戈有铭文，3 件为同一人所有。铭文特点较为一致。

1. 行款

（1）铭文字数

4 件戈的铭文字数分别为 5、7、8 字。同一人所用的 3 件戈中，2 件刻铭戈字数相同，均为 8 字；1 件铸铭戈为 7 字。另 1 件戈的铭文字数仅 5 字。

（2）铭文部位

4 件戈铭文的位置相同，均在胡部。

（3）排列方式

均自上而下呈一竖行排列。

（4）间距

字数少者间距较大，字数多者间距较小。

2. 辞例

4 件戈铭文均无嘏辞，均标识作器者。

作器标识表述基本一致，一般为国属"邓"＋美称"子"＋人名＋强调性质的词"用"或"随"＋器名（个别缺）。如字数最少的戈为"邓子白随戈"，表述十分清晰；字数次少的戈为"邓子中无忌之用"，"中"可能为名，"无忌"可能为字，器名"戈"缺；而字数最多的 2 件戈为"邓子中无忌之用戈"，"中""无忌"等情况同上。而在同墓所出的铭文鼎中，铭文仅见"邓公孙无忌"，无"中"字，也说明"中""无忌"是同一人的名和字。

从作器标识表述的意思看，这 4 件戈应均为自作器。

3. 书体

4 件铭文戈中，2 件铸铭戈铭文略显规范，而 2 件刻铭戈则相对较为草率，这或许与书写方式有关，因为铜器硬度高，刻文的难度大，因此规范性受到制约。

4 件铭文戈开头的第一字均为"邓"，其中 3 件戈的"邓"字与容器春秋早期前段中的"邓"字写法相同，即中部为豆形，个别豆中有一短横，似乎保留有较早的特征；圈足中无横。下部双手，上部两角各有一正、反向的"止"字。而 1 件戈（王坡 M1：4）之"邓"字简化，上部的正反"止"字未写，下部的双手向豆形的两侧上移，整体与同墓所出容器春秋早期后段之鼎铭文上的"邓"字相同，具有较晚的风格。

4 件戈的铭文字数少，或许跟戈的器形较小不能铸刻较长铭文有关。行文简洁，但点名了国属、身份、人名及其用途，这一点也跟曾国铜戈一致，如"邓子白随戈"就与"曾侯絴白秉戈"[40]相同；"邓子中无忌"戈的行文格式可能名、字并列，"中"为名，"无忌"为字，这与"曾侯仲子游父"器铭文格式[41]类似。

三、铜器铭文反映的邓国国君世系与国姓

传世文献仅见最后一位邓国国君,即邓祁侯吾离,之前我们对于邓国有多少代国君一无所知,但邓国铭文青铜器提供了一些重要信息。

首先是盂爵铭文提到的"邓伯"[42],从文意理解,该"伯"即为邓国国君,只是爵称略低,所处时代为西周早期后段,约当成王时期。

西周中期前段的西安文物中心鼎铭文有"邓公",爵称已由"伯"变为"公"了,这是目前最早的 1 件"邓公"自作器,大约相当于恭王时期。从时代上看,其与前者隔着几代"邓公"。

西周中期后段仅见传世"邓公簋"拓片与 4 件平顶山"邓公作应嫚簋",作器者均为"邓公",但从"邓""公"二字的写法看,前者时代较后者早,应为两代"邓公",但是否为父子还难判定。从前者的"邓""公"写法更接近上述西安中心鼎之铭文看,或许传世"邓公簋"之"邓公"正好继承西安文物中心鼎之"邓公"而来。

西周晚期前段的"邓公牧簋"作器者为"邓公牧",铭文字体基本与"邓公作应嫚簋"相同,可能为前后两代"邓公"。

西周晚期后段青铜器铭文不见"邓公"。

春秋早期前段有 2 件青铜器铭文涉及"邓公",其中"不故中夫人簋(盖)"受器者为"邓公","邓初生匜"的受"邓公"酬金,二者"邓""公"以及"隹"等相同文字的字体十分接近,如果不是同一位"邓公",也是前后相继者。

春秋早期后段仅见铭文拓片的"邓公午簋",其铭文特征明显较上述二簋晚,其间有缺环。该"邓公午"被认为是邓国的最后一位国君"邓祁侯吾离"[43],青铜器铭文与传世文献对邓国国君的称呼有别,青铜器铭文均为"公",仅此一例的文献为"侯"。

通过不同时代"邓公"铭文的梳理,可以推测的"邓公"世系如下表所示:

表一　邓国铜器铭文演变表

时代	铭文铜器数量	字数	铭文部位	排列方式	字间距	嘏辞	作器标识	自铭	规范性	反书	行文顺序	"邓"	记时体系
			行款			铭文 / 铭辞				书体			
西周早期后段	4	6，23	器内壁或器、盖、底	从右向左；分二、四行，行3、5—7字	较小	无嘏辞	某人"作"某器，某人"某人某器"	宝、尊、彝、㪓、尊	规范或稍草率	宝、尊	从右向左	（拓片）	
西周中期前段	1	6	器内壁	从右向左；两行，行3字	适中	无嘏辞	某人"作"某器	旅尊鼎	较规范		从右向左	（拓片）	
西周中期后段	5	12，14	器、盖、底	从右向左；二、四行，行4、7字	适中或较大	无嘏辞或对受器人简单嘏辞	某人"作"某器，某人"某人某器"	媵簋、旅簋	较规范或较草率	宝	从右向左	（拓片）	周历
西周晚期前段	5	6、12、20	器内、底或器内壁至底	从右向左；二至四行，行3—5字	适中	无嘏辞或对受器人简单嘏辞	某人"作"某器，某人"某人某器"	媵鼎、媵簋、尊盖	较规范	宝	从右向左	（拓片）	邓历
西周晚期后段	1	14	盖内壁	从右向左；三行，行4—5字	适中	对子孙繁化嘏辞	某人"作"某人某器	尊壶	规范	宝	从右向左	（拓片）	邓历

时代	铭文铜器数量	行款				铭文			规范性	书体		"邓"	记时体系
		字数	铭文部位	排列方式	字间距	辞例		自铭		反书	行文顺序		
						嘏辞	作器标识						
春秋早期前段	3	13、17、23	器内底或盖内底	从左向右、从右向左；三至四行 1—2，4—6，自上而下一行5字	适中或较大	无嘏辞或对子孙繁化嘏辞	某人"自作"某人用"金"作"某器，某人"作"某人某器	盨、盘、簠、匜、尊、钗、簋，随戈	较草率	隹、九、月、尊、钗、簠	从右向左		邓历
春秋早期后段	8	5、7、8、19、44	器内壁或器内壁至器内底	从右向左、从左向右；三至四行 1—2，10—12字；自上而下一行7,8字	适中或较小	容器无嘏辞或对子孙繁化嘏辞或对先祖、子孙强繁化嘏辞，兵器无嘏辞	某人"用"，某人"自作"某器或用"某器，某人"铸"吉金"某器	镈篮、口鼎、用(随)戈	较草率	子、孙、隹	从右向左、从左向右、从上到下		邓历

《盂爵》之"邓伯"……西安文物中心鼎之"邓公"→传世"邓公簋"（拓片）之"邓公"……"邓公作应嫚簋"之"邓公"→"邓公牧"……"不故中夫人簋（盖）"之"邓公"、"邓初生匜"之"邓公"（二者或为同一人，或有前后关系，但难以区分）……"邓公午"（或即为邓祁侯吾离）。

"邓公作应嫚簋""邓伯氏鼎""邓孟壶"等青铜器铭文均表明，邓国的国姓为嫚，与传世文献所记楚武王夫人"邓嫚"一致。

邓国铭文铜器尽管发现的数量少，但其时代跨度大，应该说从被周王朝分封后不久一直到灭国止均有发现，其内容和行款、辞例、书体、记时用语等为我们提供了丰富的信息，为研究邓国历史、文化的发展及其与当时周王朝和多个诸侯国特别是邻近的楚国、曾国的政治关系、文化交流等方面均提供了重要实物资料。

注释：

① 中国社会科学院考古研究所编：《殷周金文集成》（修订增补本第二卷）第 02528 器，中华书局，2007 年，第 259 页；"国立故宫委员会"编辑委员会编：《故宫西周金文录》"邓少仲方鼎"，"国立故宫博物院"，2001 年，第 30、273 页；李学勤、艾兰编著：《欧洲所藏中国青铜器遗珠》邓小仲方鼎图版说明，文物出版社，1995 年，第 336—337 页；钟柏生、陈昭容等编：《新收殷周青铜器铭文暨器影汇编》第 1828 器，艺文印书馆，2006 年，第 1230 页。

②⑥⑨㉘㉜㊲㊸ 徐少华：《邓国铜器综考》，《考古》2013 年第 5 期。

③ 王长启：《西安市文物中心藏战国秦汉时期的青铜器》，《考古与文物》1990 年第 5 期。

④ 岐山县文化馆等：《陕西省岐山县董家村西周铜器窖穴发掘简报》，《文物》1976 年第 5 期。

⑤ 中国社会科学院考古研究所编：《殷周金文集成》（修订增补本第二卷）第 02643 器，第 299 页。

⑦ 陈千万：《湖北谷城发现的邓国铜器及相关问题》，王道文主编：《襄樊考古文集》（第一辑），科学出版社，2007 年，第 519—525 页；徐少华：《邓国

铜器综考》,《考古》2013 年第 5 期。

⑧ 湖北省文物考古研究所等:《襄阳王坡东周秦汉墓》,科学出版社,2005 年,第 30—34 页。

⑩ 平顶山市文管会:《河南平顶山市发现西周铜簋》,《考古》1981 年第 4 期;张肇武:《河南平顶山又出土一件邓公簋》,《考古与文物》1983 年第 1 期;张肇武:《平顶山市出土周代青铜器》,《考古》1985 年第 3 期。

⑪ 周永珍:《两周时期的应国、邓国铜器及地理位置》,《考古》1982 年第 1 期;徐少华:《邓国铜器综考》,《考古》2013 年第 5 期。

⑫ 中国社会科学院考古研究所编:《殷周金文集成》(修订增补本第三卷)第 03858 器,第 179 页。

⑬ 陈佩芬著:《夏商周青铜器研究》(第二册上),上海古籍出版社,2004 年,第 14 页。

⑭ 陈佩芬著:《夏商周青铜器研究》(第二册上),第 327—329 页。

⑮ 襄樊市文物管理处:《湖北襄樊拣选的商周青铜器》,《文物》1982 年第 9 期;襄樊市博物馆、谷城县文化馆:《襄樊市、谷城县馆藏青铜器》,《文物》1986 年第 4 期;王先福:《周代邓国地望考》,徐少华主编:《荆楚历史地理与长江中游开发——2008 年中国历史地理国际学术研讨会论文集》,湖北人民出版社,2009 年,第 23—32 页。

⑯ 陈佩芬著:《夏商周青铜器研究》(第二册上),上海古籍出版社,第 477 页;王先福:《周代邓国地望考》,徐少华主编:《荆楚历史地理与长江中游开发——2008 年中国历史地理国际学术研讨会论文集》,第 23—32 页。

⑰ 襄樊市文物管理处:《湖北襄樊拣选的商周青铜器》,《文物》1982 年第 9 期。

⑱ 中国社会科学院考古研究所:《张家坡西周墓地》,中国大百科全书出版社,1999 年,第 151、368 页。

⑲㉚㉛ 杨桂荣:《馆藏邓国铜器》,《中国历史博物馆馆刊》,1991 年,第 148—151 页。

⑳ 陈佩芬著:《夏商周青铜器研究》(第二册上),第 39—40 页。

㉑ 陈佩芬著:《夏商周青铜器研究》(第二册上),第 42—43 页;赵化成等:《礼县大堡子山秦子"乐器坑"相关问题探讨》,《文物》2008 年第 11 期。

㉒ 罗振玉:《三代吉金文存》卷七第四十八组器 1,中华书局,1983 年,第 781 页。

㉓ 湖南省博物馆:《介绍几件馆藏周代铜器》,《考古》1963 年第 12 期。

㉔ 杨权喜:《襄阳山湾出土的鄀国和邓国铜器》,《江汉考古》1983 年第 1 期。

㉕ 徐少华:《周代南土历史地理与文化》,武汉大学出版社,1994 年,第 16—17 页。

㉖ 中国社会科学院考古研究所:《殷周金文集成》(修订增补本第五卷)第 09622 器,第 416 页。

㉗ 陈佩芬著:《夏商周青铜器研究》(第二册上),第 460—461 页。

㉙ 中国社会科学院考古研究所:《张家坡西周墓地》,第 162—164 页。

㉝ 湖北省文物考古研究所发掘资料。

㉞ 陈千万:《湖北谷城发现的邓国铜器及相关问题》,《襄樊考古文集》(第一辑),2007 年,第 519—525 页。

㉟ 湖北省文物考古研究所等:《襄阳王坡东周秦汉墓》,科学出版社,2005 年,第 45—48 页。

㊱ 陈昭容:《从青铜器铭文看两周汉淮地区诸国婚姻关系》,《历史语言研究所集刊》第 75 本第 4 分,台湾:中研院历史语言研究所,2004 年 12 月。

㊳ 湖北省博物馆:《湖北京山发现曾国铜器》,《文物》1972 年第 2 期。

㊴ 陕西省考古研究所等:《陕西眉县杨家村西周青铜器窖藏发掘简报》,《文物》2003 年第 6 期。

㊵ 田海峰:《湖北枣阳县又发现曾国铜器》,《江汉考古》1983 年第 3 期。

㊶ 湖北省博物馆:《湖北京山发现曾国铜器》,《文物》1972 年第 2 期。

㊷ 中国社会科学院考古研究所:《殷周金文集成》(修订增补本第五卷)第 09104 器,第 305 页。

檽公去余鼎铭文考释

付　强

（上海三唐美术馆）

　　2017 匡时香港秋季拍卖会"集瑞-中国艺术品专场"中有一件珍贵的拍品檽公去余鼎，通高 24 厘米，拍卖说明对这件铜器进行了初步的研究，青铜鼎方唇口，其上立耳微微外侈。鼎腹较浅，最大径上有一条线纹分界，底部圜，承三个兽蹄足。鼎腹上部装饰兽体变形纹，这类纹饰旧称穷曲纹或窃曲纹，盛行于西周中、晚期到春秋时代。鼎腹下部装饰波曲纹，旧称环带纹，主体为宽阔的带状体躯上下大幅度的弯曲。在波曲的中腰常有一兽目或近似兽头形的突出物，波峰的中间填以两头龙纹、鸟纹、鳞片或其他简单的线条，是西周中、晚期到春秋早期青铜饪食器和酒器的主要纹饰。根据器型和纹饰，可以断定此件为春秋早期器①。

檽公去余鼎

　　我们认为檽公去余鼎的形制从整体来说最接近于 1979 年 4 月湖北襄樊市（今襄阳市）文物管理处从废品公司拣选，据云系襄阳一带出土的曾仲子敔鼎，鼎的纹饰和《铭续》0223 著录的伯克父鼎完全一样，曾仲子敔鼎和伯克父鼎的时代都属于春秋早期②，所以拍卖说明定这件鼎的相对年代属于春秋早期是正确可从的。

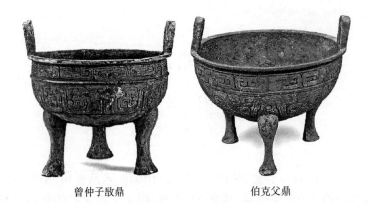

曾仲子敔鼎   伯克父鼎

　　下面再看鼎的铭文,鼎的内壁一侧铸有铭文三行十七字,两个重文,拍卖说明释读为"齐公去余自乍(作)飤鼎,其子子孙孙永宝用之"。认为铭文含有两条重要的信息:第一,此件的器主就是一代齐公去余;第二,此鼎自名飤鼎,即通常生活实用之鼎。

檕公去余鼎铭文

鼎铭首字作""形,拍卖说明考释为"齐",我们认为此字与齐的字形不符,释为齐是不对的,金文中齐的字形一般如下:

齐姜鼎	齐侯敦	齐巫姜簋	十年陈侯午敦	陈曼簠	大府镐

字下面从木,齐字的下方是没有写成木形的,所以我们认为此字释为齐是不正确的。此字从齐从木,当考释为榃,见于甲骨文,《合集》6947正③,也见于金文,史墙盘,癛钟(1式)④。铭文中的辞例榃公,说明榃当是地名或国名,榃公的公有两种解释:一种为爵称,一种可以理解为县公。我们更倾向于后一种解释。

春秋时期楚国的县长多称县尹或县公,《左传·宣公十一年》:"诸侯、县公皆庆寡人。"杜预注:"楚县大夫皆僭称公。"设县是楚国的首创,春秋早期楚武王设立了第一个县权县,《左传·庄公十八年》:"初,楚武王克权,使斗缗尹之。以叛,围而杀之,迁权于那处,使阎敖尹之。"顾颉刚在《春秋的县》中认为,在这段文字里,虽没有说明灭权以为县,但他设置"尹"的官,和此后楚的"县尹"一样,则实是建立权县的证明。这是从《左传》记载中找寻出来的第一个县⑤。楚国置县通常是消灭周围的小国而设立县,如申县、息县、陈县等很多,县公一般由楚国的王族及其旁系分支的贵族担任,权力很大,地位极高⑥。春秋时期的金文中常见这些县公所作的铜器,我们搜集了一些:

(1)邾公:邾公乍(作)犀中=(中[仲]、中[仲])奶(芈)义男嗌(尊)盉(瑚),子=(子子)孙=(孙孙)永宝用之。(邾公瑚盖,春秋中

179

期偏晚）

　　（2）申公：隹（唯）正十又一月辛子〈巳〉，鼺（申）公彭宇自乍（作）騤臣（瑚），宇其酇（沫-眉）寿万年无强（疆）子=（子子）孙=（孙孙）永宝用之。（申公彭宇瑚，春秋早期后段）

　　（3）邓公：邓公乘自乍（作）飤（食）緐，其酇（沫-眉）寿无朞（期）羕（永）保用之。（邓公乘鼎，春秋中期偏晚[⑦]）

　　橢的地望在哪里，目前证据不足，不是十分清楚，我们推测当在于楚地。

　　橢公去余，去余为橢公的私名。前面我们已经指出这件鼎的相对年代属于春秋早期，所以橢公去余当生活在春秋早期，同时也证明在春秋早期楚国就已经设立橢县。

　　飤鼎，在金文中很常见，指明了鼎的功能，即通常生活实用之鼎。

　　铭文中的子子孙孙作 ，子里面都有一个小短横，字形非常特别，这里特指出来。

　　橢公去余鼎铭文的结构与我们上列的邓公乘鼎铭文结构非常类似，这也证明橢一定是地名国名。

　　最后，我们把橢公去余鼎铭文重写隶写如下："橢公去余自乍（作）飤鼎，其子子孙孙永宝用之。"铭文大意讲的是，春秋早期楚国橢县的县长去余作了这件平时吃饭用的鼎，希望子孙可以长久的珍惜使用它。橢公去余鼎铭文对于研究春秋早期楚国的置县，橢国的历史，都具有重要的价值。

注释：

① 拍品说明见于：《匡时香港 2017 秋拍重要青铜器和香港重要藏家专场撷珍》，2017 年 9 月 29 日。

② 吴镇烽：《商周青铜器铭文暨图像集成续编》，上海古籍出版社出版，2016年，第 279 页。

③ 李宗焜：《甲骨文字编》，中华书局，2012年，第513页。

④ 董莲池：《新金文编》，作家出版社，2011年，第721页。

⑤ 顾颉刚：《春秋的县》，《禹贡》第七卷，1937年第6、7合期。

⑥ 谭黎明：《春秋时期楚国的县制》，《吉林师范大学学报（人文社会科学版）》2005年第2期。

⑦ 黄锦前：《楚系铜器铭文研究》，安徽大学博士学位论文，2009年，第28—30页。

东周时期南方地区"阀阅类"铜器铭文试析

黄锦前

（兰州大学历史文化学院）

一

东周时期,南方地区铜器铭文中有一个比较突出的现象,即器主在叙述自己的身份时,多称"余 XX 之子""余 XX 之孙"等。早在 20 世纪 30 年代,张政烺就注意到这种现象,并对当时所见有关铭文进行举例和分析,他说:"凡此皆作器者自述其徽德,或制器勒铭以光显其亲,或意在标举阀阅以自重。"①其后李学勤对此也进行过专门讨论,他说:"这种现象的出现,无疑是器主要显示其族氏的显赫。不妨设想,这些器主虽多有社会地位,甚至为诸侯、卿大夫,可是他们在姬、姜等华夏大姓之外,从而特别感到有申述世系的必要,以至表明谱系在南方这些诸侯国及其后裔间流行起来。"②本文拟在张、李二位先生所论基础上,谈一些不成熟的见解,以就正于方家及同好。

本文依张先生所言,将此类铭文称作"阀阅类"铭文,但材料的范围显然要比张文所举之例要广泛得多。楚国铜器铭文中的"王子某""王孙某"等形式,自然应归入此类。楚国铜器铭文中还常见一类人名作"XX 之 XX",如"卲之瘠夫""卲王之諻",研究表明,所谓"卲之瘠夫""卲王之諻"者,即昭王之族人名曰瘠夫或諻③。准此,"竞坪王之定""竞之定"及"竞之上"等皆为楚平王之族人,"龚王之卯"为楚共王族人,"臧王之楚""臧之无咎"为庄王之族,"武王攻邟""武王之童㲸"则为武王之族。这类铭文自然也当归入此类。

二

下面先就目前所见,将有关器物及铭文分域分期列表如下(表一):

表一

国别	人 名	器 物	时 代	备注
楚	王子臣	王子臣俎、王子臣戈④	春秋中期	
	王子申	王子申盏盂盖⑤、王子申匜⑥	春秋中期	
	王子婴次	王子婴次炉⑦、王子婴次钟⑧	春秋中期	
	王子吴	王子吴鼎⑨	春秋中期	
	王子午	王子午鼎⑩、王子午戟⑪	春秋中期	
	王子启疆	王子启疆鼎⑫	春秋晚期	
	王子侄	王子侄鼎⑬	春秋晚期	
	王子适	王子适匜⑭	春秋晚期	
	王子裹	王子裹鼎⑮	战国中期	
	邞陵君王子畴	王子畴铺⑯、王子畴鉴⑰	战国晚期	
	王孙寿	王孙寿甗⑱	春秋中期	
	王孙诰	王孙诰钟、王孙诰戟⑲	春秋中期	
	王孙遗鼠	王孙遗鼠钟⑳	春秋晚期	
	王孙霝	王孙霝作蔡姬簠㉑	春秋晚期	

183

国别	人　名	器　　物	时　代	备注
	王孙家	王孙家戈㉒	春秋晚期	
	楚王孙鱼	楚王孙鱼双戈戟㉓、楚王孙鱼戟㉔、楚王孙鱼矛㉕	春秋晚期	
	王孙名	王孙名戟㉖	春秋晚期	
	襄王孙	襄王孙盏㉗	春秋晚期	
	王孙袖	王孙袖戈㉘	战国晚期	
	竞坪王之定竞之定	竞坪王之定甬钟(秦王卑命钟)㉙、纽钟(酅簋钟)㉚、竞之定簠、鬲、豆㉛	春秋晚期	
	竞之上	大市铜量㉜	战国中期	
	邵之瘠夫	邵之瘠夫戈㉝	春秋晚期	
	邵王之諻	邵王之諻鼎㉞、簠㉟	战国早期	
	龚王之卯	龚王之卯戈㊱	春秋晚期	
	臧王之楚	臧王之楚戟㊲	战国早期	
	臧之无咎	臧之无咎戈㊳	战国中期	
	武王攻邧	武王攻邧戈㊴	战国中期	
	武王之童敓	武王之童敓戈㊵	战国中期	
	申文王之孙州桒	申文王之孙州桒簠㊶	春秋晚期	
	申王之孙叔姜	申王之孙叔姜簠㊷	春秋晚期	
	彭/申公之孙无所	彭无所鼎、簠㊸	春秋晚期	
	楚叔之孙以邓	以邓鼎、匜㊹	春秋中期	

184

（续表）

国别	人　名	器　　物	时　代	备注
	楚叔之孙倗 楚叔之孙蔿子倗	倗鼎㊺、蔿子倗簠、浴缶㊻	春秋中期	
	楚叔之孙途为	途为盉㊼	春秋晚期	
	屈口之孙楚屈叔佗	楚屈叔佗戈㊽	春秋中期	
	游孙癸	游孙癸鼎㊾	春秋中期	
	叔皇之孙鯩	叔皇之孙鯩盏㊿	春秋中期	
	子陕口之孙	子陕口之孙鼎(51)	春秋中期	
	应侯之孙丁儿	丁儿鼎(52)	春秋晚期	应
	陈侯之孙宋儿	陈侯之孙宋儿鼎(53)	春秋中期	陈
	胡侯之孙陈	胡侯之孙陈鼎(54)	春秋晚期	胡
	苏公之孙宽儿	宽儿鼎(55)	春秋晚期	苏
	郑庄公之孙、剌之疚子	郑庄公之孙鼎、缶(56)	春秋晚期	郑
	郑太子之孙与兵	与兵壶(57)	春秋晚期	郑
	毕孙何次	何次簠(58)	春秋中期	
曾	口之孙伯彀	伯彀鬲(59)	春秋早期	
	曾仲之孙寋	曾仲之孙戈(60)	春秋中期	
	周王孙季怡	周王孙戈(61)	春秋中期	
	穆侯之子西宫之孙曾大攻尹季怡	曾大攻尹戈(62)	春秋中期	

国别	人名	器物	时代	备注
蔡	蔡庄君之子子越之子雌	雌盘⑥	春秋晚期	
	蔡叔季之孙賨	蔡叔季之孙賨匜⑭	春秋晚期	
	宣王之孙雠子之子东姬	东姬匜⑥	春秋中期	
黄	黄孙子傒君叔单	叔单鼎⑯	春秋早期	
江	邛仲之孙伯戈	伯戈盘⑥、伯戈盉⑱	春秋中期	
	江季之孙口方諆	邛季之孙戈⑲	春秋早期	
樊	樊季氏孙仲鬲	樊季氏孙仲鬲鼎⑩	春秋中期	
陈	敶子子	敶子子匜⑪	春秋早期	
	陈伯鹠之子伯元	敶伯元匜⑫	春秋中期	
	陈公孙𢼸父	敶公孙𢼸父鈊⑬	春秋早期	
息	浮公之孙公父宅	浮公之孙公父宅匜⑭	春秋早期	
敫	塞公孙𢼸父	塞公孙𢼸父匜⑮	春秋早期	
	口口王之孙嚣仲之子伯剌	嚣仲之子伯剌戈⑯	春秋早期	
钟离	余戚厥于之孙钟离公柏之季子康	季子康编镈⑰	春秋中期	
	戚厥于之玄孙钟离公㲃(?)	九里墩鼓座⑱	春秋中期	

186

国别	人　名	器　　　物	时　代	备注
许	吕王之孙，楚成王之盟	𪊨钟、镈⑦	春秋中期	
	吕王之孙瞳	吕王之孙瞳戈⑧	春秋中期	
	群孙斨子璋	子璋钟㉛	春秋晚期	
宋	宋庄公之孙趞亥	趞亥鼎㉜	春秋中期	
	有殷天乙唐孙宋公䜌	宋公䜌簠㉝	春秋晚期	
	省仲之孙为寻	訾仲之孙簠㉞	春秋早期	
	乐大司徒子?之子引(?)	乐大司徒鈚㉟	春秋早期	
吴	工吴王皮然之子者减	者减钟㊱	春秋中期	
	攻吴太子姑发诸樊	攻吴太子诸樊剑㊲	春秋晚期	
	攻吴王姑发者反之子通	诸樊之子通剑㊳	春秋晚期	
	攻吴王姑发樊之子曹䱹众寻员	诸樊之子剑㊴	春秋晚期	
	攻敔王姑发难，寿梦之子	寿梦之子剑㊵	春秋晚期	
	王子于	王子于戈㊶	春秋晚期	
	攻吴王姑发诸樊之弟季子口口后	诸樊之弟剑㊷	春秋晚期	

国别	人　名	器　　物	时　代	备注
	吴季子之子逞	吴季子之子逞剑⑬	春秋晚期	
	工吴王之孙	攻吴王之孙盉⑭	春秋晚期	
	攻吴王之玄孙余眕子	叡巢编镈⑮	春秋晚期	
	吴王口口余口犬子配儿	配儿钩鑵⑯	春秋晚期	
	罗叔口口口王之兄口卵公口口之子⑰	罗叔匜⑱	春秋晚期	
	臧之外孙、坪之子臧孙	臧孙钟⑲	春秋晚期	
越	越王之子句戈	越王之子句戈剑⑩	春秋晚期	
	越台王旨医之太子不寿	越王太子不寿矛⑪	战国早期	
	姑冯昏同之子	姑冯昏同之子句鑵⑫	春秋晚期	
	口口之孙口口冉	冉钲铖⑬	春秋晚期	
徐	徐太子伯辰	徐太子伯辰鼎⑭	春秋早期	
	徐王之子庚儿	庚儿鼎⑮	春秋中期	
	徐王庚之淑子沇儿	沇儿钟⑯	春秋晚期	
	徐王元子福	徐王元子福炉⑰	春秋晚期	
	徐王义楚之元子	徐王义楚之元子剑⑱	春秋晚期	

188

国别	人 名	器 物	时 代	备注
	徐王子旃	徐王子旃钟⑩	春秋晚期	
	徐王之子段(?)	徐王之子段(?)戈⑪	春秋晚期	
	徐王季粮之孙宜桐	宜桐盂⑫	春秋晚期	
	徐王之孙寻楚默之子甚六	甚六钟、镈⑬	春秋晚期	
	徐王旨后之孙,足利次留之元子	自钟⑬	春秋晚期	
	徐頔君之孙、利之元子次又	次又缶⑭	春秋晚期	
	徐王之孙口凡作	徐王之孙钟⑮	春秋晚期	
	达斯于之孙、余兹佫之元子	仆儿钟⑯	春秋晚期	
	疟君之孙徐令尹诸稽耕	徐令尹者旨耕炉⑰	春秋晚期	
	吕以口之孙,口之敀子	三儿簠⑱	春秋晚期	

　　由上揭诸例可知,这类铭文主要见于南方地区的吴、越及徐国,江汉地区的曾、楚二国,淮河流域的蔡、江、黄、樊、陈、胡、息、敖及钟离等国贵族及遗民之器,流落至楚国的原黄淮流域的郑、宋、许、应等国遗民之器。就地域而言,主要集中在长江中下游、汉水及淮河流域一带,今江苏、浙江、湖南、湖北、河南及安徽等地,原吴

越文化与楚文化区，大体而言即东周时期的南方地区，数量上以楚文化区最多。就时代而言，多集中在春秋中晚期之后，以春秋中晚期最为流行。

如上揭李文所云，"这些器主虽多有社会地位，甚至为诸侯、卿大夫，可是他们在姬、姜等华夏大姓之外，从而特别感到有申述世系的必要"，这是此类铭文流行的一个很重要原因。吴虽为姬周宗亲，但因处边远蛮荒之地，同样不受重视。东周时期，随着吴越国力的上升，亦曾北上争霸，谋求在中原和华夏的政治地位。据文献和出土青铜器资料显示，徐戎（夷）也曾纵横驰骋于东南地区。江汉流域的楚国，亦长期被中原诸国以蛮夷遇之，春秋中晚期以后，楚国实力大振，上述"王子""王孙"类器铭文数量也随之而剧增，同样也是出于这样的历史背景。

从考古学文化的角度来看，首先，曾与楚为近邻，长期共存于江汉地区，文化上深受其影响和渗透自不待言。南方地区的吴、越、徐等地，因与楚地接壤，文化上也互相颇有影响。淮河流域的蔡、江、黄、樊、陈、胡、息、敖及钟离等"南土"和"东国"诸国族，系春秋中期以后楚国北上和东进的桥头堡，在楚国的强力攻击下纷纷沦为附庸或灭亡，其土地及人民相继入楚，文化上也为楚文化所逐步同化。钟离因其所处位置的关系，受楚文化和吴、越、徐文化的双重影响。黄淮流域的郑、宋、许、应等，亦系春秋中晚期以后楚国北上攻夺的主要目标，其土地与人民亦多相继入楚，文化上亦深受楚文化影响。从这个角度而言，这些地区"阀阅类"铭文的出现和渐趋流行，是与当时楚国实力的上升从而导致其向四周扩展、侵国夺地的灭国运动息息相关的。

因楚国向四邻的急剧扩展，导致一些诸侯国纷纷被灭，或沦为附庸，被迁离世代祖居之地，打破了西周以来较为稳定的地域和血缘关系，南土地区的土地和人民的归属被重新划分，政治版图被重新确定，又不断更新，原来各国贵族纷纷以各种形式流落他乡，因而在铜器铭文中频繁出现这些标示阀阅的形式,自然也就不难理解了。

总之,南方地区这些具有时代和地域特色的"阀阅类"铭文的出现和流行,是有其深刻的历史和文化背景的。

三

这些作器以标明其阀阅者,若细寻其身份,按血缘关系的亲疏,大约有这样几种:(1) 各国公(君)侯之后(大宗),如"攻吴太子诸樊""越王太子不寿""徐太子伯辰",楚器部分称"王子""王孙"者,"应侯之孙丁儿""陈侯之孙宋儿""胡侯之孙陈""苏公之孙宽儿""郑庄公之孙、剌之疚子"等;(2) 别宗(小宗)之后,如"曾仲之孙奉""邛仲之孙伯戈""楚叔之孙以邓""楚叔之孙蒍子俪""楚屈叔佗屈口之孙口口""蔡叔季之孙賨""吴季子之子逞""樊季氏孙仲鬲"等;(3) 其他权贵之后,如"襄王孙""游孙癸""叔皇之孙鲋""子陕口之孙""乐大司徒子? 之子引(?)"等;(4) 外戚,如"臧之外孙、坪之子臧孙";(5) 商周王室成员或重要卿族之后,如"有殷天乙唐孙宋公㣇""周王孙季怡""穆侯之子西宫之孙曾大攻尹季怡""毕公之孙、吕伯之子"等。

细绎有关铭文,其标示阀阅的目的又各不相同。其中楚地凡言"(余)某公(或"侯")之孙"等追忆先人诸文字者,其多为入楚之诸侯国王室之遗老遗少所作、或为楚之臣属国贵胄之文,前者如陈侯之孙宋儿鼎"陈侯之孙宋儿"、丁儿鼎"应侯之孙丁儿"⑩及胡侯之孙陈鼎"酖侯之孙陈"等,后者如黵钟、镈"黵,余吕王之孙,楚成王之盟"、吕王之孙瞳戈"吕王之孙瞳"、季子康编镈"余戚厥于之孙钟离公柏之季子康"及舒城九里墩鼓座"余戚厥于之玄孙钟离公鈠(?)"等,不一而足。这些充满了对先祖怀思的文字,昭显了他们在入楚或臣服后境遇的悲凉;但在这哀鸣的同时,似乎也不能忽视,这套语的弦外之音,乃表明自己虽已沦落为遗老遗少,但仍为贵胄之裔孙,昔日的荣光虽已不再,但他们血管里,流淌的仍是高贵的血液。因此,这高调标榜的背后,隐藏的是一种复杂的情怀,而它所体现的,确是当时楚国社会广泛存在的现象。这情形,颇类于史书中常见的哭死人以抒怀的惯用手段,因此,与其说这是那些贵族破落户在怀念昔日的荣光,沉浸在虚无缥缈的幻想里不能自拔,倒不如视作是他们对现实情形的不满和变相的抗争。

　　当然,这些人当中,也有一些在入楚后境遇相当不错,突显者如观丁父、彭仲爽,皆出将入相,位极人臣,而此二人皆出身于俘虏,后者甚至还是"三臣"。《左传》哀公十七年:"子谷曰:'观丁父,鄀俘也,武王以为军率,是以克州、蓼,服随、唐,大启群蛮。彭仲爽,申俘也,文王以为令尹,实县申、息,朝陈、蔡,封畛于汝。唯其任也,何贱之有?'"金文中也有这样的例子,如宽儿鼎的"苏公之孙宽儿",李学勤认为器主可能是仕于楚者[⑫]。类似的情形,又见于最近公布的封子楚簠铭[⑬],器主封子楚自称"郑武公之孙,楚王之士",系郑武公后裔,因避郑国之乱,入楚为仕。据簠铭云,封子楚系"剌之元子",可见其与上揭郑庄公之孙鼎及缶的器主虡系兄弟。同样,虡亦仕于楚[⑫]。但这毕竟也只是少有的贤良,而更多的,则今非昔比,一落千丈,就只能安于一隅(遗民邑)而任凭驱使(为工官等服劳役)了[⑫]。

　　徐少华曾对楚国的民族政策和并国方略进行过详细探讨,指出楚国在对异族人才的任用上具有开明的政策和宏大的气魄[⑬]。此固是事实,若非如此,楚国也就不会汇聚南土、东土诸国的先进文化因素,融合成卓有特色的泱泱大国之文明。但我们也不能因此就忽视这当中也交织着压迫与反压迫,掠夺与反掠夺的苦痛与血泪。从这千百年前的些许文字遗留中,我们约略也可以窥见这些离乡背井甚至流离失所的遗老遗少们在入楚后的复杂、抑郁的心情。总之,楚国在淮域和东国的推进,绝不是牧歌式的前进,而是充满了血雨腥风、刀光剑影的残酷与暴虐。佣戟铭曰:"新命楚王，膺受天命，倗用燮不廷。”[125]就很鲜明地道出了当时楚国以天命自居，征讨异己的真实面目。

本为姬周同姓之蔡国，自春秋以来，国势日衰，逐渐沦为吴楚等强国之附庸。铜器铭文云，蔡国既要“肇佐天子”（蔡侯作大孟姬尊[126]、舟[127]），又要“佐佑楚王”（蔡侯编钟、镈）[128]，还要“敬配吴王”（见于上引蔡侯作大孟姬尊、舟等），这真切地道出了处于夹缝中生存的蔡国，其生计是何等的艰难！相较而言，东周时期蔡受楚之害最深，故顾栋高曰：“蔡自二百年来被楚之害亦屡矣。”（《春秋大事表》四十二之四）于是蔡人只好东奔西走，或迁都以避祸，或与强邻通婚以交好[129]。即便如此，尚有多位蔡侯或被楚无故羁押，或为楚所掳掠而死于非命（见《左传》、《史记》之《楚世家》、《管蔡世家》等相关记录。张亚初曾有详细举证[130]，可参看）。类似的情形在当时是普遍存在的，而蔡国只不过是一个典型的缩影而已。

但从历史的大势来看，楚国的兼并，逐渐结束了支离破碎的分裂割据局面，实现了南阳盆地、淮河上中游地区的局部统一，促进了这一广大范围内华夏与蛮、夷、戎、狄各族之间的融合，扩大、加速了这一范围内部及其与北方中原和南方江汉、江南地区的政治、经济、文化交流；另一方面，随着局部统一的逐渐发展，这一范围内各种经济、文化因素相继汇入楚系，从而为楚国历史、文化的迅速发展提供了大量新的因素和有利基础[131]。因此，从这个角度来讲，这些痛苦和灾难又是无法避免的。

以上简单指出的一个隐含的现象，实际上是广泛存在的，细心的读者将不难发现，类似的情形在铭文的字里行间还有较多的体现，此不赘言。

中子化盘[132]铭曰：“中子化用保楚王，用征莒”，表明春秋早期后段，江汉腹地已渐渐沦为楚之附庸，中子等人不但要拱卫楚王，还要替其东征西讨。𪒠钟、镈铭云“余吕王之孙，楚成王之盟，仆男子之艺”，表明春秋中期偏早后段，淮域的许国等已逐渐为楚所蚕食或控制⑬，被迫与其为盟，任其驱使了。至上揭蔡侯（申）作大孟姬尊、舟等器所在的春秋晚期前段，楚已将淮域诸国鲸吞殆尽，"佐佑楚王"可能已是淮域当时尚且苟存的诸侯国的共同义务了。

综观中子化盘"中子化用保楚王，用征吕"、鼥钟、镈"余吕王之孙，楚成王之盟，仆男子之飙"及蔡侯（申）作大孟姬尊、舟"佐佑楚王"等铭，大概可以窥见下列事实：（1）约自春秋早期始，楚国已在江汉腹地开疆拓土，至春秋中期偏早，楚人势力已渗入淮域，迨至春秋晚期，楚人势力已在淮域根深蒂固；（2）被征服或控制之地，须承担拱卫楚王，服劳役等义务，有的还要作为其开疆拓土的跳板，甚至直接替其东征西讨，即所谓的"用燮不廷"。因此，从这只言片语的铭文的字里行间，我们约略可以勾勒出楚人势力向周边推进的大致时间表及其行进的大致路线图，亦可想见当时楚域内诸国之间的关系发生了怎样的改变。楚大师登编钟⑭"保辪楚王"，王孙诰钟⑮"敬事楚王""以乐楚王"等语，所述皆为楚国臣公对于楚王的义务，而上揭据中子化盘诸器从铭文文义及其用语来看，已与此皆极为相近，再从考古资料及古书等记录来看，至春秋中期以后，楚域内诸国的身份已确与楚之臣公无甚大异了⑯。

徐少华详细分析了春秋时期南土铜器铭文中"某子"的称谓情况，认为前一字基本上是国名，"某子"多为某国之君或王（公）室显贵，一些国家在西周至春秋早期称"伯""侯""公"，属楚以后称"子"，这些皆与楚人在南方地区开疆拓土、服国兼民、民族融合的历史背景密切相关⑰。徐氏的论述与上述看法有一些殊途同归的默契，亦可视作是对我们意见的有力支持。

尚须提及者，象郑庄公之孙虩器"余郑臧（庄）公之孙、余刺之疢子"等文字，其情形颇类于前言之况。不过他们都是入楚以避难的他国（郑）贵族，他们时时所要提醒自己的，就是一刻也不要忘记光复大业的沉重使命，如上揭封子楚簠铭曰"受命于天，万世弗改"，即是明证。因此，从这个意义上讲，这又是他们"卧薪尝胆"的

194

物证与写照。

楚系铜器铭文中的王子、王孙诸器,前者除王子婴鼎("许公王子婴")与郙陵君王子畴诸器("郙陵君王子畴")的器主称呼为"职务＋身份(王子)＋私名"外,余皆为"身份(王子)＋私名"。后者除襄王孙盏为"襄王孙□辈",王孙袖戈为"职务＋身份(王子)＋私名"("楚君监王孙袖")外,器主的称呼一般皆为"身份(王孙)＋私名",王孙鱼诸兵在身份前加上国名楚。

仔细玩味这类铭文,其实,这些称谓的背后,都暗含着一定的潜台词,铭文申明其为"王子""王孙"者,无非是要向世人昭示其高贵的血统,炫耀其特殊的身份。这炫耀也有其深层次的含义,而绝非市井的浅薄之举。首先,它表明,这身份是天生造就的,是他人所不能觊觎的;其次,它揭示出,与这特殊身份相适应的,器主应当享受与众不同的各种特权与优待;再者,它暗示着,一旦有晋升与立储(主要指王子)的机会,器主应当享有优先的特权。王子婴鼎之器主王子婴为许公(县公),郙陵君王子畴诸器器主王子畴为郙陵君(封君),王孙袖戈主人王孙袖为楚君监,皆为要职,其中王子畴后又即位为楚王⑱,凡此皆可佐证这样的事实。

类似的现象,在吴越的铜器铭文中也有很多,有关器物及铭文,在前文已有交待。其情形殆类于楚。

上述楚国铜器铭文中常见的"XX之XX"类铭文的主人,在当时已是小宗,因此可归入到上述第二类即别宗(小宗)类,其意图同样是为了标明阀阅,此类铭文年代主要集中于春秋晚期至战国中期,表明这一时期阀阅的观念在楚国中上层贵族中颇为流行,业已根深蒂固。

其他如别宗(小宗)之后、其他权贵之后、外戚、商周王室成员或重要卿族之后等类铜器铭文,其标明阀阅的用意,与上述皆王子、王孙诸器皆颇类似,都是作器者身份与权势的象征,只不过他们的身份有高有低,权势有大有小而已,其所体现的身份与权势是分层的。

由以上讨论可知,这些"阀阅"类铭文,其实都是作器者对自己特殊身份的一种有意识强调,其所要表达的,其实是器主的一种政治宣言。

四

东周时期,此类铭文虽主要集中在楚文化与吴越文化流行的南方地区,但在中原及东方诸国也时有所见,如(表二):

表二

国别	人 名	器 物	时 代	备注
周	郑邦之产	哀成叔鼎⑱	春秋晚期	郑
晋	毕公之孙、吕伯之子	邵黛钟⑩	春秋晚期	
	吴王孙无土	吴王孙无土鼎⑪	春秋晚期	
齐	齐侯子行	齐侯子行匜⑫	春秋早期	
	齐辟鲍叔之孙、跻仲之子鑰	鑰镈⑬	春秋中晚期	
	齐鲍氏孙	齐鲍氏钟⑭	春秋晚期	
	齐萦姬之俆	齐萦姬盘⑮	春秋晚期	
	陈纯裔孙逆	陈逆簠⑯	战国早期	
	陈趄子之裔孙	陈逆簠⑰		
	陈仲初产孙、鳌叔和子	陈䀠簠盖⑱	战国早期	
	殷王之孙、右师之子武叔曰庚	庚壶⑲	春秋晚期	

196

国别	人　名	器　　物	时　代	备注
	穆公之孙,其配襄公之妣,而成公之女,雫生叔夷	叔夷钟⑬、镈⑬	春秋晚期	
	庆孙之子崃	庆孙之子崃簠⑬	春秋晚期	
鲁	鲁子仲之子归父	鲁归父敦⑬	春秋晚期	
邾	邾公孙班	邾公孙班镈⑮	春秋晚期	
	陆融之孙邾公鈋	邾公鈋钟⑮	春秋晚期	
	莒父口子宾厦	邾口匜⑮	春秋中期	
莒	莒公孙潮子	公孙潮子钟、镈	战国早期	
	郜仲之孙	筥大史申鼎⑮	春秋晚期	
？	邵翏公之孙益余	益余敦⑮	春秋晚期	
	荆公孙	荆公孙敦⑮	春秋晚期	
	王子反	王子反戈⑯	春秋中期	
	王子口	王子口戈⑯	春秋晚期	

　　两周时期,楚人从最初局狭于丹浙、渐屈伸于江汉、雄起于整个南中国,以至问鼎中原、饮马黄河、北祀泰山,其间曾灭国无数,以至"抚有蛮夷,奄征南海,以属诸夏",楚文化也随之而向四至传播。从考古出土的铜器及铭文来看,春秋中晚期以后,中原的周、晋皆不同程度的受楚文化影响。今山东地区的齐鲁文化区自然也不例外。如李文所说,有关齐器器主凡可考者都来自南方⑯。泗水流域的鲁、邾、莒等国,因与淮域邻近,春秋中晚期以来与汉淮流域在文化上一直保持着很多的共性和频繁的交流,这在东周时期

青铜器的器形、器类、形制、纹饰及铭文的内容与辞例上皆多有体现⑬。这种风气甚至一直延续到两汉时期,20 世纪 60—70 年代以来在今皖北、苏北、鲁西南等地陆续发现的两汉时期的简牍资料在内容上具有很强的共性即是明证。因此,皖北、苏北、鲁西南及豫东南地区这种文化上的联系是素有渊源和传承的。

就目前的材料而言,这类铭文都集中在地接南方的国家,器物的年代也多在春秋中晚期之后,因此,中原和山东地区此类铭文的出现和流行,很可能是受同时期南方风气影响之故。李学勤对此也曾有分析⑭,可参看。

无论是总体还是具体而言,这些阀阅铭文所涉及的问题皆较为复杂,所牵涉的面也较广泛,需要作进一步深入细致的梳理和分析,本文所论只是一种初步的尝试,希望能起抛砖引玉之效。

附记:本文初稿是作者博士学位论文的一个小节(《周代南土铜器铭文"余某某之孙"解》),当时只简单表述了对该问题的初步看法,而未充分展开论述。2009 年 9 月,在安徽淮南召开的楚文化年会第 11 次年会上,王龙正先生的大作《后应国时期,楚国"方城之外"的政治、军事形势与文化融合》部分意见与本文不谋而合,会下作者与王老师多有交流、请益,小文即在此基础上扩充改写而成,附志于此,以向王老师致谢!

2010 年 10 月 19 日

再记:小文初稿写成于 2010 年 10 月,后续有修订。近年又有大量铜器铭文新材料刊布,此次主要修订了旧稿的一些明显错误和不准确之处,并适当增加了一些证据性较强的例子,是为记。

2016 年 5 月 12 日

再记：谨以小文纪念因病于 2019 年 7 月 9 日去世的敬爱的师友、河南省文物考古研究院研究馆员王龙正先生！

2019 年 7 月 20 日

注释：

① 张政烺：《邵王之諻鼎及毁铭考证》，载《"中央"研究院历史语言研究所集刊》第八本第三分，商务印书馆 1939 年 10 月，第 371—378 页。

② 李学勤：《春秋南方青铜器铭文的一个特点》，载马承源主编：《吴越地区青铜器研究论文集》，两木出版社，1997 年；后辑入氏著：《缀古集》，上海古籍出版社，1998 年，第 116—121 页。

③ 相关研究可参看董珊：《出土文献所见"以谥为族"的楚王族——附说〈左传〉"诸侯以字为谥因以为族"的读法》，载复旦大学出土文献与古文字研究中心编：《出土文献与古文字研究》第 2 辑，复旦大学出版社，2008 年，第 110—130 页；又《〈出土文献所见"以谥为族"的楚王族〉补记》，复旦大学出土文献与古文字研究中心网站，2011 年 11 月 16 日，http：//www.gwz.fudan.edu.cn/srcshow.asp？src_id=1710。

④ 韩自强：《楚国有铭兵器的重要发现》，载中国古文字研究会等编：《纪念中国古文字研究会成立三十周年国际学术研讨会论文集》，吉林，2018 年，第 92—98 页。

⑤《殷周金文集成》(中国社会科学院考古研究所：《殷周金文集成》，中华书局，1984—1994 年；《殷周金文集成》(修订增补本)，中华书局，2007 年。以下简称"集成")9.4643。

⑥ 陈昭容：《故宫新收青铜器王子醽匜》，载《中国文字》新 25 期，艺文印书馆 1999 年，第 93—122 页。

⑦ 集成 16.10386。

⑧ 集成 1.52。

⑨ 集成 5.2717。

⑩ 集成 5.2811；河南省文物研究所、河南省丹江库区考古发掘队、淅川县博物馆：《淅川下寺春秋楚墓》，文物出版社 1991 年，第 114、118、122、

125 页。

⑪ 《淅川下寺春秋楚墓》，第 186、189 页。

⑫ 邹安：《周金文存》，卷三补遗，台联国风出版社 1978 年，第 994 页。

⑬ 集成 4.2289。

⑭ 集成 16.10190。

⑮ http://bbs.sssc.cn/viewthread.php?tid＝453711＆extra＝＆page＝1。

⑯ 集成 9.4694、4695。

⑰ 集成 16.10297。

⑱ 集成 3.946。

⑲ 《淅川下寺春秋楚墓》，第 140、142、147、154、160、166、174、186 页。

⑳ 集成 1.261。

㉑ 集成 9.4501。

㉒ 曹锦炎：《鸟虫书通考》，上海书画出版社 1999 年，第 174 页，图一二 7。

㉓ 集成 17.11152、11153。

㉔ 陈上岷：《江陵发现战国木椁墓》，《文物》1959 年第 2 期《文物工作指导》，第 75 页。

㉕ 湖北省文物考古研究所、荆门市博物馆、荆襄高速公路考古队：《荆门左冢楚墓》，文物出版社，2006 年，第 171 页。

㉖ 张光裕、曹锦炎主编：《东周鸟篆文字编》，翰墨轩出版有限公司，1994 年，第 288 页。

㉗ 熊北生、李广安：《湖北谷城过山出土春秋有铭铜盏》，《文物》2002 年第 1 期，第 94—95 页。

㉘ 高至喜、熊传新：《楚人在湖南的活动遗迹概述——兼论有关楚文化的几个问题》，《文物》1980 年第 10 期，第 50—60 页。

㉙ 集成 1.37。

㉚ 集成 1.38。

㉛ 陈全方、陈馨：《澳门惊现一批楚青铜器》，《收藏》2007 年第 11 期，第 94—97 页；张光裕：《新见楚式青铜器器铭试释》，《文物》2008 年第 1 期，第 73—84 页；吴镇烽：《鿟之定铜器群考》，《江汉考古》2008 年第 1 期，第 82—89 页。

㉜ 唐友波：《"大市"量浅议》，载《古文字研究》第 22 辑，中华书局，2000 年，第

129—132 页。

㉝㊲ 韩自强：《新见六件齐、楚铭文兵器》，《中国历史文物》2007 年第 5 期，第 15—18 页。

㉞ 集成 4.2288。

㉟ 集成 6.3634、3635。

㊱ 韩朝、刘海洋：《新见楚国铭文兵器》，《南方文物》2004 年第 4 期，第 42—44 页。

㊳ 吴镇烽编著：《商周青铜器铭文暨图像集成》，上海古籍出版社，2012 年，第 154 页，第 16076 号；韩晓玲：《专家推测新洲铭文铜戈疑为楚肃王赏品》，《湖北日报》2003 年 11 月 6 日。包山 7 号简有名藏王之墨者。

㊴ 韩自强：《楚国有铭兵器的重要发现》，载中国古文字研究会等编：《纪念中国古文字研究会成立三十周年国际学术研讨会论文集》，吉林，2018 年，第 92—98 页。

㊵ 集成 17.11102、11103、11104；益阳市文物管理局、益阳市博物馆：《益阳楚墓》，文物出版社，2008 年，第 148 页；向开旺：《湖南怀化出土一件"武王铜戈"》，《文物》1998 年第 5 期，第 93 页，图三；艺坛网络 http：//art. network.com.tw/02Life/project/chu/05.asp。

㊶ 黄锡全：《申文王之孙州桊簠铭文及相关问题》，载《古文字研究》第 25 辑，中华书局，2004 年，第 189—193 页。

㊷ 郧阳地区博物馆：《湖北郧县肖家河春秋楚墓》，《考古》1998 年第 4 期，第 42—46 页。

㊸ 董全生、李长周：《南阳市物资城一号墓及其相关问题》，《中原文物》2004 年第 2 期，第 46—48 页；林丽霞、王凤剑：《南阳市近年出土的四件春秋有铭铜器》，《中原文物》2006 年第 5 期，第 8—9、90 页。

㊹ 《淅川下寺春秋楚墓》，第 6、13 页。

㊺ 瓶鼎 2 件（乙 M1：65、66），《淅川下寺春秋楚墓》，第 52、54 页；鐪鼎，1 件（乙 M2：56），第 110—111 页；浴鬲，1 件（乙 M3：4），第 218、220 页。

㊻ 簠见《淅川下寺春秋楚墓》，第 126、130 页；浴缶（M2：51、55），见同书第 130—131 页。

㊼ 集成 15.9426。

㊽ 集成 17.11393。

(49) 襄阳市文物考古研究所:《余岗楚墓》,科学出版社,2011 年,彩版五二- 2。
(50)《余岗楚墓》彩版五二- 3。
(51) 集成 4.2285。
(52) 尹俊敏、刘富亭:《南阳市博物馆藏两周铭文铜器介绍》,《中原文物》1992 年第 2 期,第 87—90 页。
(53) 李元芝、郑永东:《叶县发现陈侯之孙宋儿鼎》,《中原文物》2012 年第 5 期,第 19—21 页。
(54) 集成 4.2287。
(55) 集成 5.2722。
(56) 襄樊市博物馆:《湖北襄阳团山东周墓》,《考古》1991 年第 9 期,第 781—802 页。
(57) 王人聪:《郑大子之孙与兵壶考释》,载《古文字研究》第 24 辑,中华书局,2002 年,第 233—239 页。
(58)《淅川下寺春秋楚墓》,第 11 页图七、第 14 页图九。
(59) 集成 3.592。
(60) 集成 17.11254。
(61) 集成 17.11309。
(62) 集成 17.11365。
(63) 拙文:《雌盘考释》,《考古与文物》2021 年第 1 期,第 111—114 页。
(64) 集成 16.10284。
(65)《淅川下寺春秋楚墓》,第 35 页。
(66) 集成 5.2657。
(67) 集成 16.10160。
(68) 集成 16.10341。
(69) 集成 17.11252。
(70) 集成 5.2624。
(71) 集成 16.10279。
(72) 集成 16.10267。
(73) 集成 16.9979。
(74) 集成 16.10278。
(75) 集成 16.10276。

⑦ 集成 17.11400。

⑦ 刘信芳、阚绪杭、周群：《安徽凤阳县卞庄一号墓出土镈钟铭文初探》,《考古与文物》2009 年第 3 期,第 102—109 页。

⑦ 集成 2.429。

⑦ 钟见《淅川下寺春秋楚墓》,265、278、282、287 页;镈见同书 257—258、265 页。

⑧ 张光裕、吴振武：《武陵新见古兵三十六器集录》,15,载《中国文化研究所学报》新第 6 期,香港中文大学出版社,1997 年,第 335—381 页。

⑧ 集成 1.113 - 9。

⑧ 集成 5.2588。

⑧ 集成 9.4589、4590。

⑧ 集成 7.4120。

⑧ 集成 16.09981。

⑧ 集成 1.193 - 202。

⑧ 集成 18.11718。

⑧ 任相宏、张庆法：《吴王诸樊之子通剑及其相关问题探讨》,《中国历史文物》2004 年第 5 期,第 5—23 页。

⑧ 朱俊英、刘信芳：《攻敔王姑发䣊之子曹鮄剑铭文简介》,《文物》1998 年第 6 期,第 90—92 页。

⑨ 曹锦炎：《吴王寿梦之子剑铭文考释》,《文物》2005 年第 2 期,第 67—74 页。

⑨ 集成 17.11207、11208。

⑨ 晋华：《山西榆社出土一件吴王肔发剑》,《文物》1990 年第 2 期,第 77—79 页。

⑨ 集成 18.11640。

⑨⑨ 南京博物院、徐州市文化局、邳州市博物馆：《江苏邳州市九女墩三号墩的发掘》,《考古》1999 年第 11 期,第 28—34 页。

⑨ 集成 2.426、427。

⑨ 何琳仪：《程桥三号墓盘匜铭文新考》,《东南文化》2001 年第 3 期,第 78—81 页。

⑨ 南京市博物馆、六合县文教局：《江苏六合程桥东周三号墓》,《东南文化》

1991 年第 1 期,第 204—211 页。

⑨⑨ 集成 1.93‑101。

⑩⑩ 集成 18.11594、11595。

⑩① 集成 18.11544。

⑩② 集成 2.424。

⑩③ 集成 2.428。

⑩④ 集成 5.2652。

⑩⑤ 集成 5.2715、5.2716。

⑩⑥ 集成 1.203。

⑩⑦ 集成 16.10390。

⑩⑧ 集成 18.11668;湖北省博物馆:《襄阳蔡坡战国墓发掘报告》,《江汉考古》 1985 年第 1 期,第 1—37 页。

⑩⑨ 集成 1.182。

⑩⑩ 集成 17.11282。

⑪① 集成 16.10320。

⑪② 江苏省丹徒考古队:《江苏丹徒北山顶春秋墓发掘报告》,《东南文化》1988 年第 3—4 期,第 13—58 页。

⑪③ 曹锦炎:《自铎铭文考释》,《文物》2004 年第 2 期,第 70—76 页;赵平安: 《绍兴塔山甬钟的自名名称及相关问题》,《中国历史文物》2004 年第 5 期, 第 36—38 页。

⑪④ 江苏省丹徒考古队:《江苏丹徒北山顶春秋墓发掘报告》,《东南文化》1988 年第 3—4 期,第 13—58 页。

⑪⑤ 孔令远、陈永清:《江苏邳州市九女墩三号墩的发掘》,《考古》2002 年第 5 期,第 19—30 页。

⑪⑥ 集成 1.183、184、185。

⑪⑦ 集成 16.10391。

⑪⑧ 集成 8.4245。

⑪⑨ 李学勤云,丁儿是应君后裔,并不意味应国那时仍然存在,参看李学勤: 《东周与秦代文明》,上海人民出版社,2007 年,第 322 页。

⑫⑩ 李学勤:《春秋南方青铜器铭文的一个特点》,载马承源主编:《吴越地区 青铜器研究论文集》,两木出版社,1997 年;后辑入氏著:《缀古集》,上海

古籍出版社,1998年,第116—121页。

⑫ 中国国家博物馆、中国书法家协会:《中国国家博物馆典藏甲骨文金文集粹》,73,安徽美术出版社,2015年,第302—306页。

⑫ 拙文:《郑人金文两种读释》,未刊稿。

⑬ 拙作:《楚系铜器铭文研究》,安徽大学博士学位论文(汉语言文字学,指导教师:黄德宽),2009年,第166页。

⑭ 徐少华:《周代南土历史地理与文化》,武汉大学出版社,1994年,第299—313页。

⑮ 佣戟原称"佣戈",据刘彬徽《楚兵器研究一则》(载《湖南省博物馆文集》第4辑,《船山学刊》杂志社,1998年)改。《淅川下寺春秋楚墓》,第189页。

⑯ 集成11.6010。

⑰ 集成16.10171。

⑱ 蔡侯纽钟("歌钟")一组5枚,见集成1.210、211、216-218。蔡侯编镈共8件,见集成1.219-222。

⑲ 详参拙作:《楚系铜器铭文研究》,安徽大学博士学位论文(汉语言文字学,指导教师:黄德宽),2009年,第207—213页。

⑳ 张亚初:《蔡国青铜器铭文研究》,载《文物研究》第7辑,黄山书社,1991年,第332—345、353页。

㉛ 徐少华:《周代南土历史地理与文化》,武汉大学出版社,1994年,第311页。

㉜ 集成16.10137。

㉝ 陈伟认为,斁钟中的"吕王"大约是在斁所属的氏族发展中某位享有重要地位的先祖,有可能是始封于吕的四岳或者始封于许的吕叔(亦称"甫侯"),许是吕国分支,自可称吕王之孙,斁可能是许国贵族,下寺M10有可能是许国都析期间的墓葬。参看陈伟:《同盟中的诸侯——关于钟铭文的一些推测》,载《九州学林》2005年春季(三卷一期),香港城市大学中国文化中心。案:从陈文所揭示的一系列关联因素,以及铜器铭文中许公既称许男(许男鼎,集成5.2549),又称许子(许子镈,集成1.153、154;许子佗盏盂,《中原文物》2006年第5期第9页图二;许子妆簠盖,集成9.4616)的情形来看,陈说近是。

㉞ 周亚:《楚大师登编钟及相关问题的认识》,载《上海博物馆集刊》第11辑,

上海书画出版社,2008 年,第 146—167 页。

⑬⑤《淅川下寺春秋楚墓》,第 140、142、147、154、160、166、174 页。

⑬⑥ 胡雅丽指出:"蔡、随(曾)二国自春秋时即称臣于楚,几乎世服楚国,其地位比于楚之县公。"参看胡雅丽:《包山楚简所见"爵称"考》,载《楚文化研究论集》第 4 辑,河南人民出版社,1994 年,第 511—518 页。

⑬⑦ 徐少华:《彭器、彭国与楚彭氏考论》,"第二届古文字与古代史国际学术研讨会"论文,台湾中研院历史语言研究所,2008 年 12 月 12—14 日。

⑬⑧ 刘彬徽:《楚系青铜器研究》,湖北教育出版社,1995 年,第 374—375 页。

⑬⑨ 集成 5.2782。

⑭⓪ 集成 1.225 - 237。

⑭① 集成 4.2359。

⑭② 集成 16.10233。

⑭③ 集成 1.271。

⑭④ 集成 1.142。

⑭⑤ 集成 16.10147。

⑭⑥ 集成 7.4096。

⑭⑦ 集成 9.4629、4630。

⑭⑧ 集成 8.4190。

⑭⑨ 集成 15.9733

⑮⓪ 集成 1.275 - 276、283、280。

⑮① 集成 1.285。

⑮② 集成 9.4502。

⑮③ 集成 9.4640。

⑮④ 集成 1.140。

⑮⑤ 集成 1.102。

⑮⑥ 集成 16.10236。

⑮⑦ 集成 5.2732。

⑮⑧《保利藏金》编辑委员会:《保利藏金(续)——保利艺术博物馆精品选》,岭南美术出版社,2001 年,第 182—185 页。

⑮⑨ 集成 9.4642。

⑯⓪ 集成 17.11122。

⑯① 集成 17.11162。

⑯② 李学勤:《春秋南方青铜器铭文的一个特点》,载马承源主编:《吴越地区青铜器研究论文集》,两木出版社,1997 年;后辑入氏著:《缀古集》,上海古籍出版社,1998 年,第 116—121 页。

⑯③ 器形方面的交流与影响我曾有举例分析,详参拙作:《楚系铜器铭文研究》,安徽大学博士学位论文(汉语言文字学,指导教师:黄德宽),2009 年,第 218—239 页。辞例方面如常见"用征用行""以征以行"一类用语,器物自名称"行 X"等,我亦曾有小文加以归纳分析,参看拙文:《伯硕父鼎的年代与国别》,载《西部考古》第 15 辑,科学出版社,2018 年,第 37—49 页;又《新出两件曾子鼎绎读》,载孟蓬生主编:《上古汉语研究》第 3 辑,商务印书馆,2019 年,第 22—35 页。

⑯④ 李学勤:《春秋南方青铜器铭文的一个特点》,载马承源主编:《吴越地区青铜器研究论文集》,两木出版社,1997 年;后辑入氏著:《缀古集》,上海古籍出版社,1998 年,第 116—121 页。

新蔡楚简"婴之以兆玉"与
礼书"缫藉"

——基于《山海经·山经》的考察*

郭成磊

（信阳师范学院、历史文化学院）

祭祀供献的品类，除了常见的牺牲之外，玉帛也是荐献神祇的重要祭品，在一定情境下玉帛甚至要比牺牲更为贵重。《周礼·春官·肆师》："立大祀，用玉帛牲牷；立次祀，用牲币；立小祀，用牲。"那么，在祭祀活动中，如何将玉器供献给神祇呢？结合传世文献和出土资料来看，祭祀用玉主要有燔燎、瘗埋、浮沉三种方式。《周礼·春官·大宗伯》中的"禋祀""实柴""槱燎"就都属于燔燎的方式。燔燎的祭品以牺牲为主，兼有玉帛①。燎牲主要是取其臭，使烟气上达于神；燔玉则是取其絜，玉为精物，有润洁之气，燔燎牲、玉正可满足祭祀对"臭""絜"的要求②。瘗埋的方式一般用于对地祇的祭祀③，其祭品亦兼用牲、玉。埋于地下的祭祀用玉在考古发掘中多有发现④。至于沉玉，《穆天子传》卷一有"天子授河宗璧，河宗伯夭受璧，西向沉璧于河"的记载。

一、简文"婴"与《山海经》"婴"

新蔡简中虽然习见祭祷用玉的记录，但燔、瘗、沉的用玉方式

---

* 本文系河南省哲学社会科学规划项目"新刊清华简诸子类文献疏证与研究"（2020CLS016）的阶段性成果。

并不明显,其特殊之处在于"婴之以兆玉"的频繁出现。为方便讨论,现将相关简文逐录如下:

☑𢃇,綏(缨)之卦玉。定占之曰:吉。(甲三 170)

☑之日荐太一静,綏(缨)之以卦玉,祈之。(甲三 111)

☑尽綏(缨)以卦玉,祈[之]。(甲二 10)

☑玉。举祷于三楚先各一𢃇,瑹(璎)之卦[玉]☑(乙三 41)

☑举祷于二天子各两𢃇,瑹(璎)之以卦玉☑(甲三 166、162)

☑[司]命一𢃇,瑹(璎)之以卦[玉]☑(乙二 22)

☑一𢃇,瑹(璎)☑(零 587、598、569)

☑□就祷三楚先屯一𢃇,綏(缨)之卦玉;就祷□□□(甲三 214)

夏夕之月己丑之日,以君不怿之故,就祷三楚先屯一𢃇,瑹(璎)之卦玉。壬辰之日祷之。(乙一 17)

☑两𢃇,瑹(璎)之卦玉。壬辰之日祷之。(乙二 23、零 253)

☑[祝]融、穴熊各一𢃇,瑹(璎)之卦玉。壬辰之日祷之。(乙一 24)

☑𢃇,綏(缨)之以[卦]玉。举[祷]☑(甲二 2)

上揭简文中"綏""瑹""瑹",或分释为"缨""璎",或合释为"婴"⑤。从简文辞例来看,"缨"或"璎"应是指某种祭祷用玉方式。关于其字的考释,裘锡圭、李家浩先生在《曾侯乙墓竹简释文与考释》一文中说:

《山海经·中山经》"其祠太逢、熏池、武罗,皆一牡羊副,婴用吉玉"。《西山经》"羭山神也,祠之用烛,斋百日以百牺,……婴以百珪百璧",郭璞注:"婴谓陈之以环祭也。"天星

209

观简"瑻"字与此"嫛"字用法相同⑥。

徐在国先生同意此说,并指出新蔡简"瓔""瓔"字亦同于《山海经》"嫛"字之用法⑦。然而,学者对《山海经》中郭璞的注解多有疑义,江绍源先生说:

> 祠鶘神之嫛假使果为百珪百璧,环祭之解或尚可能;然百若为白之讹(《太平御览》八百六卷引此经云"鶘山之神,祠以黄圭",《艺文类聚》八十三卷引作"鶘山之神,祠之白珪"。两引皆异,疑《类聚》近之,又疑今本"百"或"白"字之讹也——说见郝懿行《山海经笺疏》),环祭之解便无是处了。即使百字不错(上文有"斋百日","酒百樽"……,故下之"嫛以百珪百璧"也许不错),然本经旁处,一璧或一玉之嫛颇多,这些嫛试问怎能是"环之以祭"的意思。……《经》之嫛,说是玉制的颈饰或他种饰物,可;说是以玉饰献给神之术语,亦可(神被想像为有饰物,见下面第四章)。以玉质颈饰或他玉献神曰"嫛"这道新解,不但可用于《西山经》"嫛以百珪百璧"之嫛,且于全经讲祠祭之处的一切嫛字无一不适用。

接着江氏对分布于《五藏山经》中有关"嫛"之经文进行了校正,得出如下结论:

> "嫛"是以玉饰献神(或云献给神的玉饰)之专称;"嫛"下动词,"用""以"均可用;所献之嫛,或为珪,或为璧,或为珪璧,或吉玉,或藻玉,或藻珪⑧。

从词性来看,上引江说前后似有所扞格:一方面所谓"献给神的玉饰"或"所献之嫛",显然是以"嫛"为名词;另一方面"以玉饰献神"表示的却是动作。值得注意的是,袁珂先生在《山海经校注》中引用江说时仅云"嫛系以玉祀神之专称"⑨,而对江氏之或说并未作理会。然而,在另一著作《山海经全译》中,袁氏不仅采纳了江氏或说,而且还融合了郭璞"环祭"之说。现将《山海经全译》中较典型的相关译文迻录下表：

《山海经》原文	袁 珂 译 文
婴以百珪百璧	环绕陈列一百块珪和一百块璧来祭祀
婴以吉玉	用吉玉环陈以献
婴用吉玉	祀神的玉用吉玉；环陈的玉要用吉玉
婴毛吉玉	献神的玉用吉玉
县婴用桑封	环绕陈列的玉用藻珪

不难发现,袁氏将"婴以"之"婴"译为"以玉环陈而献祭神"的动作,而"婴用"之"婴"则译为"祀神之玉"的专名。若袁说不误,那么《山海经》"婴"就既可作动词,又可作名词。至于"婴"是否有"环祭"之义,姑且搁置不论。由此可见,简文"瓔""纓"与《山海经》"婴"并不能完全等同。尽管如此,却也不能否定两者的密切关系,"共同之处在于：均是祭祀之用语,且仅与玉器相系"[10]。

简文"瓔""纓"是"以玉祀神之专语"[11],无可怀疑。但是作为祭祷用玉之法,它究竟以何种方式进行呢？郭璞解作"环祭",江氏已驳之,固无可取。日本学者森鹿三通过对《尔雅·释天》"祭山曰庪县"的分析,推断婴是"奠供或者把牲玉挂在树木的周围而致祭,当也是悬供的一种"[12]。单就《五藏山经》祠祭的诸山神而言,这种看法固然说得通；但对于楚简中的诸神祇来说,并不能普遍适用,最明显的莫过于对于"大水"的献祭,"悬供"的方式是无法进行的。

此外,浦江清先生认为"颈饰或绕于颈之饰,方得为婴",《山海经》中的祭玉"非用以饰神,乃先结络于牲颈,礼毕,瘗之,或投之。其结络于牲颈者,得名"[13]。浦说得到学者的采信,认为"所谓婴之以玉器,是指悬挂结络于牺牲颈部以取媚于神"[14]。另有学者则针

211

对新蔡简"婴之以兆玉"提出新解,认为其意"不是向神灵径直进献玉器,而是将玉系绕于祭牲之上以祭神"⑮。这两种说法都强调玉是为饰牲而设,其立论可归作两点:一是"婴"有系绕或结络之义;一是"之"指代祭牲。

先看"婴"义,《说文·女部》训作"颈饰",学者所引"婴,绕也"是段注之正说。《文选·游天台山赋序》"方解缨络",李善注:"《说文》曰:'婴,绕也。'"《汉书·贾谊传》颜师古注同。唐释玄应《一切经音义》:"婴,犹缠绕也。"又"婴"与"缨"通⑯,《说文·糸部》:"缨,冠系也。"段注:"以二组系于冠,卷结颐下,是谓缨。"《释名·释首饰》:"缨,颈也,自上而【下】系于颈也。"⑰《释车》:"喉下称婴,言缨络之也。"可见,训"婴"为系绕或结络,皆可信。

再看"之"之所指,学者指出"婴之以兆玉"前必有关于献牲的记载,从而推断其与祭祀所献牺牲有关⑱。这种看法容有可商,秦家嘴M99-11简"□疾,缨一环"即非如此;"缨之吉玉北方一环",祭北方也没有用牲,更何况玉环又如何能系绕或结络于祭牲上呢?简文中"缨/瓔"往往承接于前面的"祷"或"荐",应是对"祷"或"荐"的进一步补充,故"之"指代的很可能即是被祭祷的神祇。新蔡甲三111号简"缨之""祈之"并言,两"之"所指皆应为"太"。要之,"将玉系绕于祭牲之上以祭神"或"结络于牲颈"的说法均有不尽善之处。

简文中"婴之以兆玉"又可省作"婴之兆玉",这与"先之以一璧"(甲三99,乙三40)省作"先之一璧"(乙二38、46、39、40,乙四14)的情形大体一致。比较而言,两者在辞例、格式上类同。"先之一璧"与"婴之兆玉"的对象都是被祭祷的神灵,所"先"之物既然是璧⑲,那么所"婴"应是兆玉,而非他物。这一点还可征之于其他辞例,新蔡甲三282简"尽割以九猳","割"作为用牲之法,其作用的对象系猳;以此推之,新蔡甲二10简"尽缨以兆玉"中,"缨"作为用玉之法,作用的对象当是兆玉无疑。

婴,除了训作系、绕,亦有施加之义。《汉书·贾谊传》:"遇之

212

有礼,故群臣自憙;婴以廉耻,故人矜节行。"颜师古注:"婴,加也。"又,《贾谊新书·制不定》云:"今诸侯王皆众髋髀也,释斤斧之用,而欲婴以芒刃,臣以为不缺则折。"此亦见于《汉书·贾谊传》引《治安策》,王先谦《补注》:"此亦当训为加。"[20]《墨子·兼爱下》:"今有平原广野于此,被甲婴胄,将往战,死生之权未可识也。"孙诒让《閒诂》引《汉书》颜注云:"婴,加也。"[21]柳宗元《惩咎赋》:"蹈乎大方兮,物莫能婴。"蒋之翘辑注:"婴,加也。"[22]

不难发现,简文"缨以兆玉"与上述引文"婴以廉耻""婴以芒刃"的结构相同。既如此,那么简文"缨"或"婴"亦可训作加,即施加。在古汉语中,缨本义指"系在脖子上以固定冠的带子",后引申为"丝线等做成的穗状饰物"[23]。故"缨"或可进一步释作施加饰物之义。此说揆诸《山海经》,可寻得蛛丝马迹,《中次五经》"婴用吉玉,采之",郭璞注:"又加以缯彩之饰也。"又《中次十二经》:"婴用圭璧十五,五采惠之。"惠有绘、饰之义[24],这是说施加以五彩来绘饰圭璧。可见,"婴"玉即是施加"缯彩之饰"以饰玉。

二、"婴"与礼书"缫藉"

那么,用作玉饰的"缯彩之饰"或"五采"指哪种名物呢?窃以为即礼书中的"缫"或"缫藉":

其一,缫通"藻",有文采之义。《周礼·夏官·弁师》"五采缫十有二就","诸侯之缫斿九就",郑玄注:"缫,杂文之名也。"郑司农云:"缫当为藻,缫古字也,藻今字也,同物同音。"又《广韵·皓韵》:"缫,杂五彩文也。"

其二,简文"缨"与《山海经》"婴""仅与玉器相系",礼书中的"缫"亦与玉器多有关涉,《左传·桓公二年》孔颖达疏:"《礼》之言'缫'皆有玉共文。"[25]

其三,据礼书所载,礼神之玉设有"服饰"。《周礼·春官·典瑞》:"典瑞掌玉瑞、玉器之藏,辨其名物与其用事,设其服饰。"郑注:"人执以见曰瑞,礼神曰器。……服饰,服玉之饰,谓缫藉。"

其四，《山海经》中有"婴"与"缫藉"关联的痕迹。《中次七经》："其祠：毛牷用一羊羞，婴用一藻玉瘗。"郭注："藻玉，玉有五彩者也。或曰：所以盛玉，藻藉也。"郝懿行笺疏云："藻玉已见《西次二经》泰冒山。此藻疑当与璪同，《说文》云：'璪，玉饰，如水藻之文也。'藻藉，见《周官·大行人》。"㉖从郝疏来看，郭注所引或说似更佳。若是，则"藻玉"即以缫藉所承之玉。

要之，"婴之以觋玉"即是给觋玉加以"服饰"，也就是将觋玉置放于缫藉上以祀神。

那么，缫藉的形制、尺寸、功能以及使用有什么特点呢？根据礼书及其相关注疏，缫藉是衬垫玉器之物，中以木为之，外包革而绘五彩。《周礼·春官·典瑞》说：

> 王晋大圭，执镇圭，缫藉五采五就，以朝日。公执恒圭，侯执信圭，伯执躬圭，缫皆三采三就。子执穀璧，男执蒲璧，缫皆二采再就，以朝觐宗遇会同于王。诸侯相见亦如之。琢圭璋璧琮，缫皆二采一就，以覜聘。

郑注："缫有五采文，所以荐玉，木为中干，用韦衣而画之。"又《秋官·大行人》郑注："缫藉，以五采韦衣板，若奠玉，则以藉之。"据此，这种玉垫以木制，外面包以皮革，皮革画彩，故谓之"缫"；又因用于衬垫玉器，故谓之"藉"。所以，孙诒让说："据画采言之谓之缫，据荐玉言之谓之藉，其实一也。"㉗

又，缫藉的末端往往缀有五彩丝带。《仪礼·聘礼记》："皆玄纁系，长尺，绚组。"郑注云："采成文曰绚。系，无事则以系玉，因以为饰，皆用五采组，上以玄，下以绛为地。"《礼记·曲礼下》孔疏："既以采色画韦衣于板上，前后垂之，又有五采组绳以为系，其组上以玄为天，下以黄为地，长尺，无事则以系玉，有事则垂为饰。"这里，系与组为一物，指连于缫藉末端的丝带，孙诒让称之为"系玉之缫"㉘。在没有礼仪活动时，"组"可用以将玉系在缫藉上；在举行礼仪活动时,则将系玉之"组"解开使其垂下作为饰物。

还需指出的是,缫藉的使用具有等级性,主要体现在两个方面:

其一,从《典瑞》的记载来看,政治等级的高低与缫藉之"采""就"呈正向关系。五采,《左传·桓公二年》孔疏云"玄黄朱白苍"[29]。就,郑注谓"成也",并引郑司农云:"五就,五匝也。一匝为一就。"又《天官·典丝》郑注:"采色一成曰就。"孙诒让说:"成者犹备也。谓众采等列相间全备,是谓一就。"[30]就是说,用玄、黄、朱、白、苍五种颜色依次横绕着缫藉各画一圈,是为一就,五就即五匝。据郑注,三采,即朱白苍三色;二采,朱绿二色。三就,用朱、白、苍三种颜色横绕缫藉各画一圈为一就,三就即三匝;再就,将朱、绿二色横绕缫藉各画一圈为一就,二就即二匝。

其二,等级地位的高低与缫藉的尺寸呈有等差的正向关系。《周礼·秋官·大行人》说:

> 上公之礼,执桓圭九寸,缫藉九寸……诸侯之礼,执信圭七寸,缫藉七寸……诸伯执躬圭,其他皆如诸侯之礼。诸子执穀璧五寸,缫藉五寸……诸男执蒲璧,其他皆如诸子之礼。

显然,缫藉的尺寸大小与对应的等级所执玉之尺寸相同。《仪礼·觐礼》郑注:"缫,所以藉玉,以韦衣木,广袤各如其玉之大小。"《聘礼记》:"所以朝天子,圭与缫皆九寸。"又《典瑞》贾公彦疏:"镇圭尺二寸,广三寸,则此木版亦长尺二寸,广三寸,与玉同。"

缫藉 \ 爵等	王	公	侯	伯	子	男
采	五采	三采			二采	
就	五就	三就			再就	
尺寸		九寸		七寸		五寸

何以缫藉的尺寸须等同其所承玉之大小？这应该与其功用有关。缫藉，既是玉饰，又能保护玉器避免受损。《聘礼记》注云："所以荐玉，重慎也。"贾疏："玉者宝而脆，今以缫藉荐之，是其重慎也。"[㉛]孙诒让"凡玉有缫者，为拜时奠之，备毁伤"[㉜]，"凡执玉时，并兼藉缫执之，将拜则奠于地，圭仍在缫上，所以备失坠，示慎重也"[㉝]。正是基于此，缫藉尺寸的设计须能容纳其所承之玉，才能更好地发挥"备毁伤""备失坠"之功能。

以上所述"缫藉"之特点，简文"缨"是否具备？抑或说"缨"有何特点呢？

其一，有关"缨"玉的记录，除新蔡简外，在秦家嘴M99、天星观M1等出土的楚简也有所发现（详见下文）。从墓主的身份等级来看，新蔡M1001墓主平夜君成、天星观M1墓主邸阳君番勶皆为封君，相当于楚国上卿[㉞]；秦家嘴M99墓主可能为"士庶人"[㉟]。这说明"缨"玉可能适用于楚国各个阶层，并没有身份等级上的限制，系上下之通制；与礼书中的"缫藉"适用于有爵位之贵族判然有别。至于不同等级"缨"玉是否如同"缫藉"有"采""就"的差别，尚不得而知。

其二，从使用场合来看，简文"缨"与《山海经》"婴"仅用于祭祷鬼神；而礼书"缫藉"则用于天子"朝日"、诸侯朝见天子，以及诸侯之间的会见。

其三，从祭祷的对象来看，简文"缨"玉的对象包括：太、三楚先、二天子、司命、祝融、穴熊、北方、大地主、大水等，其中针对楚先祖的频次最多；《山海经》"婴"则主要针对的是山神；礼书"缫藉"则用于天子"朝日"，即迎日而祭。

综而观之，简文"缨"与"缫藉"并不完全等同，这反映出楚人在祭祀用玉方面以周礼为范本，既对其多有因袭与借鉴，又对其有所损益与革新。当然，这不仅仅体现在"缨"玉上，在祭礼的其他方面也是如此。例如，礼书"宜"一般作为祭社之专名，楚简"宜祷"则为神歆其祀之通名㉟。

三、"兆玉"与"吉玉""玉兆"

在其他批次的楚简中,记录"缨"玉的相关简文如下:

赛祷于五世王父王母……地主、司命、司祸各一羖,绥(缨)之吉玉北方一环。(秦家嘴 M99 - 11)

……□疾,绥(缨)一环。(秦 M99 - 11)

秋三月择良日良月,举祷太……举祷大地主一羖,绥(缨)之吉玉。(秦 M99 - 14)

举祷大水一静,吉玉瑅(瓔)之。(天星观 39)

上揭简文"缨之吉玉"与新蔡简"缨之羝玉"的文例一致,反映出羝玉与吉玉具有相同的属性。这里,环是吉玉的一种。又《山海经·北山经》:"吉玉用一圭。"环、圭皆属于吉玉,说明吉玉应是某类玉器的泛称,而非指某一种玉器。

又天星观 7 - 02 号简径称"吉环",则"吉"系环之特征。"祭祀之礼,取以善得福,是谓之吉礼"㊱,则吉玉属祭祀之玉。简文"吉玉"正是礼神之祭品,《诅楚文》亦载以吉玉祝告于神灵㊲,《山海经》记载用吉玉祠祀之处更是多达 11 次㊳。《西山经》"其祠之礼,用一吉玉瘗",注云:"玉加采色者也。"学者据此推断"吉玉是一种加彩色的玉器,很可能是在花纹上涂彩色的玉器"㊴。然古代祭祀尚质,《礼记·礼器》有"以素为贵""至敬无文"之说。所谓"加采色"或别有所指,古礼神之玉设有缫藉,缫藉上绘饰五彩。因此,吉玉可能是用缫藉衬垫的礼神之玉的泛称。

至于"羝",《说文·卜部》释其本义为"灼龟坼",即占卜时烧灼龟甲出现的裂痕。《玉篇》:"羝同兆。"关于"羝"字之结构及其与"兆"之关系,《字源》说:

形声字。从卜,兆声。形旁卜像兆坼纵横状,表示羝的本义与卜兆有关。声旁兆为二人背水而逃的会意字,于羝表音,

卟与兆声韵并同。兆是卟的源头、声首,《说文》以卟为字头,
以兆为重文,其实反映的是古初以兆为卟,后皆为造专字[41]。

据此,"卟玉"即"兆玉"[42]。兆玉,文献虽不足征,但礼书中有所谓
"玉兆"。《周礼·春官·大卜》:"大卜掌三兆之法,一曰玉兆,二曰
瓦兆,三曰原兆。"郑注:"兆者,灼龟发于火,其形可占者。其象似
玉、瓦、原之璺罅,是用名之焉。"贾疏:"'象似玉瓦原之璺罅',谓破
而不相离。谓似玉、瓦、原之破裂。"这是说烧灼龟甲占卜吉凶
时,其裂纹形状似玉、瓦或原田的裂痕,从而有"三兆"之名[43]。关
于"三兆"间的差异,胡煦在《卜法详考》卷一《经史详考·三兆》
中说:

> 三兆者,坼之所形,其大小有此三等也。玉无坼而有璺,
> 故谓璺为瑕。璺字从玉,释为器破未离,即瑕之象也。有似于
> 坼而非坼,故以无形之坼为玉兆。……是则玉兆者,坼而未形
> 者也。瓦兆者,小拆也。原兆者,大拆也[44]。

胡氏根据坼形之大小考察"三兆"是可取的。《周礼·春官·
占人》有"卜人占坼"的说法,郑注:"坼,兆璺也。……坼有微明。"
可见"玉兆"之形极其微小,因似玉之裂纹而得名。反过来或可说,
兆玉即纹理似卜兆形状之玉。

有学者认为"兆玉为有纹路之玉,引申为有所修饰之玉",并指
出"简文'兆玉'之玉,应当是有色泽、色彩之玉,以增加悦神的效
果"[45]。或解为"装饰了各种花纹的玉器"[46]。这些说法容有可商,
简文"兆玉"作为礼神的祭品,须尽量做到"至敬无文""以素为贵"。
所谓"素"指质朴,不加修饰。《释名·释彩帛》:"素,朴素也。……
又物不加饰皆自谓之素。"循此,我们以为兆玉之纹路没有经过人
工修饰,而是浑然天成的卜兆形。

还需指出的是,吉玉作为用缫藉衬垫的礼神之玉的泛称,应该
包括兆玉在内。不过,兆玉也并非确指某一玉器,而应是吉玉的一

个次级类别的统称。新蔡简中的祭祀用玉有"佩玉兆"(甲三 4,甲三 52,乙四 43,零 219)、"璧玉兆"(乙四 97),可能指的就是具有天然卜兆纹理的佩玉和玉璧。

结语

新蔡楚简"缨""璎"与《山海经·山经》"婴"关联密切,都是祭祷用玉之法,但又不完全等同。在"婴之以兆玉"这一方式中,"之"指代被祭祷的神祇,"婴"作用的对象是兆玉,因此所谓"悬挂结络于牺牲颈部以取媚于神"及"将玉系绕于祭牲之上以祭神"等说法皆有再商榷的余地。简文"缨""璎"应训作施加,礼神之玉设有"服饰"即缫藉,"婴之以兆玉"指给兆玉加以"服饰",也就是将兆玉置放于缫藉上以祀神。需指出的是,"婴"与"缫藉"也不是若合符节,其间的差异或是出于楚人的革新。兆玉作为吉玉的一个次级类别,其纹理系浑然天成的卜兆形。

通过上文对新蔡简"婴之以兆玉"的探讨,有助于我们理解上古时期,尤其是战国早中期楚地的祭祀礼俗、祭祀用玉制度,从中亦可窥探出楚人对周代祭祀文化因袭与损益的痕迹。

注释:

① 实际上,早期文献中关于燔玉的记载并不多,《诗·大雅·云汉》记周宣王祭天祈雨,"圭璧既卒……不殄禋祀"是不可多得的例证。其他有关的记载大都出自汉儒的注疏,如《公羊传·僖公三十一年》何休注:"燎者,取俎上七体与其珪宝在辨中,置于柴上烧之。"《吕氏春秋·季冬纪》"百祀之薪燎",高诱注:"燎者,积聚柴薪,置璧与牲于上而燎之,升其烟气。"《礼记·郊特牲》孔疏引《韩氏内传》:"天子奉玉升柴,加于牲上。"另外,燔玉于卜辞中亦有所见,如《甲骨文合集》14735 正:"甲申卜,争,贞燎于王亥其珏。甲申卜,争,贞勿珏。"

② 孙庆伟:《出土资料所见的西周礼仪用玉》,《南方文物》2007 年第 1 期。

③《仪礼·觐礼》:"祭地,瘗。"《周礼·春官·司巫》"凡祭事,守瘗",郑注:"瘗,谓若祭地祇有埋牲玉者也。"《山海经》中对诸山神的祠祭就有瘗玉,

如《南山经》"毛用一璋玉瘗",《南次二经》"毛用一璧瘗",《西山经》"瘗用百瑜",《西次三经》"用一吉玉瘗"。

④ 如山西侯马盟誓遗址、天马-曲村祭祀遗址、四川广汉三星堆遗址等均发现瘗埋玉器的祭祀坑。

⑤ 徐在国:《新蔡葛陵楚简札记》,《中国文字研究》第5辑,广西教育出版社,2004年,第155页;罗新慧:《说新蔡楚简"婴之以兆玉"及其相关问题》,《文物》2005年第3期。

⑥ 裘锡圭、李家浩:《曾侯乙墓竹简释文与考释》注127,湖北省博物馆编:《曾侯乙墓》附录一,文物出版社,1989年,第517页。

⑦ 徐在国:《新蔡葛陵楚简札记》,《中国文字研究》第5辑,第155页。

⑧ 江绍源:《中国古代旅行之研究——侧重其法术的和宗教的方面》第一章(注一〇),上海文艺出版社,1989年,第24—26页。

⑨ 袁珂:《山海经校注》,巴蜀书社,1992年,第38页。

⑩ 于成龙:《〈山海经〉祠祭"婴"及楚卜筮简"瓔"字浅说》,《古文字研究》第25辑,中华书局,2004年,第372页。

⑪ 于成龙:《〈山海经〉祠祭"婴"及楚卜筮简"瓔"字浅说》,《古文字研究》第25辑,第373页;晏昌贵:《秦家嘴"卜筮祭祷"简释文辑校》,《湖北大学学报》2005年第1期。

⑫ 森鹿三著,鲍维湘译:《中国古代的山岳信仰》,游琪、刘锡诚主编:《山岳与象征》,商务印书馆,2004年,第4页。

⑬ 浦江清:《评江著〈中国古代旅行之研究〉》,《浦江清文录》,人民文学出版社,1989年,第229—230页。

⑭ 曹建墩:《先秦礼制探赜》,天津人民出版社,2010年,第296页。

⑮⑱㊺ 罗新慧:《说新蔡楚简"婴之以兆玉"及其相关问题》,《文物》2005年第3期。

⑯ 参见高亨纂著,董治安整理:《古字通假会典》,齐鲁书社,1989年,第49页。

⑰ 按,今本无"下"字,此据毕沅增补,参见刘熙撰,毕沅疏证,王先谦补,祝敏彻、孙玉文点校:《释名疏证补》,中华书局,2008年,第154页。

⑲ 先,可训作先导、前引、前导,"先之一璧"即以一璧作先导享祭鬼神,参见王辉:《秦曾孙驷告华大山明神文考释》,《考古学报》2001年第2期;于成

220

龙：《战国新蔡葛陵楚简中的"享玉"制度》，《中国历史文物》2005年第4期。

⑳ 班固撰，王先谦补注，上海师范大学古籍整理研究所整理：《汉书补注》卷一八，上海古籍出版社，2008年，第3660页。

㉑ 孙诒让撰，孙启治点校：《墨子閒诂》卷四，中华书局，2001年，第117页。

㉒ （明）蒋之翘辑注：《柳河东集》卷二《古赋》，《四部备要》第70册，中华书局，1989年影印本，第38页下栏。

㉓ 王力主编：《王力古汉语字典》，中华书局，2000年，第950页。

㉔ 郭璞注："惠犹饰也。"郝懿行《山海经笺疏》说："'惠'，义同藻绘之'绘'，盖同声假借字也。"《说文·糸部》："绘，会五采绣也。"《小尔雅·广训》："杂彩曰绘。"

㉕ 阮元校刻：《春秋左传正义》卷五，《十三经注疏》，中华书局，1980年，第1742页中栏。

㉖ 郝懿行：《山海经笺疏》卷五，《续修四库全书》第1264册，上海古籍出版社，2002年，第185页上栏。

㉗㉘ 孙诒让撰，王文锦、陈玉霞点校：《周礼正义》卷三九《典瑞》，中华书局，1987年，第1575页。

㉙ 阮元校刻：《春秋左传正义》卷五，《十三经注疏》，第1742页中栏。

㉚ 孙诒让撰，王文锦、陈玉霞点校：《周礼正义》卷三九《典瑞》，第1576页。

㉛ 阮元校刻：《仪礼注疏》卷二四，《十三经注疏》，第1072页下栏。

㉜ 孙诒让撰，王文锦、陈玉霞点校：《周礼正义》卷三九《典瑞》，第1574页。

㉝ 孙诒让撰，王文锦、陈玉霞点校：《周礼正义》卷七一《大行人》，第2958页。

㉞ 河南省文物考古研究所编：《新蔡葛陵楚墓》，大象出版社，2003年，第184页；湖北省荆州地区博物馆：《江陵天星观1号楚墓》，《考古学报》1982年第1期。

㉟ 晏昌贵：《巫鬼与淫祀——楚简所见方术宗教考》，武汉大学出版社，2010年，第23页。

㊱ 郭成磊：《楚国神灵信仰与祭祀若干问题考论》，西北大学博士学位论文，2006年，第94—95页。

㊲ 孙诒让撰，王文锦、陈玉霞点校：《周礼正义》卷三三《大宗伯》，第1297页。

㊳ 郭沫若：《郭沫若全集·考古编》第9卷《詛楚文考释》，科学出版社，1982

年,第 295—296 页。

㊴《西山经》1 次,《北山经》1 次,《中山经》9 次。

㊵ 黄尚明:《楚简中祭祀用玉问题探索》,《楚简楚文化与先秦历史文化国际学术研讨会论文集》,湖北教育出版社,2013 年,第 755 页。

㊶ 李学勤主编:《字源》,天津古籍出版社,2012 年,第 268 页。

㊷ 此外,有学者释读为"珧玉",认为是"装饰用的贝、玉"或"以蜃甲为饰之玉",参见罗新慧:《说新蔡楚简"婴之以兆玉"及其相关问题》,《文物》2005 年第 3 期;宋华强:《新蔡葛陵楚简初探》,武汉大学出版社,2010 年,第 369 页注②。

㊸ 贾疏又云:"或解以为玉、瓦、原之色。"意思是说"三兆"之名得自玉、瓦、原的颜色。这种说法不足取,参见李学勤:《周易溯源》,巴蜀书社,2006 年,第 41 页。

㊹ 胡煦著,程林点校:《周易函书:附卜法详考等四种》,中华书局,2008 年,第 1148 页。

㊺ 黄尚明:《楚简中祭祀用玉问题探索》,《楚简楚文化与先秦历史文化国际学术研讨会论文集》,第 754 页。

读曾侯乙墓简册札记(续)[*]

许道胜

（湖南大学岳麓书院）

借助红外线扫描影像,笔者先前初读曾侯乙墓简册,作了一些札记,分条写出①。随着我的国家社科基金重点项目"曾国文字整理与研究"的不断推进,又作了一些札记,仍分条写出。主要内容是对简册文字的再识读,具体包括:（1）新识出一些文字;（2）对原来误释的文字加以校正;（3）对原不能确定的释文补字做出判断;（4）对残存的简文笔画进行推定。此外,指出简文存在后补字、二字挤占一字地位等书写现象。本基础工作对准确识读、利用曾侯乙墓简册,有重要的学术参考价值。

1.【黄】纺之绷②（简3）

黄,上半缺失(参文末附图,下同),据残划与文例补。

2. 屯貂黳【之】聂（简5）

之,大半缺失,据残划与文例补。

3. 紫黄纺【之】绷（简17）

之,大半残失,据残划与文例补。

4. 屯一翼之翿（简17）

"屯""一"二字写得紧密,只占一字地位。"一"处于正常书写位置,疑"屯"字为后补。

---

* 本文为国家社科基金重点课题"曾国文字整理与研究"（项目编号11AZS002)阶段性成果。

5. 紫【鱼】☒（简 18）

鱼，大半缺失，据残划与文例补。

☒，简末端残断，故补。

6. 黄【金】☒（简 20）

金，下半缺失，据残划与文例补。

7. 紫黄【纺】☒（简 21）

纺，左半缺失，据残划与文例补。

8. 二襦【紫】☒（简 23）

紫，左半缺失，据残划与文例补。

9. 二襦紫【之】☒（简 25）

之，大半缺失，据残划与文例补。

10. ☒【二】画戯（简 27）

简首一字，仅可见局促的一横划。原整理者释文作"囗"，注（86）："简文屡见'二画戯'之语，疑此是'二'字的残画。"③萧圣中补作"二"字④。

11. 【弦】☒（简 29）

弦，下半缺失，据残划与文例补。

12. 【之】豪（简 31）

之，字甚残泐，据残划与文例补。

13. 无聂。二紫锦之箙⑤（简 42）

"聂""二""紫"三字写得紧密，"聂""紫"处于正常书写位置，疑"二"字为后补。

14. 衡厄。削緜毯（简 43）

"衡""厄""削"三字写得紧密，"衡""削"处于正常书写位置，疑"厄"字为后补。

15. 麎组之【绥】（简 49）

绥，约半缺失，据残划与文例补。

224

16.【豻镶】(简49)

豻、镶,二字残泐,据残划与文例补。

17.【鞁】缙(简49)

鞁,字残泐,据残划与文例补。

18. 屯【貂】定之镶(简54)

貂,大半残泐,据残划与文例补。

19. 紫黄纺之【緐】(简64)

緐,左半缺失,据残划与文例补。

20. 紫组之敿(简64)

紫,原整理者释⑥。曾侯乙墓简册中作此写法者仅此一例。

21. 豻【镶】☐(简72)

镶,部分缺失,据残划与文例补。

22. 襺貂与紫鱼之☐☐(简73)

☐,"之"下有残划,故补。

23. 紫组之【絓】(简75)

絓,字残泐,据残划与文例补。

24. ☐☐₌,二翼之翩(简80)

简首篾黄有剥落,应随之残去数字。现残存的第一字作"",应该是一个重文或合文,文字仅存一笔,不能识。故释文改作"☐₌"。

25.【鞣】绅(简80)

鞣,左部甚残泐,据残划补。

26. ☐☐襺载虘(简82)

☐,简首残存有笔画,故补。

27.【䐄】绅(简87)

䐄,大部缺失,据残划与文例补。

28. 齐紫之【绷】。二戈,【紫繩】(简88)

绷、紫、繩,三字均残泐,据残划与文例补。

225

29.【鞁缏】,鑣【賠】。■（简 89）

鞁、缏、賠,三字均甚残泐,据残划与文例补。

30. ▨▢【貂】[录]（绿）鱼【之】箙（简 90）

▢,据残存笔画补。

"录"字残泐,"貂""之"二字甚残泐,据残划与文例补。

31. 紫【组】之【绥】（简 96）

组,字残泐,据残划与文例补。

32. 屯【紫】鱼之聂（简 99）

紫,字残泐,据残划与文例补。

33. 衡【卮】▢▢（简 101）

卮▢,简末残字,据残划与文例补释。

34. 腏首之▢▢（简 103）

▢,残存笔画,故补。

35. 屯▢▢（简 105）

▢,残存笔画,故补。

36.【齐】紫之绷（简 106）

齐,字残泐,据残划与文例补。

37. ▨秦弓,弦賠。矢,箙▢▨（简 107）

▨,简首残断,故补。

▢,残存笔画,故补。

38. ▨【果】,一翼之翱。（简 110）

果,字残泐,据残划与文例补。

39. ▨【八】翼之翱（简 111）

八,仅残存左半,据残划与文例补释。

40. ▨【鞭】鞴【鞴】（简 113）

鞭、鞴,二字残泐,据残划与文例补。

41. 龟【组】之敫（简 115）

组,字甚残泐,据残划与文例补。

226

42. 三【靮】。乘马【彤】甲（简139）

"靮"字甚残泐，"彤"字残泐，据残划与文例补。

43. 【大】凡六十真又三（四）真■。（简140）

大，字残泐，据残划、文意补。

44. 鄁尹之𫘦为【左】【骖】（简149）

左，字残泐，据残划与文例补。

45. 宰尹臣之騏为右服，右尹之𫘦为右骖。（简154）

"臣之""为右""服右尹"三组字均写得紧密，"臣""为""服"处于正常书写位置，疑"之""右""右"三字为后补。

46. 乘马之六马（简174）

"六马"为合文，合文符号只在"駅"右下角有一个"一"。

47. 疋乘之六马（简175）

"六马"为合文，但在"駅"右下角没有合文符号。

48. 司马之【𫘪】为右服（简177）

𫘪，字残泐，据残划与文例补。

49. 一□□□◢（简185）

□□□，据残存笔画补。

◢，简末残断，故补。

50. 丽匹黄、匹𫘦（简189）

匹（第一处），萧圣中作补字⑦。但据红外线扫描影像，释作"匹"应可肯定。

51. ◢车十乘又五□◢（简209）

□，据残存笔画补。

52. ◢之（?）□□尹一马（简211）

之（?）□□，据残存笔画补。

53. 右【阶徒】一马（简211）

"阶"字残泐，"徒"字甚残泐，据残划与文例补。

54. □一夫,柏溪二夫(简 212)

□,残字从艹作。

55. 瑈一夫(简 212)

夫,原整理者及萧圣中释作"人"⑧,据字形实当改释作"夫"。

注释:

① 拙文《读曾侯乙墓简册札记》于 2017 年 9 月提交至湘鄂豫皖楚文化研究会第十五次年会,并在会上宣读、交流,现已收载于《楚文化研究论集》第13 集。

② 本文基础释文由武汉大学文学院萧圣中先生提供,特致谢忱!

③ 湖北省博物馆编:《曾侯乙墓》,文物出版社,1989 年,第 491、513—514 页。

④ 参氏著:《曾侯乙墓竹简释文补正暨车马制度研究》,科学出版社,2011年,第 69 页。

⑤ 锦,简文从市从金。为排印方便起见,本文释文尽可能用宽式。合文析写。

⑥ 同③,第 493 页。

⑦ 萧圣中:《曾侯乙墓竹简释文补正暨车马制度研究》,科学出版社,2011年,第 123 页。

⑧ 湖北省博物馆编:《曾侯乙墓》,文物出版社,1989 年,第 500 页;萧圣中:《曾侯乙墓竹简释文补正暨车马制度研究》,科学出版社,2011 年,第127 页。

附图：

简 3

简 5

简 17

简 18

简 20

简 21

简 23

简 25

简 27

简 29

简 31

简 42

简 43

简 49

简 49

简 54

简 64

简 72

简 73

简 75

简 80

简 82

简 87

简 88

简 89

简 89

简 90

简 96

简 99

简 101

简 103

简 105

简 106

简 107

简 110

简 111

简 113

简 115

简 139

简 140

简 154	简 149 简 174 简 175 简 177 简 185	简 189 简 209 简 211 简 212					

曾侯乙墓简文所见职官考辨[*]

黄尚明

（华中师范大学楚学研究所）

曾侯乙墓遣册所记职官是参加曾侯乙墓葬礼的人员职务，这些人来自曾国、楚国、宋国等地区，因此难以区分出哪些职官是曾国的，哪些是楚国的。本文首先把职官全部列出来，然后再与曾国金文和传世文献职官相比，与曾国金文和传世文献职官相同的职官，可以肯定是曾国的职官；有些职官从简文上下文含义，可以推知属于曾国职官；有些职官可以明确判定是楚国的职官；少量职官标明了国名，可确知属于宋国职官。

1. 王

曾侯乙墓简 187、188、189：王畀一䡊（乘）迻（路）车^①。

这个赠送一乘路车的楚王应是楚惠王。曾侯乙墓出土一件楚惠王送给曾侯乙的镈，其上铭文为："隹王五十又六祀，返自西阳，楚王酓章乍曾侯乙宗彝，奠之于西阳，其永時用享。"^②

2. 太子

曾侯乙墓简 190：大（太）子畀三䡊（乘）迻（路）车。

这个太子紧接楚王之后，则太子应是楚太子，也就是楚惠王的儿子，后来即位后称为楚简王。

---

* 本文为国家社科基金一般项目"曾国历史文化及其与鄂、楚关系研究（15BZS035）"及国家社科基金重大项目"周代汉淮地区列国青铜器和历史地理综合整理与研究（15ZDB032）"阶段成果。

3. 令尹

曾侯乙墓简 63：哀还驭命（令）尹之一篦（乘）翻车。

曾侯乙墓简 202：命（令）尹之騂肇=（畋车）。

令尹为楚国令尹，令尹为楚王之下的最高行政长官。楚国令尹最早设置于春秋早期，《左传》庄公四年："令尹斗祁、莫敖屈重，除道梁溠，营军临随。"庄公四年为公元前 690 年，即楚武王十一年，说明至迟楚武王十一年已经设置了令尹。直至战国末年，楚国一直设令尹一职。楚国令尹参加了曾侯乙的葬礼，赠送了一乘翻车及畋车。

4. 卿事

曾侯乙墓简 62：黄□驭ℐ庆（卿）事（士）之篦=（阩车）。

曾侯乙墓简 142：庆（卿）事（士）之骝为左騝（服）。

曾侯乙墓简 172：卿事（士）之䚻为左騝（服）。

曾侯乙墓简 199：卿事（士）之篦=（陷车）。

卿事一职见于曾国金文。

5. 右令

曾侯乙墓简 1 背：右敆（令）建驭大旆。

曾侯乙墓简 1：右敆（令）建所乘大韠（旆）。

敆从"攴"，"命"声，简文多用为令长之"令"③。

6. 左令

曾侯乙墓简 7：差（左）敆（令）弘所驭乘车。

"差令"当读为"左令"④。

7. 大莫敖

曾侯乙墓简 1：大莫嚻（敖）腷嗦适貐之春。

春秋战国时期楚国有"莫敖"之官，《左传》桓公十一年载："楚屈瑕将盟贰、轸。郧人军于蒲骚，将与随、绞、州、蓼伐楚师。莫敖患之。"襄公十五年载："屈到为莫敖。"《战国策·楚策一》："威王问于莫敖子华曰：'自从先君文王以至不穀之身，亦有不为爵劝，不为禄勉，以忧社稷者乎？'莫敖子华对曰：'……昔者吴与楚战于柏举，两御之间夫卒交。莫敖大心抚其御之手……'"莫敖一职基本由楚公族屈氏世代担任。"敖"亦作"嚣"，《楚策一》"莫敖大心"，《淮南子·修务》作"莫嚣大心"。《史记·曹相国世家》有"大莫敖"，《汉书·曹参传》作"大莫嚣"，颜师古注："如淳曰：嚣，音敖。张晏曰：莫敖，楚卿号也。时近六国，故有令尹。莫敖之官。""䣜"从"戈""嚣"声，"大莫䣜"即"大莫嚣"。

䩿为地名，疑读为《诗·大雅·崧高》"维申及甫"之"甫"⑤。

8. 执事人

曾侯乙墓简 1：瞏趄执事人书入车。

"瞏"为甲胄之"胄"的异体，见《说文》《荀子·议兵》作"䩉"。"趄"疑读为"䩯"。《说文·革部》："䩯，车鞃具也。""执事人"即办事的官吏。《尚书·盘庚下》："邦伯、师长、百执事之人，尚皆隐哉。""瞏趄执事人"似是管理人马甲胄和车马器的办事人员⑥。

9. 宫厩令

曾侯乙墓简 4：宫厩敏（令）夐所驭龗（乘）瞏。

"宫厩"应指曾国宫廷之厩，"宫厩令"即其长。

10. 宫厩尹

曾侯乙墓简 48：宫厩尹驭安车。

曾侯乙墓简 175：宫厩尹之骝为左飞（騑）。

曾侯乙墓简 210：宫厩尹一马。

楚国设有"宫厩尹"。《左传》襄公十五年载："养由基为宫厩尹"。曾国也设置有"宫厩尹"一职。

11. 新官、新官人、新官令

曾侯乙墓简 57：新官敏（令）歆驭公左□。

曾侯乙墓简 142：外新官之驷＝（驷马）。

曾侯乙墓简 143：宫厩之新官驷。

曾侯乙墓简 145：新官人之驷。

曾侯乙墓简 146：新官人之驷=（驷马）。

曾侯乙墓简 147：新官人之驷=（驷马）。

曾侯乙墓简 171：新官人之駚=（六马）。

新官、新官人、新官令为管理宫厩的官吏[⑦]。

12. 连敖

曾侯乙墓简 12：邻连斝（敖）东臣所驭政车。

曾侯乙墓简 73：南（？）陵连斝（敖）悼驭楄毂。

邻和南陵都是地名，连斝为官名，还见于战国楚印，写作
"连器"（《古玺汇编》55.0318）。《史记》的《淮阴侯传》、《高祖功
臣侯者年表》和《汉书》的《韩信传》、《高惠高后文功臣表》有官名
"连敖"[⑧]。

13. *左尹*

曾侯乙墓简 31：哀立驭左尹之輂=（陷车）。

曾侯乙墓简 176：左尹之駈为右骖。

曾侯乙墓简 210：左尹駕=（乘马）。

14. *右尹*

曾侯乙墓简 144：右尹之骊为右骖。

曾侯乙墓简 145：右尹之白为左骖。

曾侯乙墓简 154：右尹之白为左骖，右尹之骐为左骖（服）……
右尹之骊为右骖。

曾侯乙墓简 210：右尹两马。

15. *埘马尹*

曾侯乙墓简 52：马尹□□

曾侯乙墓简 153：埘马尹之骊为左骖。

马尹是管理牧马的官员。

16. *埘司马*

曾侯乙墓简 210：埘司马一马。

234

17. 大工尹

曾侯乙墓简 145：大攻（工）尹之骝为右骖（服）。

曾侯乙墓简 152：大攻（工）尹之骝为左骖。

曾侯乙墓简 185：攻（工）尹之骝。

18. 工佐

曾侯乙墓简 120：攻（工）差（佐）坪所貼（造）行軖（广）五
窜（乘）。

工佐是工尹的助手，负责造车等手工业工作。

19. 大迅尹

曾侯乙墓简 145：大迅尹之黄为左骝（服）。

20. 牧

曾侯乙墓简 145：鄀牧之骐为右骖。

曾侯乙墓简 145：鄀牧之觌为左骖。……鄀牧之觌为右骖。

曾侯乙墓简 164：鄀牧之生驳为左骝（服）。

曾侯乙墓简 179：鄀牧之晶（参）匹驹骝。

曾侯乙墓简 180：鄀牧之骝为左骝（服）。

曾侯乙墓简 182：鄀牧之黄为右骝（服）。

21. 令

曾侯乙墓简 18：审亶敏（令）鑻所驭少軖（广）。

曾侯乙墓简 146：牢敏（令）之黄为左骝（服）。

22. 尹

曾侯乙墓简 152：审亶尹之黄为左骝（服）。

曾侯乙墓简 152：戮尹砅之骝为右骖。

曾侯乙墓简 171：戮尹享之两骝为骝（服）。

曾侯乙墓简 211：戮尹砅一马。

23. 太官

曾侯乙墓简 149—159：大（太）官之驷＝（驷马）。

24. 右迡(登)徒

曾侯乙墓简150：右迡(登)徒之骐为左骖。

曾侯乙墓简211：右迡(登)徒一马。

25. 左迡(登)徒

曾侯乙墓简152：左迡(登)徒之黄为右骊(服)。

曾侯乙墓简211：左迡(登)徒一马。

26. 右司马

曾侯乙墓简150：右司马之骝为右骊(服)。

27. 左司马

曾侯乙墓简169：左司马之骝为右骖。

28. 司马

曾侯乙墓简151：司马上子(梓)为左骖。

曾侯乙墓简174：司马之白为右飞(騑)。

曾侯乙墓简177：司马之之驒为右骊(服)。

曾侯乙墓简210：司马两马。

29. 新造尹

曾侯乙墓简150：新䞓(造)尹之骝为右骖。

30. 敂(畋)尹

曾侯乙墓简151：敂(畋)尹之骝为右骊(服)。

畋尹为田猎之官。

31. 宰尹

曾侯乙墓简154：宰尹臣之骐为右骊(服)。

曾侯乙墓简155：宰尹臣之黄为右骊(服)。

32. 司城

曾侯乙墓简173：宋司城之骍为右骖。

曾侯乙墓简175：宋司城之駘为左骖。

"宋司城"就是宋国的司城，《左传》文公七年："宋成公卒……
公子荡为司城。"杜预注："以武公名废司空为司城。"《吕氏春秋·

召类》："士尹池为荆使于宋，司城子罕觞之。"高诱注："司城，司空，卿官。宋武公名司空，故改为司城。"宋国司城参加了葬礼并送了马匹。

33. 太宰

曾侯乙墓简 175：大(太)宰之骝为左骖。

曾侯乙墓简 210：七夫＝(大夫)所驚大宰螞＝(匹马)。

34. 少师

曾侯乙墓简 177：少币(師)之騘为左騙(服)。……少市(師)之骝为右。

曾侯乙墓简 210：少币(師)两马。

曾国少师一职见于《左传》。

35. 大尹

曾侯乙墓简 210：大尹两马。

《左传》哀公二十六年："(宋)六卿三族降听政，因大尹以达。大尹常不告，而以其欲，称君命以令，国人恶之，司城欲去大尹。"杜预注："大尹，近官有宠者，六卿因之以自通达于君。"《战国策·宋卫策》："谓大尹曰：'君日长矣，自知政，则公无事。……'"宋国设有大尹一职，为国君近官。

36. 大夫

曾侯乙墓简 210：七夫＝(大夫)所大宰＝(匹马)。

37. 封君

曾侯乙墓简 42：□□吉驭鄘君一龏(乘)鞋(广)

曾侯乙墓简 53：鄝君之车。

曾侯乙墓简 60：□□□驭鄘君之一軎。

曾侯乙墓简 65：黄豻驭鄝君之一龏(乘)敏(畋)车。

曾侯乙墓简 66：所驭坪夜君之敏(畋)车。

曾侯乙墓简 70：所驭郗君之敏(畋)车。

曾侯乙墓简 119：鄝君箐一龏(乘)迮(路)车，……旘(阳)城君三迮(路)车,鄩君一鑫(乘),遊(旅)公三鑫(乘)迮(路)车。

曾侯乙墓简 142：鄩君之骐为右骖。

曾侯乙墓简 144：鄩君之骝为左骕(服)。

曾侯乙墓简 149：鄩君之黄为右骖。

曾侯乙墓简 150：鄩君之骝为左骕(服)。

曾侯乙墓简 153：鄩君之骝为左骕(服),鄩君之骝为右骕(服)。

曾侯乙墓简 160、161：坪夜君之两骝马匕(牝)。

曾侯乙墓简 163：鄩君之骝驻为右骕(服)。

曾侯乙墓简 163：旸(阳)城君之骝为左骕(服)。

曾侯乙墓简 163：丽鄩君之篁₌(陷车)。

曾侯乙墓简 166：旸(阳)城君之骍为左骕(服)。

曾侯乙墓简 172：鄩君之醽为右骕(服)。

曾侯乙墓简 172：鄩君之骍为左骕(服)。

曾侯乙墓简 176：乐之黏为右骕(服)。

曾侯乙墓简 185：鄩君之罱(骥)。

曾侯乙墓简 191：坪夜君之鄂迮(路)车二鑫(乘)。

曾侯乙墓简 192：鄩君之鄂迮(路)车一鑫(乘)。

曾侯乙墓简 193：旸(阳)城君之迮(路)车三鑫(乘)。

曾侯乙墓简 194：鄩君之迮(路)车三鑫(乘)。

曾侯乙墓简 195：遊(旅)旸(阳)公之迮(路)车三鑫(乘)。

曾侯乙墓简 197：鄩君之鞋(广)车。

曾侯乙墓简 198：赘旸(阳)公之一篁₌(陷车)。

曾侯乙墓简 201：鄩君之鄂肇₌(畎)车。

曾侯乙墓简 203：鄩君之圆轩。

曾国金文所见的职官有太保、太师、师、大司马、卿事、都尹、少宰、大工尹、工佐、旨尹等,传世文献所见的曾国职官有少师和祝史,曾侯乙墓遣册简中与此相同的职官有卿事、大工尹、工佐、司马、少师,可以肯定曾侯乙墓遣册简中卿事、大工尹、工佐、司马、少师是曾国的职官。

裘锡圭先生认为,曾侯乙墓遣册简鄂车的人有王、大(太)子、命(令)尹、遬(旅即鲁)膓(阳)公、膓(阳)城君、坪(平)夜君、䣄君、鄴君、鄗(鄏?)君、鄬君等人,鄂字字义与"赗""赠"等字相类。鲁阳公和阳城君都是楚国封君的名称。鲁阳公见于《淮南子·览冥训》和《墨子》的《鲁问》《耕柱》。《淮南子·览冥训》:"鲁阳公与韩构难,战酣日暮,援戈而撝之,日为之反三舍。"高诱注:"鲁阳,楚之县公,楚平王之孙,司马子期之子。《国语》所称鲁阳文子也。楚僭号称王,其守县大夫皆称公,故曰'鲁阳公',今南阳鲁阳是也。"《墨子·鲁问》:"鲁阳文君将攻郑,子墨子闻而止之……"《墨子·耕柱》:"子墨子谓鲁阳文君曰:'大国之攻小国,譬犹童子之为马也……'"孙诒让《墨子间诂》:"毕云:《文选注》云贾逵《国语注》曰:'鲁阳文子,楚平王之孙,司马子期之子鲁阳公即此人,其地在鲁山之阳。'"《国语·楚语下》:"惠王以梁与鲁阳文子,文子辞。"韦昭注:"文子,平王之孙,司马子期子鲁阳公也。"阳城君见于《吕氏春秋·上德》:"墨者钜子、孟胜善荆之阳城君,阳城君令守于国。"

坪(平)夜即平舆,"夜""舆"二字古音同声同部。平舆位于今河南新蔡县。1994 年河南省文物考古研究所在新蔡发掘了一座大型楚墓,根据楚简记载资料,墓主人为坪(平)夜君成,坪(平)夜君为楚国封君,其封君系列为坪夜文君子良→王孙厌→坪(平)夜君成[9]。

䣄当读为养,《左传》昭公三十年:"(楚子)使监马尹大心逆吴公子,使居养,莠尹然、左司马沈尹戌城之,取于城父与胡田以与之。"坪(平)夜和䣄都是楚地,䣄君与坪(平)夜君一样都是楚国的封君。裘锡圭先生认为鄬君、鄗(鄏?)君、鄬君都可能是楚国的封君。另外几个封君可能也是楚国封君。曾侯乙墓中出土一件铜戟(N.122:2),其上有铭文:"析君墨脀之郜(造)戟。"[10]《左传》僖公二十五年："秦人过析隈，入而系舆人以围商密，昏而傅焉。"杜预注："析，楚邑，一名白羽，今南乡析县。隈，隐蔽之处。"《左传》哀公十八年："楚公孙宁、吴由于、蘧固败巴师于鄾，故封子国于析。"析君封地位于今河南西峡南部。析君也参加了曾侯乙的葬礼，赠送了析君自己所用的铜戟。王、大（太）子、命（令）尹是楚国的王、大（太）子、命（令）尹。"大莫嚻（敖）膓噭适豭之春"中的大莫嚻（敖）大概也是楚国的大莫嚻（敖）。

宋司城一职是宋国的司城。

宫厩尹、宫厩令、令、新官令、右令、左令、连敖、左尹、右尹、大工尹、豰尹、新造尹、太宰、少师、左司马、右司马、左迠（登）徒、右迠（登）徒都可能是曾国职官，但这些曾国职官与楚国职官相同，可见曾、楚关系之密切程度①。不能明确是楚国的职官，我们把这些职官视为曾国职官。现将曾侯乙墓简所见职官国别列表如下：

表一　曾侯乙墓所见职官表

曾侯乙墓简	曾国金文	传世文献 曾国职官	国　别
王			楚
太子			楚
令尹			楚
卿事	卿事		曾
右令			楚、曾
左令			曾
大莫敖			楚
执事人			曾
宫厩令			曾

240

曾侯乙墓简	曾国金文	传世文献 曾国职官	国　别
宫厩尹			楚、曾
新官、新官人、新官令			曾
连敖			楚、曾
左尹			楚、曾
右尹			楚、曾
𨟻马尹			曾
𨟻司马			曾
大工尹	大工尹		楚、曾
工佐	工佐		曾
大迅尹			曾
牧			曾
令			曾
尹			楚、曾
太官			曾
右迠（登）徒			楚、曾
左迠（登）徒			楚、曾
右司马			楚、曾
左司马			楚、曾
司马	大司马		楚、曾
新造尹			曾
敂（昹）尹			曾

曾侯乙墓简	曾国金文	传世文献 曾国职官	国　别
宰尹			曾
司城			宋
太宰			楚、曾
少师	少师	少师	楚、曾
大尹			曾
大夫			曾
遬（旅即鲁）膓（阳）公			楚
膓（阳）城君			楚
坪（平）夜君			楚
鄵君			楚
鄟君			楚
鄐（鄙?）君			楚
郹君			楚
丽鄐君			楚
乐君			楚
鷔膓（阳）公			楚
析君			楚

注释：

① 湖北省博物馆：《曾侯乙墓》，文物出版社，1989 年，以下所引简文均见此报告，不再注释。

② 湖北省博物馆：《曾侯乙墓》，文物出版社，1989 年，第 87 页。

③⑤⑥ 湖北省博物馆：《曾侯乙墓》，文物出版社，1989年，第501页。

④⑦ 湖北省博物馆：《曾侯乙墓》，文物出版社，1989年，第511页。

⑧ 湖北省博物馆：《曾侯乙墓》，文物出版社，1989年，第512页。

⑨ 河南省文物考古研究所：《新蔡葛陵楚墓》，大象出版社，2003年，第184页。

⑩ 湖北省博物馆：《曾侯乙墓》，文物出版社，1989年，第268页。

⑪ 裘锡圭：《谈谈随县曾侯乙墓的文字资料》，《文物》1979年第7期。

试析两汉时期"人像木牍"

——以湖南和西北地区为例 *

杨先云

（湖南省文物考古研究所、
科技考古与文物保护利用湖南省重点实验室）

近百年考古发现，尤其是在两汉遗址墓葬发现大量"人像"或"人形"木片简牍，这类木牍有不同的说法，如"辟邪木俑""桃人""桃梗""人面像""人形木牍"等等，只是侧重点不同，本文暂总其名为"人像木牍"。"人像木牍"，顾名思义，木牍（木片、木牌）象人，《周礼·冢人》载："及葬，言鸾车象人。"焦循正义："俑则能转动象生人，以其象生人，故即名象人。"这些"人像木牍"或木牍形状似人体，或木牍绘有人面像，或抽象简单，或形象精美，甚至有的还书写文字，尤其是集中在两汉时期墓葬和遗址，尤以湖南和西北地区最有特点。陈槃先生曾归纳古代木偶有"象人、象神、明器、厌胜、桃符"五类[①]。"人像木牍"大略也可如此分类，但因具体使用安置方式不得而知，无法明确分类，甚至有多重作用。学界对两汉时期遗址墓葬出土"人像木牍"的研究大致可从，但也存在值得进一步探讨的余地，如"人像木牍"与墓葬出土木俑比较研究，不同地区不同时段"人像木牍"功能变化的缘由探讨。本文着重对这些方面进行梳理，不当之处，敬请方家指正。

　＊ 本文写作得到 2019 年度湖南省哲学社会科学基金青年项目"里耶秦简所见基层社会管理"(19YBQ066)资助。

一、以马王堆汉墓为例论"人像木牍"缘起及陪葬功用

"人像木牍",从造型上看,会让人联想到"木俑"。俑,《孟子·梁惠王上》:"仲尼曰:'始作俑者,其无后乎。'为其象人而用之也。"赵岐注:"俑,偶人也,用之送死。"我国古代以俑陪葬的习俗始于春秋,滥觞于战国,盛行于秦汉[②]。战国已经形成了一个"南木北陶"的制俑格局,如在湖南长沙、湖北江陵、河南信阳等地的战国楚墓的考古发掘中皆有不少木俑陪葬,《礼记·檀弓下》:"涂车刍灵,自古有之,明器之道也。"朱熹《孟子集注》:"古之葬者,束草为人以为从卫,谓之刍灵,略似人形而已。中古易之以俑,则有面目机发,而大似人矣。"而马王堆汉墓出土大量木俑,与同墓出土遣册载"右方男子明童凡六百七十六人,其十五人吏、九人宦者、二人偶人、四人击鼓铙铎、百九十人从、三百人卒、百五十人奴""右方女子明童,凡百八十人,其八十人美人、廿人才人、八十人婢"对应[③],遣册中"明童"即墓葬随葬的明器木俑[④],但这些并不是本文所论述的"人像木牍"。两汉时期的"人像木牍"虽与陪葬木俑在诸多方面相似,但又有所不同。楚墓所出木偶多制作精致、形态各异,且彩绘,"都是先以木块雕出人体大概轮廓,然后着漆绘彩"[⑤]。如湖北江陵马山楚墓的木俑。[⑥]汉代大多数的木俑亦按照真实衣饰绘制,身着贵重绮罗,注重美感,而两汉时期"人像木牍"制作较为粗糙、绘制简单,更像是楚汉时期的桃人、桃梗。《战国策·齐策》:"今者臣来,过于淄上,有土偶人与桃梗想与语。"鲍彪注:"此谓刻桃木为人也。""桃梗"之所以称为"梗",是因为"削桃为人形,以其粗有人形,大略而已,故谓之梗。"[⑦]同一墓葬出土的偶人,因各自功能不同,风格也不同,马王堆汉墓桃梗只是在桃木棍上稍加砍削、涂绘,较为粗糙,桃木小俑则采用木片简单涂绘眉目,再着丝麻粗略的衣物,同墓室出土的舞俑和侍俑等形象精美,形态各异,十分逼真,完全不同。两汉时期的"人像木牍"在很大程度上可以看作是战国时期楚墓随葬木俑的一种变化延续。根据多年考古发现也可证墓葬出土"人像木牍"多集中于两汉时期原楚国故地(湖北[⑧]、湖南最多),尤以马

王堆汉墓出土大量"桃梗"和"桃人",最具有特点。

随葬木俑及"人像木牍"的墓葬习俗与当时鬼魂观念息息相关,古人认为人在死后只是脱离了人体,变成了鬼神,《礼记·祭法》:"人死曰鬼,此五代之所不变也。"人死为鬼之说由来已久。人们相信神鬼不仅造福于人,还会给人降临灾害,所以要驱鬼除邪,尊奉祖先,故而有"敬奉鬼神"思想,《左传·哀公十五年》:"事死如事生,礼也。"为了让亡者在另一世界也能享受,随葬大量木俑用来服侍墓主,而其中的"人像木牍""辟邪俑"用于通过某种巫术形式或者特殊摆放位置来保护墓主人,不被恶邪侵扰⑨。马王堆 1 号汉墓出土随葬品有桃梗做成的桃木人(图一),称"辟邪木俑",着丝麻衣木俑置于锦饰内棺与朱地彩绘棺中间的缝隙中,东、西、南三处各有 1 件,另"桃梗"被放置在帛画和内棺盖之间,或零散放置,其中 22 件用两道麻绳编结⑩。有学者根据马王堆汉墓"桃人""桃梗"的特殊摆放位置,认为"把桃人放在内棺盖上,意在驱鬼避邪,保佑墓主安居泉下,不为恶鬼所害"⑪。在春秋战国时期楚地巫风尤甚,《吕氏春秋·异宝》道:"荆人畏鬼。"楚地在两汉时期仍坚持楚墓风俗木俑的制作传统,如马王堆汉墓是西汉初期长沙墓葬,受楚文化影响深远,而在墓葬中也保留了很多楚时墓葬习俗,这也是楚人巫术的延续⑫。墓葬出土的"人像木牍"与"辟邪俑"类似,在守墓、驱邪、灵魂升天等方面的功效,应是大同小异,皆是当时鬼神观念的直接反映。

正如恩格斯所说,"宗教是在最原始的时代从人们关于自身的自然和周围的外部自然的错误的、最原始的观念中产生的"⑬。人们对大自然的认识和改造能力较低的时候,凭借自身力量无能为力,需要借助某些力量来与之对抗。因此,人们对自然有着敬畏之心,"万物有灵""自然崇拜"的思想应运而生。人们坚信自然(植物、土、火、水等)具有强大而又神秘的力量,古代神话里有女娲"抟土为人"的传说,原始的巫术认为以自然材料制作的人形物品具有"生命",通过某些程式制作的特定物品("土俑""木俑""人像木牍")皆是被赋

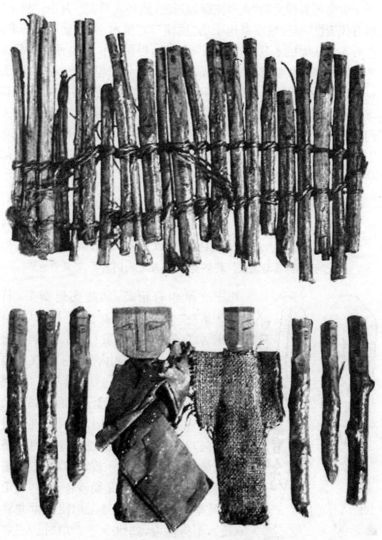

图一　马王堆一号汉墓出土桃木"辟邪木俑"

247

予了生命还有神力的"人"，或驱邪避凶，或替人受灾。其中，"桃木"最有代表性，马王堆汉墓出土的"桃梗"和"桃木小人"就用于辟邪。古时人们认为桃木具有避邪、驱邪能力，以桃梗作为一种巫术载体来转嫁灾祸在文献材料中很是常见。如《礼记·檀弓下》载"君临臣丧，以巫祝桃茢执戈，恶之也"，用桃驱除丧礼的邪气。《艺文类聚》卷86引《岁时记》曰："桃者，五行之精，压伏邪气、制百鬼。"先秦之时人们即已认为鬼畏桃木，遂用来驱鬼辟邪。汉代人常在除夕饰桃人立于门侧以御凶辟邪。《汉旧仪》："黄帝乃立大桃人于门户，画神荼、郁垒与虎、苇索以御鬼。"陈槃先生曾对"桃梗"与"桃人"关系总结：

> "桃梗""桃人"，是一事。《战国策·齐策三》苏秦谓孟尝君曰："今子，东国之桃梗也，刻削子以为人。"盖立桃人户侧以畏鬼，自战国以来既然矣。或云以"桃枝"，或云以"桃板"，或云画人首于桃板者，盖民间风俗，喜趋简便。礼俗变迁，类此之例固甚多，不足异也[14]。

正面　　　背面

图二　吐鲁番阿斯塔那
"桃人"木牌摹本

出土文献也有记载，如睡虎地秦简《日书·诘》："一室中卧者眯也，不可以居，是□鬼居之，取桃棓橸（段）四隅。"[15] 插桃棓于室之四隅，阻断鬼入内。马王堆汉墓帛书《五十二病方·魅》："魅：禹步三，取桃东枳（枝），中别为【□□】□之倡，而笄门、户上各一。"[16] 取桃树东向的枝梗，剖开后插在门户上来驱鬼。新疆吐鲁番阿斯塔那高昌时期墓地发现一枚木牌（图二），墨书"桃人一枚，可守张龙勒墓舍一所，东千（阡）[南]陌北陌。自与先相使后世并冒（茂），不得徊俊，如律令"[17]。用"桃人"守护墓舍，不受侵扰。

不仅桃木，其他木材也在古时也常有

248

辟邪驱鬼的功效并制成木俑。《淮南子·谬称训》："鲁以偶人葬而孔子叹。"高诱注："偶人,桐人也。"《越绝书》："桐不为器用,但为甬(俑)。"睡虎地秦简《日书·诘》："一室人皆养(痒)体,疠鬼居之。燔生桐其室中,则已矣。"[18]《三国志·吴志·孙和何姬传》裴松之注引《江表传》："吴孙皓左夫人死,孙皓使工匠刻柏木作木人,内(纳)塚中以为兵卫。"曾侯乙简有"柏撰(柰)""桐撰(柰)"[19],即柏木、桐木作的俑。睡虎地秦简《日书·诘》："鬼恒为人恶梦,觉而弗占,是图夫,为桑丈(杖)奇(倚)户内,复(覆)鬴户外,不来矣。"[20]"桃""桐""柏""桑"等被赋予某种神秘的色彩或者神力,让鬼魅邪祟畏惧,从而摆脱邪恶力量的困扰,获得身体、精神康复安全。而陈槃先生在论居延木偶曾道:

> 然即令其中都不属于桃木,吾人亦不能遽从而断定其绝非桃符。《白泽图》云:"鬼畏桃、柏叶,故以桃为汤,柏为符为酒也。"按《白泽图》为书颇早,依其旧说,可知即在早年,既有鬼畏桃复畏柏之说。曰以柏为符,盖亦以造柏板作符,其形制同于桃符矣。是故桃符不必限于桃木,即亦不必限于柏木。有如其地不产桃柏,则亦自然不用而代之以他木[21]。

西北边塞发现的桃梗并不都是桃枝所作,如敦煌马圈湾的桃梗用红柳棍制成[22],就是因地制宜,当地盛产红柳,而桃木少见,故而选用红柳来制作桃梗。人们相信植物拥有神秘力量,可以帮助人们驱除疾病邪气,是出于对自然的敬畏。两汉时期墓葬发现的"人像木牍"包括桃梗、桃人,是人们在当时鬼神观念和"万物有灵"观念影响下,用以驱鬼避邪,保护墓主不受侵扰。

二、以古人堤和西北地区遗址为例论"人像木牍"其他功用

两汉时期"人像木牍"不仅出土于墓葬中,更多见于遗址中,如1987年由湖南省文物考古研究所等单位对古人堤遗址的发掘,在地层中发现东汉简牍,其中有三件人像图案木片,形态诡谲[23]。整

理者指出简45(图三)是桃人,外形如双人正面贴合,牍正面又以墨线粗略勾勒人体特征,简52(图四)为单独人形木片,正背面均以墨线勾勒人体特征,皆为桃人㉔。简83(图五)为较完整木片,下端有所残,墨绘面目、衣饰的简易人像,用笔十分简练。简45为两枚木片拼合而成,从图案和茬口看,应是拼成后绘有一较完整的简易人形,仅墨绘一双眼睛和衣饰,有明显的肩颈和胳膊部位轮廓,且颈部和手部有明显的楔口痕迹。

图三　　　　　　　　　图四　　　　　　　　图五
古人堤简牍45号　　古人堤简牍52号(正背)㉕　　古人堤简牍83号

　　出土于遗址当中的"人像木牍",应该不是为了亡者驱鬼辟邪,那究竟为何?文献证明汉代不只是在墓葬中用偶人,生活中也不乏制作和使用偶人。《太平广记》卷三百六十引《广古今五行记》:"武平末,广平都省主事王惠烈,息休为郡学生,刻木作一小鬼,盛衣带里,每食必食之。"古人堤"人像木牍"或有可能如《太平广记》所载仅供人玩乐的玩偶,随时会被丢掉。睡虎地秦简《日书·诘》载:"人毋(无)故而忧也,为桃更(梗)而敃(播)之,以癸日日入投之道,遽曰:'某免于忧矣。'"整理者注:"桃梗,桃木刻的人象(像),用以避鬼。"㉖从简文上看,这里的"桃梗"就是用作转嫁疾患者之疾病的载体㉗,而非用来避鬼。这种做法在人们的意识中,疾病灾祸皆被转移,不受鬼魂的侵扰,他们的心灵得到了解脱,"人像木牍"也当可如此,可以为生者除病消灾,免受鬼魂侵扰。随着"人像木牍"等移祸辟邪仪式的完成,作为"载体"的"人像木牍"等就被丢弃或者焚烧,古人堤"人像木牍"很有可能就是如此被丢弃。整理者未说明木片材质,若非桃、松、柏、桐等,当地木材也是被认为拥有如桃木一类的灵力。

同时,我们注意到古人堤两枚人像图案木片底部皆残损,原应是尖端状,是人为有意削之。与之相似的是西北地区遗址发现的"人像木牍",下端大多都是尖状,如内蒙古额济纳遗址曾出土三件人面像(图六:1、2),皆平头尖底,墨线勾画发、眉眼、鼻及衣等㉘。敦煌马圈湾汉代烽燧遗址出土桃梗(图六:3、4),报告称"辟邪",将红柳棍劈成一半,将圆面削成棱面,用墨线勾绘出人面,上端平,下削尖可插地,整理者认为这些都是插在门户前的祈福之物㉙。阿斯塔那高昌时期墓地发现的"桃人"木片,上圆下尖,厚1.1厘米,发现时插在封土顶端,仅露出5厘米㉚。考古发现也证实"桃人"木片是可以插着的。

我们根据古人堤两枚人像图案木牍底部削尖,曾猜测古人堤"人像木牍"有可能是为了方便"插户",图案下部皆有不同程度残损,或即因"插户"而导致。而两枚木牍厚度极薄,无论是插于门户还是房屋四周土地上皆不太可能,整理者介绍古人堤人像图案木片有楔口,当为捆扎悬挂用㉛。古人堤遗址中发现几处房址,虽不能断定与简牍同一时代,但是遗址作为居住生活区毋庸置疑,所以或如整理者所说,悬挂门户之上,用于保护生人和房屋的安全,驱鬼辟邪,尤其是简45明显有楔口,可捆扎。法国国家图书馆藏敦煌文献《诸杂略得要抄子一本》:"正月一日取阳桃支着户上,百鬼不入门。"㉜《护宅神历卷》"董仲神符":"凡赴人家宅舍不安,六月某日不息,田蚕不成,钱财不聚,八神不安,以桃木板,长一尺,书此,玄(悬)宅四角,大吉利。"㉝陈槃先生对居延汉代遗址发现的桃梗和桃人曾作讨论:

> 此居延木偶之形制,像一恶神,或鬼怪,不可能像人或尊祀之神;同时,此像恶神或鬼神之木偶,出土如此之多,可以使人想及其使用之普遍。由此二事观之,则似于表像神荼郁垒之桃符"近是"。再次此木人下端尖锐,且尖锐部分有甚短者,合于所谓饰门,所谓插户。再次《万典艺术》云:"造桃板著户。"魏董勋云:"画作人首。"桃符之中,有此一简易作法,而此居延木偶,亦间或作长方板片,画人首其上。二者之间,亦不失为切合㉞。

有学者据河西汉塞发现的人面形木牌出土地点多见于房址和灰堆的情况,推测人面形木牌是用来镇宅护主、驱除灾祸的一种巫术工具㉟。也有学者认为西北地区的人形木牌皆是"插在地上作祭祀之用的,其上所绘人面形,即代表祭祀之对象"㊱。

西北地区出土的"人像木牍"除了作保家宅平安、祭祀,还有专门用于军事上的可能。《汉书·西南夷传》西汉成帝曾调解民族纠纷,夜郎王不服,"刻木象汉吏,立道旁射之"。或可解释汉代西北边地出土大量面容狰狞的"人像木牍",用以厌胜,以求胜利。有学者认为汉时边境将桃梗埋于烽火台土中,是用来诅咒敌人被埋葬,与汉武帝时巫蛊之役埋桐人有同一的模仿巫术性㊲。甚至是插在烽燧四周,以抵御入侵的外来之敌㊳。上古战争已有偶人巫术作战之法,《六韬》载周武王向太公请教如何知晓敌垒之虚实,太公言:"听其鼓无音,铎无声,望其垒上多飞鸟而不惊,上无氛气,必知敌诈,而为偶人也。"用木俑充当士兵,以哄骗敌军。《梁书》载:"萧纪举岷蜀之众,由外水而下湘东。王命方士伯人于长州苑板上,画纪形像,亲下铁符,钉于支体以厌之。"后代仍有将巫术用于军事战争之中的做法。

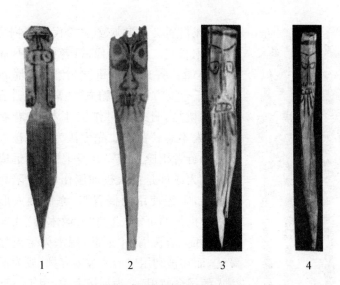

图六　西北地区出土"人像木牍"

1. 额济纳遗址出土"人面像"99ES16SF1：7
2. 额济纳遗址出土"人面像"99ES16SF2：14　3-4. 马圈湾遗址出土辟邪桃梗

三、以长沙古井遗址为例论东汉"人像木牍"变化和延续

上述提到里耶古井所出类似"桃人"的秦代木牍,而在湖南长沙地区古井遗迹也出土了一些形制特殊的"人像木牍",其中以东牌楼和尚德街古井所出最为典型。长沙东牌楼东汉简的"人形木牍"(图七),出土于古井,杉木质,且木牍上中部有一圆孔,似为穿绳悬挂之用,下部和背面书覃超呈送给道、巫世界的一封文书,内容是:

　　　　　　　六月甲申朔廿二乙卯,谨迁小史覃超
　熹平元年
　　　　　诣在所,到,敢问前后所犯为无状。家富(正)
　有如肥阳、玉角。所将随从,饮食易得。人主伤心不易识。超到言
　如律令。故事:有陈者,教首。书者员□、李阿。六月廿二日
　白。(背)㉕

图七　长沙东牌楼人形简

《风俗通义·祀典》载："今民间堵祠司命耳，刻木长尺二寸为人像，行者担篋中，居者别作小屋。齐地大尊重之，汝南余郡亦多有。"《千金要方·小肠腑方》："常以五月五日取东向桃枝，日未出时作三寸木人，着衣带中，令人不忘。"黄人二先生认为东牌楼人形简是为行者担篋中或系在身上[⑩]。董远成先生则认为或许是主人提前制作，用于陪葬的备用品，未经使用而搁置[⑪]。东牌楼人形简有随身携带的可能，这类"人像木牍"或如睡虎地秦简《诘咎篇》中所载，用来为生人移祸解忧，而在被利用以后就被丢弃掉；或为保佑生人的司命、"祖"一类神像木牌，用于祭祀或者随身携带以求庇护。西北地区的居延汉简EPT49.3形制也比较特殊，简文作："厌魅书：家长以制日疏（疏）魅名。魅名为天牧。鬼之精，即灭亡，有敢苟者，反受其央（殃）。以除为之。"[⑫]简文讲述关于去除厉鬼的方法，该木牍中部（"天牧"之间）有穿孔，有学者疑是为达到厌劾鬼神的目的而实施某种巫术仪式的存留结果[⑬]。

在长沙东牌楼人形简出土之后，《长沙尚德街东汉简牍》也公布了两枚人形木牍（图八）。尚德街人形木牍形状与湖北荆州萧家草场发掘西汉早期墓葬出土"片形俑"[⑭]、湖北江陵凤凰山西汉墓葬出土"木片俑"[⑮]（图九）有相似之处。与上述墓葬所出的木片俑不同的是：尚德街人形木牍出自古井之中，放置在一个印陶双沿罐中，外用麻布类丝织品包裹，整理者推测是人为放置[⑯]。且木牍上文书写文字，有学者据释文"汝为不阳，反受其央（殃），当死报"，认为是指木人代人挡祸，推测该木牍应是用以解除，并

261正面　261背面　262正面　262背面

图八　长沙尚德街东汉简牍 261、262 号简

指出解除木人不单用于墓葬,生人亦可拿来以当灾祸[47]。《论衡·解除》:"世信祭祀,谓祭祀必有福,又然解除,谓解除必去凶。"尚德街人形木牍即是解除术的载体,充当某种人偶来代替生人承受灾祸。根据尚德街人形木牍的简文很有可能就是生人做了不好的事情后,制备木人,再进行某种仪式,随后将其包裹起来放在陶罐里,弃于井中,藉以祈求免遭报应的。1957 年陕西长安三里村汉墓出土朱书陶瓶六件,有"自代铅人"解除文内容,而同出的一件陶罐中恰有两枚铅人[48]。这里的铅人与尚德街人形木牍类似,皆是代人受过,且有意将

1　　　　2

图九　汉墓出土木俑
1. 江陵凤凰山一六八号汉墓"避邪俑" 2. 江陵凤凰山八号汉墓"木片俑"

其放置于陶罐之中,在罐表或人像上书写文字,皆体现了特殊的意义和功能。

东牌楼、尚德街"人像木牍"特殊的形制和出土地点,让我们联

255

想到道教向墓神发送的问起居谒刺木简,这种谒刺木简在湖北武昌、鄂城和江西南昌的东吴两晋时期墓葬中多有发现。据《太上洞玄灵宝授度仪》记载:"次谒版、刺版,并埋坛之当方,亦可投山洞渊泉中,勿令人得之。"[49]《道法会元》"雷霆铁札召符致雨符法":"右符用铁版,长九寸,阔三寸,朱书符命于上面,牒羌雷神斋,诣洞天福地圣井龙潭投落,辖龙起雨。"[50]"松江亢旱……结坛仙鹤观,行月孛法,下铁简于湖沔潭井,日取蛇燕焚之,了无应验。"[51]这些文献都提到将道教谒刺木简或求雨符咒木简投入水中,其中就包括井。《赤松子章历》"病死不绝银人代形章"载:"锡箔人,随家口多少一人一形,银无,用锡人或钱九十九,奏章后投水中。""锡人"与"铅人"类似,甚至表明其数量与死者家口数相关,使用方法也是投入水中。长沙东牌楼人形简文内容具有告地策性质,尚德街人形

图一〇 香港中文大学藏"松人"简

木牍书写解除文,再根据出土地点、特殊形制和简文内容,我们怀疑长沙"人像木牍"属于人形符,很有可能如同道教的起居简,是在通过某种巫术仪式后,或中间穿孔,或放于陶罐之中,而后将其置于特殊地方(如井)而非墓葬,也可传送给地下世界,实现其或免除罪孽,或代人受厄的特殊功能。

与之类似的还有香港中文大学藏有一枚"人像木牍"(图一〇),简中部墨绘一作揖人物图形,饶宗颐先生将之命名为"松人解除简"[52],内容是关于"松人""柏人"代生人除罪去灾等解除术[53]。另外,关于西北地区所见"人像木牍",有学者先生认为这与吐鲁番哈喇和卓"代人"木牌、阿斯塔那"桃人木牌"皆属于被除厄殃的人偶[54],也不能排除这种可能。

在汉代,解除术应用在"人像木牍"之中,这体现汉代人们的生死观发生了很大的变化,在东汉买地券、镇墓文中排斥和畏惧死者亡魂的文字比比皆

是,河北望都县曾出土的东汉刘公则买地券"生死异路,不得相妨"⊕,形象地说明了东汉时期社会民众生死观。其实早在秦代时已有体现,睡虎地秦简《日书·病》"甲乙有疾,父母为祟""丙丁有疾,王父为祟"⑤,亡故的父母和祖父作祟造成家人生病。又如东汉灵宝张湾汉墓一男一女铅人,墓中朱书罐载:"天帝使者,谨为杨氏之家,镇安隐冢墓,谨以铅人金玉,为死者解适,生人除罪过……如律令。"⑥人们害怕亡魂返回人间纠缠家人,造成家中生祸,家人生病、死亡,故而要阻止亡魂返回人间,这是秦汉时期丧葬活动重要目的之一。同时,需要指出的是墓葬出土用以解除的"人像木俑"(包括铅人)与随葬的仆役俑性质不同,两者的作用也不同。有学者指出使用铅人的墓葬大多非富有人家之墓⑧。"柏人"及铅人一类主要是代替生者承受灾祸,或是代替死者去地下服侍他人⑨。由此可知,"柏人"一类人像木牍及铅人更多是为了生者,而非死者。有学者指出,墓葬不只是为了死者,也是(或者更是)为了生者的福利,镇墓文所反映的心态在睡虎地秦简、天水放马滩秦简《日书》关于各种墓葬风水的考虑也是以葬法对死者的家属后代所可能产生的影响为主要的对象。民间厚葬的风俗,以及一般民众对待死者和死后世界的想象也相当大的部分是为了生者自身的利益而发展起来的⑩。

其中"天帝使者""如律令"之语有某种法术之义,显然是民间信仰的体现,东汉"人像木牍"应是受到原始道教影响,简文反映了东汉原始道教传统对死后世界的特殊观念。东汉时期,方士们以老子道教学说为基础,吸收了民间巫术,创立了道教,涌现了大量解除疾病鬼邪灾异的木牍。人们受到巫术和早期道教影响,形成特殊的鬼神意识,追求"为生人除殃,为死人解谪",从而产生大量解除实物,这些也成为早期道教的遗物。随着东汉末期道教的产生和兴起,成为符咒简牍,尤其是在简牍作为书写载体被纸张取代后,在道教巫术仪式上还是广泛采用木质简牍,如江苏高邮县邵家沟汉代遗址所出朱符木简㉛。

魏晋直至近代中国"生死异路"传统生死观并没有发生巨大变化，仍然会畏惧和排斥死者。湖南湘阴县出土隋朝大业六年(610)陶智洪买地券有"生属皇天，死属地泉，生死异域"㉜。考古曾发现唐代柏人墨书人形木简，内容有"中有神呼……并仰柏人当知"㉝。柏人来承受各种灾祸，保护生人及其相关利益。湖北剧场五代杨吴墓出土的一件木俑身前身后及右侧密布墨书文字，该俑为代替生人承当殃咎的"柏人"(图一一)㉞。江西彭泽县发现的北宋元裕五年(1090)易氏八娘墓，出土柏人俑一枚，俑身书写的文字，其文曰：

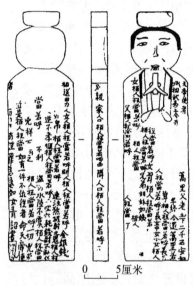

图一一　湖北剧场五代杨吴墓出土木俑

殁故亡人易氏八娘，移去篙里父老，天地使者元皇正法，使人迁葬，恐呼生人，明救柏人一枚，宜绝地中呼讼。若呼男女，柏人当；若呼□师名字，柏人当；若呼家人，柏人当；若呼兄弟，柏人当；若呼戚门论诉，柏人当；若呼温黄疾病，柏人当；若呼田蚕二邨、六畜牛羊，柏[人当]；若呼一木二木，柏人当；若呼不止，柏人当。急急如律令㉟。

这里"柏人"即是充当生者的替身，应答亡人的呼唤，保护生者，甚至代替家中田蚕、六畜、树木等所属财物。这些简陋、原始的"人像木牍"一直充当着死者或其亲属生者的替身，被民众想象成能够承担死者及其亲属所受惩罚灾祸，甚至在日常生活中直接替人们挡

258

灾。《世说新语》载东晋数术家郭璞曾为王导占卜,断定其即将遭遇致命的飞来横祸,"命驾西出数里,得一柏树,截断如公长,置床上常寝处,灾可消矣"。王导从之,数日后"柏人"果被雷劈⑯。

"人像木牍"等人形方术不仅一直延续到近代,甚至传播到海外,如日本盛行人形代厄或诅咒,墓葬出土诅咒人形木简等,皆是受到中国古代人形方术的影响而产生的⑰,如1980年平城宫壬生门遗址出土270枚人形,出土了路侧的大沟之中,有的还有墨书为"重病受死"的人形象(图一二)⑱,如今日本也依然四处可见人形风俗。

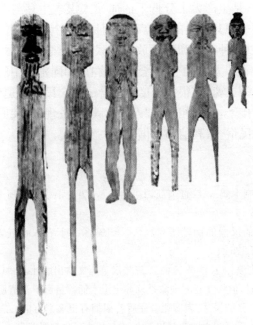

图一二　平城京壬生门遗址出土的人形

四、结论
两汉时期的墓葬和遗址中的"人像木牍",在受到先秦至秦汉

259

的生死观和自然崇拜的影响下,根据出土地点的不同,"人像木牍"作用不同,在墓葬陪葬是为了镇墓驱鬼,保护墓主,而在遗址中发现或是为生者移祸而后丢弃,或是插及悬挂于房屋四周或门户之上用于保护生人和房屋的安全,驱鬼辟邪。东汉道教兴起,吸收了先秦至秦汉"生死殊途"观念,在墓葬和其他遗迹中发现的"人像木牍"皆书写解除文,以求生死皆安,东汉"人像木牍"就是承继这种思想而发展起来,并传之后世。"在人们的主观能力与客观世界自然力以及社会力的比差相当悬殊的情况下,通过巫术行为的有形活动,曾经激发并增强人类对自身能力的认识与信心……这种对巫术的信力,是生产力十分低下的原始人谋求生存与斗争的不小的精神支柱……其历史的地位和作用是不可抹煞的"⑤。"人像木牍"无论是以何种材质和使用放置方式,无论是否书写文字,皆是被人们赋予了神力,给予了社会民众信心,如同宗教中的"圣水"可以洗净不洁的灵魂,这很大程度上迎合了社会民众的迫切需求,即很快被民众接受,代代相传。"人像木牍"的发现,为我们研究当时社会的民风民俗、宗教信仰提供了第一手材料。

注释:

① 陈槃:《粗制木偶》,《汉晋遗简识小七种》,《历史语言研究所专刊》之 63,1970 年,第 56—70 页。

② 陈曦:《楚俑汉俑的比较研究》,贺云翱编著:《长江文化论丛》第九辑,2013 年,第 225 页。

③ 参何介钧主编:《长沙马王堆二、三号汉墓》,文物出版社,2004 年,第 50—51 页。同时,值得注意的现象是墓葬出土木俑数量远不及遣册所录人数,这是一种夸张的说法,表明死者死后希望拥有更多财富的心态,在诸多买地券都有体现,如"立四角封界至九天上九地下"(东汉晚期王当墓),再如书有"万石仓"的容器,这与汉代厚葬的风气也有密切的关系。参蒲慕州:《墓葬与生死:中国古代宗教之省思》,台北联经出版社,1989 年,第 200—201 页。

④ 陪葬木俑也有称作"亡童(僮)"或者"冥童(僮)",参湖北省文物考古研究所:《江陵望山沙冢楚墓》,文物出版社,1996年,第278页。

⑤ 湖北省荆州地区博物馆:《江陵马山一号楚墓》,文物出版社,1985年,第81—82页。

⑥ 史洁、刘锐:《走向彼岸——春秋战国时期的楚墓木俑》,《东方艺术》1997年第5期,第49页。

⑦ (宋)王观国撰、田瑞娟点校:《学林·梗俑》,中华书局,1988年,第119页。

⑧ 除此之外还有湖北荆州萧家草场西汉早期墓葬出土"片形俑";湖北江陵纪南城凤凰山西汉文景时期墓葬出土"木片俑";纪南城凤凰山文帝时期墓葬出土"木片俑",报告称"辟邪俑"等等。具体参湖北省荆州市周梁玉桥遗址博物馆:《关沮秦汉墓清理简报》,《文物》1999年第6期;长江流域第二期文物考古工作人员训练班:《湖北江陵凤凰山西汉墓发掘简报》,《文物》1974年第6期;纪南城凤凰山一六八号汉墓发掘整理组:《湖北江陵凤凰山一六八号汉墓发掘简报》,《文物》1975年第9期,湖北省文物考古研究所:《江陵凤凰山一六八号汉墓》,《考古学报》1993年第4期。

⑨ 如信阳长台关一号墓一尊"俑"的胸前插着一根竹针,同墓"镇墓兽"被置于棺箱的中央,为四个角落里的俑所包围,与墓中其他俑不同,这四尊俑没有穿衣服,身体刻得也很粗糙,更奇怪的是其中的一尊胸前插着一根竹针,有学者指出这一特征表明这四尊俑代表着仪式所镇压的恶魔,不代表在阴间起一定作用的"陪葬者"。参河南文物研究所:《信阳楚墓》,文物出版社,1986年,第18—20页;巫鸿著,郑岩、王睿编:《礼仪中的美术:巫鸿中国古代美术史文编》,生活·读书·新知三联书店,2005年,第590、593页。

⑩ 湖南省博物馆、中国科学院考古研究所:《长沙马王堆一号汉墓》,文物出版社,1973年,第100—101页。

⑪ 张明华:《长沙马王堆汉墓桃人考》,《文史》第7辑,中华书局,1979年,第96页。

⑫ 高至喜先生指出马王堆2、3号汉墓墓道两旁头插鹿角跪坐的"偶人"用以镇墓避邪,保护死者,这正是楚墓常见"镇墓兽"发展演变而来,这可作一例证。可参看高至喜:《楚文化的南渐》,湖北教育出版社,1996年,第

401 页。

⑬ 马克思、恩格斯著,中共中央编译局译:《马克思恩格斯选集》第四卷,人民出版社,1972 年,第 250 页。

⑭ 陈槃:《汉晋遗简识小七种》,《历史语言研究所专刊》之 63,1970 年,第 60 页。

⑮ 睡虎地秦墓竹简整理小组编:《睡虎地秦墓竹简》,文物出版社,1990 年,第 214 页。

⑯ 裘锡圭主编:《长沙马王堆汉墓简帛集成(伍)》,中华书局,2014 年,第 296 页。

⑰ 柳洪亮:《吐鲁番阿斯塔那古墓群新发现的"桃人木牌"》,《考古与文物》1986 年第 1 期,第 39 页。

⑱ 睡虎地秦墓竹简整理小组编:《睡虎地秦墓竹简》,文物出版社,1990 年,第 216 页。

⑲ 裘锡圭、李家浩:《曾侯乙墓竹简释文与考释》,收入湖北省博物馆:《曾侯乙墓》,文物出版社,1989 年,第 500 页。

⑳ 睡虎地秦墓竹简整理小组编:《睡虎地秦墓竹简》,文物出版社,1990 年,第 213 页。

㉑ 陈槃:《汉晋遗简识小七种》,《历史语言研究所专刊》之 63,1970 年,第 61 页。

㉒《敦煌马圈湾汉代烽燧遗址发掘报告》,甘肃省文物考古研究所:《敦煌汉简》,甘肃人民出版社,1991 年,第 64—65 页。

㉓ 湖南省文物考古研究所、中国文物研究所:《湖南张家界古人堤遗址与出土简牍概述》,《中国历史文物》2003 年第 2 期,第 68 页。

㉔ 张春龙、杨先云:《湖南张家界古人堤汉简释文补正续(上)》,《简牍学研究》第七辑,第 155—156 页;《湖南张家界古人堤汉简释文补正续(下)》,《简牍学研究》第八辑,第 173 页。

㉕ 里耶古井出土秦简 5-2 号异形简,形态与古人堤 52 号简有所类似,也是正背面绘有疑似"眼睛"和"衣饰"图案,疑或为"桃人",参湖南省文物考古研究所:《里耶秦简(壹)》,文物出版社,2012 年,第 3 页。

㉖ 睡虎地秦墓竹简整理小组编:《睡虎地秦墓竹简》,文物出版社,1990 年,第 214 页。

㉗ 吕亚虎：《战国秦汉简帛文献所见巫术研究》，科学出版社，2010 年，第
312 页。

㉘ 魏坚主编：《额济纳汉简》，广西师范大学出版社，2005 年，第 92、100 页。

㉙ 《敦煌马圈湾汉代烽燧遗址发掘报告》，甘肃省文物考古研究所：《敦煌汉
简》，甘肃人民出版社，1991 年，第 64—65 页。

㉚ 柳洪亮：《吐鲁番阿斯塔那古墓群新发现的"桃人木牌"》，《考古与文物》
1986 年第 1 期，第 39 页。

㉛ 湖南省文物考古研究所、中国文物研究所：《湖南张家界古人堤遗址与出
土简牍概述》，《中国历史文物》2003 年第 2 期，第 68 页。

㉜ 上海古籍出版社、法国国家图书馆编：《法藏敦煌西域文献》第 17 册，上海
古籍出版社，2001 年，第 131 页。

㉝ 上海古籍出版社、法国国家图书馆编：《法藏敦煌西域文献》第 23 册，上海
古籍出版社，2001 年，第 344 页。

㉞ 陈槃：《汉晋遗简识小七种》，《历史语言研究所专刊》之 63，1970 年，第
61 页。

㉟ 李亚军：《河西汉塞出土"人面形木牌"研究》，西北师范大学 2016 年硕士
毕业论文，第 54—66 页。

㊱ 汪宁生：《纳西族的仪式用木牌和汉代烽燧遗址出土人面木牌》，《民族考
古学论集》，文物出版社，1989 年，第 276 页。

㊲ 高国藩：《敦煌巫术与巫术流变》，河海大学出版社，1993 年，第 226 页。

㊳ 余欣：《中古异相：写本时代的学术、信仰与社会》，上海古籍出版社，2011
年，第 129—130 页。

㊴ 长沙市文物考古所、中国文物研究所编：《长沙东牌楼东汉简牍》，文物出
版社，2006 年，图版第 50 页，释文第 118 页。

㊵ 黄人二：《长沙东牌楼东汉熹平元年覃超人形木牍试探》，《东方丛刊》2007
年第 3 期，第 90 页。

㊶ 董远成：《长沙东汉"熹平二年"人形木牍》，《湖南省博物馆馆刊》第十辑，
岳麓书社，2013 年，第 295 页。

㊷ 甘肃省文物考古研究所等编：《居延新简》，文物出版社，1990 年，第
143 页。

㊸ 来国龙：《汉晋之间劾鬼术的嬗变和鬼神画的源流》，简帛网 2014 年 5 月 4

日(http://www.bsm.org.cn/show_article.php?id=2015)。

㊹ 湖北省荆州市周梁玉桥遗址博物馆:《关沮秦汉墓清理简报》,《文物》1999年第6期,第37页。

㊺ 参长江流域第二期文物考古工作人员训练班:《湖北江陵凤凰山西汉墓发掘简报》,《文物》1974年第6期;纪南城凤凰山一六八号汉墓发掘整理组:《湖北江陵凤凰山一六八号汉墓发掘简报》,《文物》1975年第9期;湖北省文物考古研究所:《江陵凤凰山一六八号汉墓》,《考古学报》1993年第4期。

㊻ 长沙市文物考古研究所编:《长沙尚德街东汉简牍》,岳麓书社,2016年,第76页。

㊼ 程少轩:《长沙尚德街东汉简牍研究二题》,《出土文献研究》第16辑,第328—333页。

㊽ 陕西省文物管理委员会:《长安县三里村东汉墓葬发掘简报》,《文物参考数据》1958年第7期,第62、64页。

㊾《道藏》第9册,上海书店,1994年,第857页。

㊿《道藏》第29册,第436页。

(51)(元)陶宗仪:《南村辍耕录》,中华书局,1959年,第402页。

(52) 饶宗颐:《纪建兴廿八年"松人"解除简——汉"五龙相拘绞"说》,《简帛研究》第2辑,法律出版社,1996年,第390页。

(53) 陈松长:《香港中文大学文物馆藏简牍》,香港中文大学文物馆,2001年,第100—113页。

(54) 王育成:《中国古代人形方术及其对日本的影响》,《中国历史博物馆馆刊》1997年第1期,第47页。

(55) 河北省文化局文物工作队:《望都二号汉墓》,文物出版社,1959年,第20页。

(56) 睡虎地秦墓竹简整理小组编:《睡虎地秦墓竹简》,文物出版社,1990年,第193页。

(57) 河南省博物馆:《灵宝张湾汉墓》,《文物》1975年第11期,第82页。

(58) 禚振西:《陕西户县的两座汉墓》,《考古与文物》1980年第1期,第48页。

(59) 如镇墓文载"上党人参九枚,欲持代生人。铅人,持代死人"。"故以自代铅人,铅人池池,能舂能炊,上车能御,把笔能书"。参郭沫若:《奴隶制时代》，人民出版社，1973年，第94页；陕西省文物管理委员会：《长安县三里村东汉墓葬发掘简报》，《文物参考资料》1958年第7期，第62—65页。

⑩ 蒲慕洲：《墓葬与生死：中国古代宗教之省思》，台北联经出版社，1989年，第223页。

⑪ 江苏省文物管理委员会：《江苏高邮邵家沟汉代遗址的清理》，《考古》1960年第10期，第20—21页。

⑫ 熊传新：《湖南湘阴县隋大业六年墓》，《文物》1981年第4期，第43页。

⑬ 江西省博物馆：《江西南昌唐墓》，《考古》1977年第6期，第402页。

⑭ 赵川：《湖北剧场五代杨吴墓出土木俑研究》，《东南文化》2017年第6期，第74—80页.

⑮ 彭适凡、唐昌朴：《江西发现几座北宋纪年墓》，《文物》1980年第5期，第29页。

⑯ 徐震堮：《世说新语校笺》，中华书局，1984年，第382页。

⑰ 具体论述参考王育成：《中国古代人形方术及其对日本的影响》，《中国国家博物馆馆刊》1997年第1期，第51—55页。

⑱ 转载自梁桂熟、杨乔君：《论道教在日本的传播与影响——以日本道教遗迹为线索》，《江南大学学报（人文社会科学版）》2017年第4期，第15页。

⑲ 张紫晨：《中国巫术》，上海三联书店，1990年，第1—2页。

荆州胡家草场 M12 出土"肥牛方"考释 [*]

高一致

（武汉大学中国传统文化研究中心）

2018 年底，荆州博物馆对胡家草场墓地进行考古发掘，共清理古墓葬 18 座，其中 M12 出土了大批西汉简牍，引人瞩目①。这批简牍中有 1 000 余枚简被初步称为"经方简"，记录了 45 种传统方技，包括治病、保健、育儿、种植、养殖等。整理者公布了当中题作"肥牛"的 833 号简照片②，并释文如下：

> 煮豆，斗以乌喙一果，而盐豆，日盐二升；茸食如常养牛方，茹以甘刍、善骚，靡以秫米二斗③。

整理者指出，简文是说要想使牛养得肥壮，则要注重调配饲料成分及比例④。此说当是，但整理者关于简文释读和内涵理解仍有一定商榷和补说余地。

豆，可作豆类植物的总称。《战国策·韩策一》："韩地险恶山居，五谷所生，非麦而豆，民之所食，大抵豆饭藿羹。"贾思勰《齐民要术·大豆》："四月时雨降，可种大小豆。"简文中"煮豆""盐豆"之豆，相类似者也有作菽。张家山汉简《二年律令·金布律》简 425："□□马日匹二斗粟、一斗叔（菽）。传马、使马、都廄马日匹叔（菽）

---

* 本文写作得到武汉大学人文社科青年学者学术团队"新资料与先秦秦汉荆楚地区的空间整合"项目以及国家社会科学基金青年项目"出土简牍所见秦汉仓储制度研究"（20CZS014）的资助。

一斗半斗。"⑤敦煌悬泉汉简编号 5 牍(Ⅱ0214②：556)："令曰：未央廄、骑马、大廄马日食粟斗一升、叔(菽)一升。置传马粟一升、叔(菽)一升。其当空道日益粟、粟斗一升。长安、新丰、郑、华阴、渭成(城)、扶风廄传马加食，匹日粟斗一升。车骑马，匹日用粟、叔(菽)各一升。"⑥皆是以菽饲马，可参。传世文献中以菽饲养牲畜亦不鲜见，不赘述。一般认为，饲牛、马之"菽"指大豆。大豆等豆类中含有皂素及抗胰蛋白酶(胰蛋白酶是重要的消化酶)，牲畜生食大豆时将这两种有害物质摄入体内，不利于消化，甚至可引起中毒。《齐民要术》卷六即载有"治食生豆腹胀欲垂死"之牛的方法⑦，可参证。简文"煮豆"侧面反映汉代人通过经验积累已经知晓食用生豆对牲畜的危害，并设法避免之。

释文中所谓"鸟喙一果"，似即"乌喙一果(颗)"。"喙"前一字图版作 ，稍显模糊。鸟、乌形近，此处不知是简文中混同，还是释文誊录致误。乌喙，又名乌头，是中药附子的别称，以其块茎形似得名。《墨子·杂守》："常令边县豫种畜芫、芸、乌喙，袾叶。"《急就篇》卷四："乌喙附子椒芫华。"颜师古注："乌喙，形似乌之觜也。"《神农本草经》析之为附子、乌头二条："附子……味辛温，有大毒。治风寒，欬逆，邪气，温中，金创，破症坚，积聚，血瘕，寒湿痿躄，拘挛，膝痛，不能行步。"⑧"乌头……一名乌喙。味辛，温，有大毒。治中风，恶风洒洒，出汗，除寒湿痹，欬逆，上气，破积聚，寒热。其汁，煎之名射罔，杀禽兽。"⑨《本草经》注云："冬十一月采为附子，春采为乌头。"⑩从药性来看，乌喙能治疗金创等外伤以及"痿躄，拘挛，膝痛，不能行步"的病症，还能"除寒湿痹，欬逆，上气，破积聚，寒热"。乌喙入"肥牛"方，似乎表明汉时人认识到乌喙的药效对强健牛这类力畜的体魄有益助。又，《神农本草经》"乌头"条注："正月、二月采，阴干。长三寸以上者为天雄。"⑪"天雄"条："味辛，温，有大毒。治大风，寒湿痹，历节痛，拘挛缓急，破积聚，邪气，金创，强筋骨，轻身，健行。"⑫乌喙、附子、天雄都属于大毒之物，从简文"煮豆斗以乌〈乌〉喙一果（颗）"来看，古人是注意到了煮豆时添加乌喙的数量和比例。《博物志》卷四谓："乌头、天雄、附子一物，春秋冬夏采各异也。"并引《神农经》云："天雄、乌头（毒），大豆解之。"⑬据此知，大豆或也被认为能中和乌头之毒，不至于令牛中毒。

"而盐豆，日盐二升"句，值得注意。我们原以为"而"作连词，表承接；"盐豆"之盐，为动词，指用盐腌物。《礼记·内则》："屑桂与姜，以洒诸上而盐之，干而食之。"⑭雷海龙、黄浩波先生告知"而盐豆"的"而"，或作动词，通"挼"。挼、捼、撋、濡，意思皆相近，《仪礼·特牲馈食礼》中有相近的辞例"尸左执觯，右取菹撋于醢，祭于豆间"，可参。这也是很好的意见，挼、捼从"而"声，挼、捼同"撋"，故"而"可读作"撋"。撋，《说文》："撋，染也。""而（撋）盐豆"，或即撋盐于豆，似是将盐拌染于大豆中。若此，"盐豆"之"盐"则非作动词理解，而与"日盐二升"之"盐"相同，均为名词，指食盐。

盐是牲畜体内不可缺少的重要物质，适当喂盐对牲畜生长很有益处。《齐民要术》卷六养羊篇引《家政法》："养羊法，当以瓦器盛一升盐，悬羊栏中，羊喜盐，自数还啖之，不劳人收。"⑮又引《淮南子万毕术》"麻盐肥豚豕"，并注曰："取麻子三升，捣千余杵，煮为羹，以盐一升着中，和以糠三斛，饲豕即肥也。"⑯《家政法》中以盐饲羊以及《万毕术》中以盐喂猪，这些是传世文献中较早的用盐饲养牲畜的记载，但也仅限于羊、猪，《齐民要术》马、牛等牲畜篇中则无此类记载⑰。《唐六典》中盐作为喂饲辅料，已推广至诸牲畜，并以法令加以规范。"典廏署"条："典廏令掌系饲马牛，给养杂畜之事……凡象日给稻、菽各三斗；盐一升；马，粟一斗、盐六勺，乳者倍之；驼及牛之乳者、运者各以斗菽，田牛半之；驼盐三合，牛盐二合；羊，粟、菽各升有四合，盐六勺。"⑱宋《天圣令·廏牧令》所载类似⑲，其第3条："诸系饲，给豆、盐、药者……马一疋，俱（供）御及带甲、递铺者,日给豆八升,余给七升;蜀马〔日给〕五升;驴(骡)一头,日给豆四升、麸一升。月给盐六两、药一唉。驴一头,〔日〕给豆三升、麸五合,月给盐二两、(日)药一唉。……牛〔一头〕,日给大豆五升,月给盐四两、药一唉。"[20]这些反映出唐宋在饲养技术和牲畜管理水平上的进步。荆州胡家草场 M12 出土简牍属于西汉简,因此简文"而(擩)盐豆,日盐二升"或许是目前所见我国最早用盐饲养牛的记载。简 833"肥牛方"应是在畜牧学史上有重要价值的一则材料。从"日盐二升"来看,西汉时期显然已经注意到了饲养牲畜用盐的量[21]。唐宋律令中对于牲畜喂盐量的规定,绝非凭空而来,应该是在前人畜牧生产经验基础上获得的,而 833 号简"肥牛"之法在一定程度上可以视作其渊源。

"茸食"或读作"饵食"。"茸(饵)"字图版作,其被编绳所扰,下部形体不明,暂从原释,依上下文意看此字应是动词。饵,可作动词用,训作饲、食。《战国策·秦策》:"(伍子胥)无以饵其口,坐行蒲伏,乞食于吴市。"《广雅·释诂三》:"饵,食之也。"王念孙:"饵,亦谓飤之也。""茸(饵)食如常养牛方",即按照日常养牛的方法喂养之。

所谓"茹以甘刍、善骚","善骚"不应直接承接"茹以甘刍"理解。茹,本义指喂牛马[22]。《说文·艸部》:"茹,飤马也。"甘,为可口义。《说文·甘部》:"甘,美也。"段玉裁注:"五味之可口皆曰甘。""甘刍"即可口的刍蘩。"茹以甘刍"是说用可口的刍草来喂养牛,"善骚"则不属于被喂饲之物。《说文·马部》:"骚,摩马。"段玉裁注:"人曰搔,马曰骚,其意一也。"睡虎地秦简《法律答问》简 179"当者(诸)侯不治骚马,骚马虫皆丽衡厄(轭)鞅鞥辕軥,是以炎之",裘锡圭先生认为"骚马"二字应读为"搔马",工具用篱(刮马篦)。"不治骚(搔)马"是指不好好搔马或搔马不得法[23]。可参。这里"善骚"应读作"善搔",大意指悉心搔牛。搔牛帮牛清除掉体表的寄生害虫,同样是有利于牛的生长和健康。故简文当断读作

269

"茹以甘𣂉,善骚(搔)"。

"靡以秫米二斗"已书写至简末,其后是否另接有简文,尚未知。"靡"似可读"磨",研磨、磨碎义。亦可读作"糜",有烹煮使糜烂义。《释名·释饮食》:"糜,煮米使糜烂也。"同批公布的简767原释文作"令齿白方,以美桂靡之百日,而齿白矣"㉔,其中"以美桂靡之"的"靡"似与简833"靡"含义有别。简767"靡"或读作"摩",指摩擦、接触。《庄子·马蹄》"喜则交颈相靡",陆德明《释文》:"靡,李云:'摩也。'""以美桂靡之,百日而齿白矣"大概是以美桂摩擦牙齿,百日之后能令齿洁白㉕。简833"靡以秫米二斗"之"靡",从文意来看似乎不读作"摩"。另外,周家台秦简《病方及其他》简373"·肥牛,善食之,而歙(饮)以䬼,一月已",萧旭先生认为"䬼"是"𥺝"异体字。《说文》:"𩱏,凉州谓䰞为𩱏。从弼鬻声。𥺝,𩱏或省从末。"米粥谓之𥺝、糁,麦粥谓之麸,其义一也。豆粥亦谓之𥺝。其语源都是"末",取细末、细粉为义。简文言饮牛以粥糜也㉖。汤志彪先生亦有此说㉗。"靡以秫米二斗"之"靡"若读作"糜",似正是以粥糜饮牛,可与周家台简"肥牛"之法互参。

所谓"秫"字图版作**秫**,形体稍模糊,暂从原释。简文"秫米"是喂牛之物。《说文》:"秫,稷之黏者。"刘乐贤先生曾指出,古书对秫的记载不太明确,是否是稷的一种很难断定。睡虎地秦简《日书》甲、乙种把它和黍相对应,是一条新的线索㉘。刘国胜先生进一步考证日书《五种忌》讲到的秫、黍,应当就是指代秫米和黍米;秫只有表示秫米时,才与指黍米的黍相通㉙。若据此说,则此处"秫米"应即黍米。

综合以上,简833可初步断读作"肥牛:煮豆斗以鸟〈乌〉喙一果(颗),而(撋)盐豆,日盐二升,茸(饵)食如常养牛方,茹以甘𣂉,善骚(搔),靡(糜)以秫米二斗"㉚。关于简文的层次,有学者在"养牛方"三字前断读,将之前的"肥牛"文字和其后的内容划分为"肥牛"和"养牛方"两层含义,理解为不同的经方。从文意来看,我们觉得简文视作一则经方更为合适。

　　附记:小札草就,蒙雷海龙、黄浩波二位同门帮助,纠正了不少错误,谨致谢忱!

2019 年 5 月 7 日初稿

2019 年 10 月 20 日二稿

注释:

① 参看蒋鲁敬、李志芳:《荆州胡家草场西汉墓 M12 出土的简牍》,《出土文献研究》第 18 辑,中西书局,2019 年;李志芳、蒋鲁敬:《湖北荆州市胡家草场西汉墓 M12 出土简牍概述》,《考古》2020 年第 2 期。

② 参看消息《国家文物局召开"考古中国"重要进展工作会》,国家文物局官网,2019 年 5 月 6 日,http://www.sach.gov.cn/art/2019/5/6/art_722_154908.html。

③ 参看消息《湖北荆州出土珍贵西汉简牍和战国楚简极具学术价值》,中国新闻网,2019 年 5 月 6 日,http://www.chinanews.com/cul/2019/05-06/8829027.shtml。

④ 参看消息《湖北荆州出土珍贵西汉简牍和战国楚简极具学术价值》。

⑤ 彭浩、陈伟、工藤元男主编:《二年律令与奏谳书——张家山二四七号汉墓出土法律文献释读》,上海古籍出版社,2007 年,第 252 页。

⑥ 胡平生、张德芳:《敦煌悬泉汉简释粹》,上海古籍出版社出版,2001 年,第 5 页。

⑦ 贾思勰撰,缪启愉校释:《齐民要术校释》,中国农业出版社,2009 年,第 420—421 页。

⑧ 马继兴主编:《神农本草经辑注》,人民卫生出版社,1995 年,第 330 页。

⑨ 马继兴主编:《神农本草经辑注》,第 332 页。

⑩ 马继兴主编:《神农本草经辑注》,第 330 页。

⑪ 马继兴主编:《神农本草经辑注》,第 333—334 页。

⑫ 马继兴主编:《神农本草经辑注》,第 332 页。

⑬ 张华撰,范宁校证:《博物志校证》,中华书局,1980 年,第 47、49 页。

⑭ 参看白胡芝《读荆州胡家草场 M12 汉简笔记一则》,简帛网简帛论坛帖文,2019 年 5 月 7 日,http://www.bsm.org.cn/forum/forum.php?mod=viewthread&tid=12331。

⑮ 贾思勰撰,缪启愉校释:《齐民要术校释》,第 440 页。

⑯ 贾思勰撰,缪启愉校释:《齐民要术校释》,第 444 页。

⑰《齐民要术》卷六养牛、马、驴、骡篇"治马中水方"中"取盐着两鼻中"、"治马中谷方"中"以盐涂"、"治马瘙蹄方"中"以盐汤净洗"、"治马大小便不通方"中"以盐内溺道中"以及"治马卒腹胀,眠卧欲死方"中"用冷水五升,盐二升,研盐令消,以灌口中"等,皆是以盐治马病,非以盐喂马。参看贾思勰撰,缪启愉校释《齐民要术校释》第 410、412 页。

⑱ 李林甫等撰,陈仲夫点校:《唐六典》,中华书局,1992 年,第 484 页。

⑲《天圣令》卷二十四《廄牧令》保存宋令 13 条,附唐令 35 条,均是为唐宋时饲养管理牲畜的令文。《天圣令》修订于宋仁宗天圣七年(公元 1029 年),原被认为已佚。后经过学者考证,天一阁珍藏的明代白棉纸乌丝栏钞本《官品令》一册,其真书名非《官品令》而应是《天圣令》的一部分。参看戴建国《天一阁藏明钞本官品令考》,《历史研究》1999 年第 3 期。

⑳ 天一阁博物馆、中国社会科学院历史研究所天圣令整理课题组校证:《天一阁藏明钞本天圣令校证(附唐令复原研究)》,中华书局,2006 年,第 290 页。

㉑ 关于简文"日盐二升"的理解,《汉书·律历志》载"十合为升,十升为斗",学者考证汉代一升容量合计约为今 200 毫升(参看邱光明《中国历代度量衡考》,科学出版社,1992 年,第 244—245 页),简文"日盐二升"约合今 400 毫升。由于这一巨大的日饲盐量,我们曾对简文释读的准确性有所怀疑。但比较传世文献中的相关记载,"日盐二升"并未超出牲畜饲盐用量不可接受的范围。《唐六典》记载每日供给"(象)盐一升""牛盐二合",隋唐一升约为今 600 毫升(参看邱光明《中国历代度量衡考》第 258—259 页),"牛盐二合"约即今 120 毫升。宋律所载牛"月给盐四两",宋代一斤(即十六两)约合今 630 克(参看邱光明《中国历代度量衡考》第 462—463 页),"月给盐四两"即月供给牛饲盐约 158 克。现代食盐的综合密度(2.165 g/cm^3)约

2.2 倍于水,通过大致换算可知,宋代月供给牛饲盐量则约为 75 毫升,每日约为 2.5 毫升。对比来看,汉代肥牛所用"日盐二升"的量(约 400 毫升)远远大于宋代(约 2.5 毫升),但与《唐六典》所载每日正常供给牛食用的量(约 120 毫升)相对接近,甚至没超过饲象盐的日供给量(600 毫升)。若833 号简"肥牛方"以及传世文献记载无误,造成不同时代饲牛用盐量巨大差异的原因,可能有以下几个方面:一是简文"日盐二升"在性质上属于简首自题"肥牛"的特殊措施,用盐量大,并非一般的日常饲牛用盐量;二是汉、唐、宋诸代饲牛所用盐的品质有别,汉代等早期用于饲养牲畜的盐可能杂质较多、更为粗粝,不如后代用盐精细,所以用盐量大。再就是用盐的方式不同,例如用盐煮饲料和用盐拌饲料,盐的使用量也是差异极大的。前引《淮南子万毕书》注云"取麻子三升,捣千余杵,煮为羹,以盐一升着中,和以糠三斛,饲豕即肥也",这里就是以"盐一升"杂拌其他饲料来肥猪,与简文"肥牛"之法相近,盐的用量也很大。

㉒ 参看李学勤主编《字源》,天津古籍出版社,2012 年,第 54 页"茹"字条。

㉓ 裘锡圭:《读简帛文字资料札记》,《简帛研究》第 1 辑,法律出版社,1993 年;后收入《裘锡圭学术文集》(第二卷),复旦大学出版社,2012 年。

㉔ 参看消息《国家文物局召开"考古中国"重要进展工作会》。

㉕ "百日"似属下读,"百日而齿白矣"表示经方应验的时效。

㉖ 萧旭:《〈周家台 30 号秦墓简牍〉校补》,复旦大学出土文献与古文字研究中心网,2015 年 8 月 26 日,http://www.gwz.fudan.edu.cn/Web/Show/2580。

㉗ 参看汤志彪《读关沮秦汉简牍札记五则》,《出土文献与学术新知学术研讨会暨出土文献青年学者论坛论文集》,吉林大学 2015 年,第 128 页;后修订作《关沮秦汉墓简牍字词释读七则》,《简帛研究二〇一七(春夏卷)》,广西师范大学出版社,2017 年。

㉘ 刘乐贤:《睡虎地秦简日书研究》,台北文津出版社,1994 年,第 44—45 页。

㉙ 刘国胜:《秦汉简牍中的"秝米考"》,《简帛》第 19 辑,上海古籍出版社,2019 年。

㉚ 雷海龙先生曾告知其释读简文作"肥牛:煮豆斗,以乌喙一果(颗),而盐豆白盐二升,苴(咀)食如常养牛方,茹以甘乌,善骚(搔),靡以[米求]米二斗"。其意见与我们的理解稍有别,今一并誊录于此。

胡家草场汉简《岁纪》"王入吴房"与睡虎地秦简《编年记》"韩王居□山"

曹旅宁

（华南师范大学法学院）

胡家草场 12 号汉墓《岁纪》简 1538：

> 十六年，始为丽邑，作丽山。初书年。破韩，得其王，王入吴房①。

发布者只讨论了秦王政作丽山事起始。我们注意到其中十六年灭韩之事。被俘的韩王安迁徙居吴房。吴房今河南遂平，在京广线漯河、驻马店之间，为古汝水流经之地，想必战国末期亦为交通便利之地。

睡虎地秦简《编年记》可与《岁纪》对读：

> 十六年，自占年。
> 十七年，攻韩。
> 廿年，韩王居□山。
> 廿一年，韩王死。昌平君居其处，有死□属。
> 廿三年，兴，攻荆。□□守阳□死。四月，昌文君死。
> 廿四年，□□□王□□②。

整理小组廿四年注释指出："《史记》载是年秦虏楚王负刍，楚亡。"由此可知，秦王确实有为收韩人之心安置韩王安于韩地之举。由

此韩王安居□山、昌平君居其处可能为吴房之□山。吴房今河南
遂平,距淮阳不算太远。《史记》谓昌平君徙于郢即可能指此事。
我们知道,秦灭楚的主战场在今豫东及淮南。从《编年记》文例来
看,这几年纪事涉及"死"字均指死亡而言。田余庆先生在《说张
楚》一文中论昌平君之郢在今豫东还是有见地的[3]。

注释:

① 李志芳:《十大考古候选项目:湖北荆州胡家草场西汉墓地发现大量秦汉
  简牍》,文博中国网 2020 年 1 月 13 日。
② 睡虎地秦墓竹简整理小组:《睡虎地秦墓竹简》,文物出版社,1990 年。
③ 田余庆:《说张楚》,《秦汉魏晋史探微》,中华书局,2004 年。

艺 术 与 文 化

从蜻蜓眼式玻璃珠探析
域外之物的本土化

李 会

（华中师范大学美术学院）

楚国虽然地处南方，但是在东周时期受众多外来文化因素影响，其中蜻蜓眼式玻璃珠是一个典型代表，它提供了域外之物的传入——技术的引进——与本土文化与技术的结合——本土化为楚国的代表性的器物的完整案例。通过对其分析，我们也可窥探对外交流中的基本普遍的东西。

一、蜻蜓眼式玻璃珠传入后的发展概况

蜻蜓眼式玻璃珠传入中国后大致经历了三个发展历程。

春秋末战国早期，即公元前五世纪前后，此阶段蜻蜓眼式玻璃珠数量比较少。根据考古发掘这一时期主要出土蜻蜓眼式玻璃珠的除新疆地区外，山西长子牛家坡墓[①]、山西太原赵卿墓[②]、山西长治分水岭墓葬[③]、河南洛阳中州路墓主[④]、湖北随州曾侯乙墓[⑤]、临淄郎家庄 M1[⑥]、曲阜鲁国故城 M52[⑦]、战国中期早段的慈利石板村 M33[⑧]、长沙战国早期的墓葬[⑨]、丹江口外边沟 M21[⑩]、枝江姚家港 M3[⑪]、河南固始侯古堆 M1[⑫]、淅川徐家岭 M10[⑬]。这些墓葬基本都为高级贵族墓葬。正是贵族阶层这种彰显身份的需要让域外之物蜻蜓眼式玻璃珠的传入成为可能。

战国中期到晚期，即公元前四世纪和三世纪，镶嵌玻璃珠的出土地点明显增加，遍布全国，但集中出土于湖南、湖北、河南三省。与春秋末战国初不同，这个时期的镶嵌玻璃珠虽然也出土于身份

较高的大墓,但绝大多数的蜻蜓眼式玻璃珠出土于普通的小型墓葬。如湖北擂鼓墩 M2⑬是大型墓葬,江陵九店和江陵雨台山出土的蜻蜓眼式珠的墓葬多为小型墓葬。这个时期的镶嵌玻璃珠还是以球状为主,与早期珠子相比,珠子的造型更为规整。

秦汉时期是中国古代镶嵌玻璃珠的第三个发展阶段,西汉时期的镶嵌玻璃珠的数量明显减少,出土地点多分散在远离汉代政治经济中心的偏远地区,重庆冬笋坝的船棺葬、奉节县风箱峡和广州的南越王墓,西汉镶嵌玻璃珠的纹饰仍是以同心圆为主题花纹,配以简单的几何纹,与战国中晚期的珠子相比,纹饰大大地简化了。从西汉时期镶嵌玻璃珠的数量和纹饰来看,不能不说镶嵌玻璃珠已经走下坡路了,西汉之后,这种特殊工艺的珠子就很少出现。

从上可以看到蜻蜓眼式玻璃珠于春秋末战国初在中国出现,数量少,一般为大型墓葬出土。到战国中期以后,出土数量大大增加,而且出土地点明显增多,这一时期以湖南、湖北出土数量为最。同时,相较前期珠体纹饰更为复杂多变,显得更加精美,并出现了中国独有纹饰的蜻蜓眼式玻璃珠。到了第三期,只在边远地区有零星的出土,然后基本绝迹。从蜻蜓眼式玻璃珠的整个分布范围来看,主要分布在楚文化的范围内,楚文化的中心两湖最为集中。蜻蜓眼式玻璃珠在中国的发展和楚文化紧密结合在一起,并最终本土化为楚文化的典型器物。正如张正明所指出,漆杯、铜镜和珠饰成为楚国中产阶级生活方式的象征⑮。根据考古发掘,楚墓中很多珠饰为蜻蜓眼式玻璃珠。

二、楚国蜻蜓眼式玻璃珠是生产工艺

玻璃制品的生产要经过以下步骤,即首先把两种最重要的成分硅石和碱在适度的温度下进行混合,并保持一定的时间让它们进行化学反应而形成一种固体状态;第二步骤即在高温之下把上述玻璃料融化形成玻璃;第三步即把生产出的玻璃加工成玻璃制品。如果把玻璃的生产步骤和青铜冶炼过程进行比较就会发现两者之间的相似之处,都要首先经历原材料的冶炼,生产出新的物质再加工成各种器物。这种相似性无疑帮助了中国工匠对玻璃生产这种新技术的掌握与发展。

考古发现显示,在蜻蜓眼式玻璃珠传入内地之后,楚人很快开始自己生产玻璃,中国由此出现真正的玻璃行业。在对蜻蜓眼式玻璃珠成分分析的基础上,我们发现,在战国中期前,蜻蜓眼式玻璃珠属于西方的纳钙玻璃,而在战国中期后,蜻蜓眼式玻璃珠和玻璃璧、剑饰等却是中国独有的铅钡玻璃。这些事实似乎说明制造玻璃所需要的技术随着蜻蜓眼式玻璃珠一并传入中国。楚人掌握了玻璃制造技术后生产出很多具有中国特色的玻璃制品,如玻璃璧、玻璃剑饰等。虽然生产玻璃的技术来源于域外,但是生产玻璃的原材料还是取自中国,这也就导致了中国所生产的玻璃化学成分与国外玻璃成分有所不同。此时西方的玻璃成分为纳钙玻璃,而中国的玻璃却是独特的铅钡玻璃。楚人掌握了玻璃制造技术之后借用存在已久的青铜器铸造技术把玻璃料转化成玻璃制品。结果,楚人创制了模制法来生产玻璃制品。其产品不仅包括蜻蜓眼式玻璃珠,还有中国传统的器形如璧、剑饰等。对楚国玻璃工艺的研究我们基本可以确定,玻璃模制工艺是对青铜模制工艺借鉴的结果,而青铜模制技术在当时已达顶峰状态,充分体现出楚国工匠吸收融合,不断创新的能力。关善明先生收集了不少战国到汉的玻璃模具,并进行了一些相关研究。根据他的研究,这种具有鲜明中国特点的玻璃制品生产方式首先把玻璃条熔融为液体状态,然后把这种玻璃液倒入模具[⑯]。很显然,这种生产方式与中国青铜器模制工艺相近,所不同的只是人们倒入模具的是融化的玻璃以获得玻璃制品而不是青铜液而已。工艺过程与物质形态的相似性,很有可能激发了楚国工匠的灵感,促使他们吸纳应用早已熟知的青铜器模制技术来生产玻璃制品。中国出土的战国早期后造型规整的蜻蜓眼式玻璃珠应是采取此种模制方法生产出来的(图一)。图二展

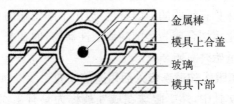

图一　模制生产玻璃珠

《中国古代玻璃》图 56）

示了玻璃璧的生产过程：首先，人们把处于柔软状态的玻璃放在模具的下部，并且下面用火烘烤。受热后，玻璃软化到理想状态后，模具的上面部分就会合拢并由模具的上下部分合力而形成圆形璧状。玻璃璧作为玉璧的仿制品，其上一如玉璧装饰有谷纹、云纹等。因此，可以推测，在上下模具上应当已经备有相关的纹样。玻璃剑饰的生产应是相同的原理，把熔融的玻璃液倒入纹饰皆已具备的模具里铸造而成。

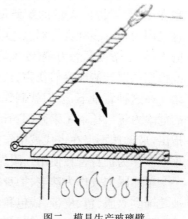

图二　模具生产玻璃璧

《中国古代玻璃》图 61）

　　蜻蜓眼式玻璃珠作为典型的域外之物，在春秋晚期与战国早期北方诸侯国与楚国都有发现。战国中期后，楚人掌握了玻璃生产技术，并借鉴楚国原有的青铜器模制技术创造出玻璃制品生产的模制法，制造出大批中国所独有的玻璃制品，如独具中国特色的蜻蜓眼式玻璃珠和楚地大量出现的玻璃璧与玻璃剑饰等。楚人对玻璃生产技术的掌握与玻璃制品生产工艺的发展不仅保证了蜻蜓眼式玻璃珠在楚国的普遍化并最终融入楚人的生活中，而且楚人开始结合自己的传统与审美进行玻璃珠的创制与生产。从此,蜻蜓眼式玻璃珠具有鲜明的中国特色,迈出了本土化的重要一步,并最终和楚文化相结合成为楚国的典型性器物,而在北方,蜻蜓眼式玻璃珠的数量始终有限。

三、蜻蜓眼式玻璃珠传入后用途的改变

在一些文献中,蜻蜓眼珠在域外被称为具有巫术性质的魔法眼珠。1916 年,Eisen 在文章中指出,许多观察者注意到,蜻蜓眼式玻璃珠主要作为护身符使用,其装饰作用是次要的[⑰]。Kunter 也在 1995 年指出大量的蜻蜓眼式玻璃珠作为护身符在使用[⑱]。这是因为在许多社会有邪恶之眼的信仰,即人们普遍认为,与特定的人类、上帝或邪恶力量(如疾病)进行目光接触,可能会对一个人或他们的财产造成突然伤害,或给他们灌输嫉妒和仇恨等恶性情绪。在这种背景下,人们就制作出带眼的护身符来吸收邪恶之眼的危险力量。托本·索德(Torben Sode)在 1995 年的一份报告中指出,玻璃珠不仅在古代被用作护身符,在今天的地中海地区和近东依然作为护身符在使用。眼珠纹出现在各种各样的时尚:作为一个单体眼饰或作为珠宝、护身符,或护身符的一部分。它也可以被装饰到衣服、包、皮带、钱包和化妆品配件中。此外,它可以在马具和骆驼、驴的装备上,甚至犁和农具上也能找到这种眼纹。护身符被认为在佩戴时效果最好,因为邪恶之眼的第一眼是最有力的,它被护身符吸收后,这样佩戴者就可以自己承受第二次较弱的目光[⑲]。考察中国的蜻蜓眼式玻璃珠,并没有域外护身符的含义,相反,国人以自己的视角来解读、利用此域外之物,从而发展出有别于国外而独具特色的使用方法。

1. 早期在中国作为身份的象征

除了在新疆维吾尔自治区发现的以外,所有在中国发现的、可以追溯到战国中期以前的玻璃眼珠,都只存在于高级贵族的大墓中。例如,山西长子牛家坡墓、山西太原赵卿墓、山西长治分水岭

墓葬、河南洛阳中州路墓葬、河南郑州二里冈墓葬、湖北随州曾侯乙墓、丹江口外边沟 M21、枝江姚家港 M3、河南固始侯古堆 M1、淅川徐家岭 M10 等。在玻璃珠发展的第一阶段，正如以上所述，蜻蜓眼式玻璃珠稀缺，因此人们把它作为地位的象征。这也符合东周时期礼崩乐坏的时代背景，即旧有的血缘决定社会地位的传统被打破，各地诸侯和贵族开始热衷用新的工艺和新产品来展示其社会地位和财富。在第一个时期，由于玻璃眼珠的稀缺性，人们将其作为一种社会地位的象征来珍惜和使用，作为贵重的进口商品，只有社会阶层高的人才买得起。其结果是，在战国中期以前，玻璃眼珠被限制在等级高的大墓中。随着楚人对玻璃技术的掌握，战国中期开始，玻璃眼珠开始流行起来，而且规模更大，他们不再稀有，失去了起初宝贵的价值，这一时期大部分蜻蜓眼式玻璃珠出自中小型墓葬。随着玻璃珠渗入到楚人的生活中，它们的意义已经超出了一般的装饰之用，蜻蜓眼式玻璃珠成为楚国代表性的工艺品之一。

2. 作为服饰

根据考古发掘，蜻蜓眼式玻璃珠被楚人用来作为佩饰。如马山墓主的锦袍上系有一根黄色组带，于腰处结成活扣的腰带左侧系佩饰。佩饰用组带系，组带上都是双股，套系在腰带上，下部套着一颗圆形琉璃珠，珠下系结，使珠不致下滑，在末梢上处还打有一个结头。在这段组带上端绕着另一组带，上端穿套着一件玉管，玉管下打有结，"就整组佩饰来看，玉管在玻璃管之上，它们都位于组带的中部，由于各自穿套在两根组带上，所以摆动自如"[20]（图三）。两个彩绘木俑发现于江陵武昌义地 M6 楚墓[21]，木俑的胸前至足绘有两组由丝带贯串起来的珠、管、环、璜组成的装饰物，几于长袍等长。木俑配饰描绘得非常清晰，各类玉石器相互间的组合关系一清二楚。其一，装扮的形式为腋下系一腰带，胸前左右各绘一组佩饰。而各类佩饰由一根红带串联，系在腰带之上，并打一

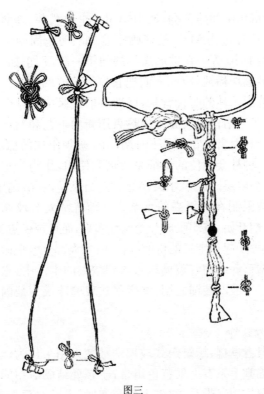

图三

《江陵马山一号墓》图 22

结。结下由二珠、一管、一环、一璜、一珠为一组.其下又打下一结,
然后又系一环、一管、二珠、一管、二珠、一管、二珠、一环、一璜、一
管。在管饰之下又打上一结,使整组佩饰搭配适宜,美观大方;其
二,装扮形制与 1 式侍俑略有不同,其特点是腰结上穿有一管,结
下装一管三珠,一璜,一管,形成一组,胫下有一珠,一管、四珠、一
环、一璜、一管为一组,并以结告终[22](图四)。在信阳长台关楚墓
出土的人物俑也清晰地描绘出这种配饰[23]。这种长串佩饰在人走
路时就会发出悦耳的声音。在《楚辞》中也有这种配饰的记载,如

284

《楚辞·离骚》中云："长余佩之陆离。"《思美人》："佩缤纷以缭转兮。"《大司命》云："玉佩兮陆离。"《东皇太一》："抚长剑兮玉饵，璆锵鸣兮琳琅。"无论是文物还是文献，皆说明楚国具有佩戴长串饰品的传统。马山楚墓中作为服饰的蜻蜓眼式玻璃珠说明，这些玻璃珠很有可能用来组合这种复合长串饰品。除了马山楚墓出土的蜻蜓眼式玻璃珠外，1953 年长沙市仰天湖 10 号墓出土 10 颗玻璃珠，均出于死者腰部，也应是这种用法。

图四

（《湖北江陵武昌义地楚墓》图 35）

3. 用作棺饰

在中国先秦形成了一套棺椁装饰制度，葬具装饰起源于新石

图五

（江陵马山
一号墓图 10）

器时代，到东周时期，木质棺椁的装饰方法主要流行两种形式：一是在葬具表面作出的修饰，即裸漆绘彩；二是在葬具外再加编织覆盖物，即《周礼》中所言的"荒帷"之属㉔。有的墓葬在葬具外再加盖覆盖物其中，装饰葬具的纺织物品——荒帷上附加珠玉等后称为珠帛。江陵马山一号墓出土的 1 件琉璃管，深灰色，周身饰金、白色环带纹，金色菱形纹、点纹及乳钉纹，长 7.2 厘米。出土时与一蜻蜓眼式玻璃珠串联在黄色纱束上，纱束长 54 厘米，由两长条纱拧在一起组成，一端中间打结，尾端散开，另一端尾部则打结，它们组成的棺饰纵向置于棺盖头向一端荒帷之上的中间㉕（图五）。显然这一颗玻璃珠是用来装饰葬具的，缀于荒帷上形成珠帛。

4.装饰其他工艺品

根据很多考古发现来看，蜻蜓眼式玻璃珠也用来作为其他工艺品的装饰物。在江陵九店楚墓中，一粒蜻蜓眼式玻璃珠穿在一丝带上，这一丝带又系在一铜镜上（图六，1）。在辉县楚墓，蜻蜓眼式玻璃珠被发现作为装饰物镶嵌在一带钩上（图六，3）。在河南金村，四面铜镜的背面都镶嵌装饰着蜻蜓眼式玻璃珠，其中两件铜镜为山字纹镜，蜻蜓眼式玻璃珠点缀在山字纹之间（图六，2）。

从以上分析中可以看到，蜻蜓眼式玻璃珠传入后楚人并没有接受其原有的文化含义，而是以本国固有的传统文化视角来看待、理解、使用这一域外之物。随着楚人对玻璃生产技术的掌握，蜻蜓眼式玻璃珠最终和楚文化结合完成楚化成为楚国代表性的器物。

结语

蜻蜓眼式玻璃珠可以说体现了域外之物传入后如何一步步发展最终融入本土文化的完整过程，其过程经历了域外之物的传

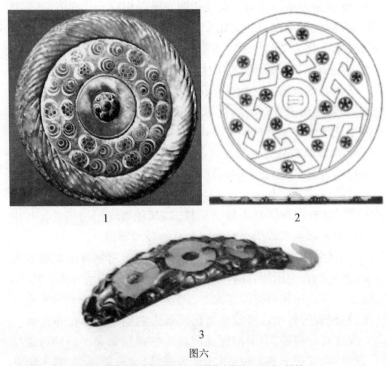

图六

1. 干福熹:《中国古代玻璃技术的发展》,上海科技出版社,2005 年,图版 7:6
2. 洛阳市文物工作队:《洛阳市西工区 CIM3943 战国墓》,《文物》1999 年第 8 期,图 32:5
3. 关善明:《中国古代玻璃》,香港中文大学文物馆,2001 年,图 24

入——技术的引进——与本地文化与技术的结合——本土化为楚国的代表性的器物。

通过以上的分析,我们可以总结出以下几点:

1. 东周时期,在礼崩乐坏的时代背景中,随着宗法血缘制度的分解,上层社会开始热衷用新的工艺和新工艺品来彰显自己的社会地位和财富。贵族阶层这种内在需求成为蜻蜓眼式玻璃珠传入的根本原因与动力。

2. 蜻蜓眼式玻璃珠传入中国后,在北方并没有形成规模化的发展,唯在南方楚国获得了持续化的发展。相较于北方诸侯国,楚人追奇逐新、海纳百川的文化秉性保证了域外之物蜻蜓眼式玻璃珠最终本土化为楚国代表性器物。

3. 随着蜻蜓眼式玻璃珠的传入,玻璃生产技术随即被楚人掌握。从矿石到玻璃的冶炼过程和传统的青铜冶炼技术有着相似的地方,而楚地历来青铜冶炼技术发达,也许正是这一原因,使得楚人能迅速理解并掌握玻璃生产技术。

4. 在玻璃制品的生产过程中,楚人又将其与传统的青铜器的模制法结合起来,创造出中国特有的玻璃制品模制生产技术,生产出大量的玻璃珠和其他玻璃制品。在楚地生产的玻璃制品中,蜻蜓眼式玻璃珠出现了楚人特有的样式,其他玻璃制品则是模仿中国传统的玉制品而成为当时中国独有的玻璃器型。

5. 在使用中,楚地的蜻蜓眼式玻璃珠并没有域外的眼纹辟邪含义,而是结合中国固有的传统发展出其独特的使用方式。其中,蜻蜓眼式玻璃珠和模仿蚀花肉红石髓珠的琉璃管缀于荒帷上形成珠帛,赵德云曾指出这些域外文化因素影响到了先秦丧葬礼制㉕。这一说法有待商榷,中国棺饰制度具有悠远历史和严格的等级规定,郑玄注《礼记·丧大记》说这是为了"以化道路及圹中,不欲众恶其亲"。中国本来就有用珠、管等饰物装饰葬具的礼制传统,楚人理解和使用玻璃珠和琉璃管正是基于这一固有的传统之上,外来的珠与管饰只不过因其形式而切合到中国的传统中。因此,更为准确地说,应当是楚人把本为域外之物的玻璃珠和琉璃管吸收到本国的传统之中而并不是外来之物影响和改变固有的传统。楚人还把蜻蜓眼式玻璃珠纳入服饰中,其根基也是楚人固有的服饰传统。楚人存在已久的珠饰作为服饰的传统以及对珠饰的传统认知,这才是蜻蜓眼式玻璃珠能迅速切入到楚人服饰中的根本原因。

从上面的分析中我们看到,不论是技术还是域外之物在传入地的发展,本土传统是达成一切的根基,其内在需要是域外之物传入和发展的根本原因。域外之物要想在本地获得进一步发展,必须和当地的文化传统相结合,人们对域外之物的理解、认知和使用都是建立在本国固有的传统基础之上。同时,技术的引进保证了域外之物普遍化与长期发展,在技术与工艺掌握的基础上,楚人可以按照自己的传统和审美来创制蜻蜓眼式玻璃珠,这也是域外之物本土化的一个重要条件。唯有如此,蜻蜓眼式玻璃珠才能最终融入楚文化之中,最终内化为楚文化的代表性工艺品。

注释:

① 山西省考古研究所:《山西长子县东周墓》,《考古学报》1984 年第 4 期,第517 页。

② 山西省考古研究所、太原市文物管理委员会:《太原晋国赵卿墓》,文物出版社,1996 年,第 158—159 页,图版一一二,1。

③ 山西省文物管理委员会、山西省考古研究所:《山西长治分水岭战国墓第二次发掘报告》,《考古》1964 年第 3 期。

④ 中国科学院考古所编著:《洛阳中州路西工段》,科学出版社,1959 年,第115 页。

⑤ 湖北省博物馆编:《曾侯乙墓》,文物出版社,1980 年,第 424—425 页。

⑥ 山东省博物馆:《临淄郎家庄一号东周殉人墓》,《考古学报》1977 年第 1期,第 79 页。

⑦ 山东省文物考古队:《曲阜鲁国故城》,齐鲁书社,1982 年,第 178 页。

⑧ 湖南省文物考古研究所、慈利县文物保护管理所:《湖南慈利县石板村战国墓》,《考古学报》1995 年第 2 期。

⑨ 湖南省博物馆、湖南省考古研究所、长沙市博物馆、长沙市考古研究所:《长沙楚墓》,文物出版社,2000 年,第 340—342 页。

⑩ 湖北省文物考古研究所、丹江口市博物馆:《湖北丹江口市外边沟东周、两汉墓》,《考古学集刊》2004 年第 14 辑。

⑪ 湖北省宜昌地区博物馆:《湖北枝江县姚家港楚墓发掘报告》,《考古》1988年第 2 期。

⑫ 河南省文物考古研究所:《固始侯古堆一号墓》,大象出版社,2004 年,第

98 页。

⑬ 河南省文物考古研究所等：《淅川和尚岭与徐家岭楚墓》，大象出版社，2004 年，第 327 页，图三一〇。

⑭ 刘彬徽等：《湖北随州擂鼓墩二号墓发掘简报》，《文物》1985 年第 1 期。

⑮ 张正明：《楚墓与秦墓的文化比较》，《华中师范大学学报》(人文社会科学版)2003 年第 4 期，第 56 页。

⑯ 关善明：《中国古代玻璃》，香港中文大学文物馆，2001 年，第 51 页。

⑰ Eisen，G.，the Characteristics of Eye Beads from the Earliest Times to the Present. American Journal of Archaeology 20，1916.

⑱ Kunter，K.，Glasperlen der vorroemischen Eisenzeit IV nach Unterlagen von Haevernick，Th. E.（Verlag Marie Leidorf GmbH – Espelkamp，1995），141，142.

⑲ Sode，T.，the Traditional Use of Magic Glass Beads in the Islamic World Glass beads. In：Rasmussen，M./Hansen，U. L.，Glass Beads Cultural History，Technology，Experiment and Analogy. Studies in Technology and Culture Vol. 1.2 (Lejre 1995)，55 - 58.

⑳ 荆州地区博物馆：《江陵马山一号墓》，文物出版社，1985 年，第 92—93 页。

㉑ 江陵县文物局：《湖北江陵武昌义地楚墓》，《文物》1989 年第 3 期。

㉒ 王从礼：《楚国贵族佩饰形式初探》，《荆州师专学报》1992 年第 4 期。

㉓ 河南省文物研究所：《信阳楚墓》，文物出版社，1986 年，第 114 页，图七九。

㉔ 许卫红：《秦至西汉时期木葬具的装饰》，《宝鸡文理学院学报》(社会科学版)2001 年第 1 期。

㉕ 荆州地区博物馆：《江陵马山一号》，文物出版社，图版四八：3，1985 年，第 8、9 页。

㉖ 赵德云：《中国出土的蚀花肉红石髓珠研究》，《考古》2011 年第 10 期。

楚"三头凤"或为高禖神形象

吴艳荣

（湖北省社会科学院楚文化所）

1982 年湖北江陵马山一号楚墓出土了一批珍贵的战国时期的丝织品,在众多丝绣图案中,有一类奇特的"三头凤"纹样(图一):在一件浅黄色绢面锦袍上,刺绣有三头凤和大花朵组成长条形图案,中间的凤头面向观者,双目圆睁,颈部挺直,头上束花冠,腹部滚圆,两腿略弯作半蹲状,双翅分别为一凤鸟头,朝向中间,其中一边的凤鸟头上曲折延展出华美的条形花枝。每幅纹样有两只三头凤作对角配置,长 57 厘米,宽 49 厘米[①]。整个"三头凤"形象庄严、富丽,颇有气势。

一、前人研究

有研究认为,三头意味着神奇而善良的灵性,应是古代一种流行的观念。生命的繁衍延续,对于上古民族是至关重要的。人们常常借用超自然力,以期实现自己的愿望,富有灵性的三头凤形象,正包含着超自然的神秘的力量。其圆而凸的腹部,有别于同墓所出文物其他 14 种凤鸟的苗条体形。平时好细腰的楚人,却予这只三头凤以便便大腹,可见此凤必有特殊的内涵。楚人借孕育生命的凤鸟喻民族的繁衍、兴旺。它既是楚人的图腾鸟,又是楚人的吉祥物[②]。或认为"三头凤"绣纹是上古神话中"离珠""琅玕"的原型,其组合关系体现了相关神话的内在结构,其宗教巫术功能表现了楚人执着的生命意识[③]。

笔者以为,前人的相关解读或指出其生殖意义,但并没有深剖其生殖意义具体的体现角度以及凤鸟与生殖的深刻渊源关系；或指出其巫术宗教背景，但又游离了"三头凤"的根本内涵，在细节解读上偏离了主旨。

江陵楚墓出土丝绣上的"三头凤"纹样

二、"三"及"三头"的神异

（一）"三"是人类的神秘数字之一

自古以来，数字就渗透在人们生活的方方面面。追根溯源，人类"数"的观念当起源于长期生产生活的经验，它首先反映的是事物的自然属性，后世谓之"自然数"。数的观念产生以后，在人类思想的发展中不止于自然科学的意义，同时还被赋予沟通天人、认识与把握世界的丰富的文化意义。即某些数字除了本身的计算意义外,还兼有某种非数字的性质,它在哲学、宗教、神话、巫术、诗歌、习俗等方面作为结构素反复出现,具有神秘或神圣的蕴含,被人类学家称为神秘数字、魔法数字或模式数字④。"三"就是人类的神秘数字之一。在古汉语中,"三"作数字解时,除了作为自然之数,很多时候还是一个虚指之数,代表众多。如"三番五次""三令五申""三思而后行""举一反三""三顾茅庐"等,都表示的是"多"的含义。从哲学意义上来说,"三"成了万物生成发展的基数,宇宙创化的单元。《老子》说"道生一,一生二,二生三,三生万物",从道到万物之间最大的创生飞跃就在于"三"。《荀子·王制》云:"故天地生君子,君子者,天地之参也。"这里的"参"即"三"。《说文》:"三,天地人之道也。"中国传统思想把人放置在仅次于天地的万物之灵的地位上,代表人的"三"也就成了创造之数,化成万有之数。

此外,在希腊罗马神话中,世界由三位神灵统治:主神朱庇特,手持三叉闪电;海神尼普顿,使用三叉戟;冥神普路托,牵着一条三头狗。可见数字"三"在东西方许多国家都受到尊重,被视为神性、尊贵或吉祥的象征。

(二)神异的"三头"

"三头"在出土文物中并不乏见。如有一件殷商时期的玉雕,通高 6 厘米,其形作半身坐人像,有三个头,中间为粗线条粗轮廓的正面人头像,两臂分别作凤鸟头形。此外,湖南长沙子弹库战国楚墓出土的楚帛书上,有一个"三头"神人像。《山海经》里记载有不同的三头鸟,服之皆有神奇功效,如《西山经》:"翼望之山……有鸟焉,其状如乌,三首六尾而善笑,名曰鵺鵺,服之使人不厌,又可以御凶。"《南山经》:"基山……有鸟焉,其状如鸡,而三首六目,六足三翼,其名曰鵸鵌,食之无卧。"亦有三首人,如《海内西经》:"服常树,其上有三头人,伺琅玕树。""琅玕树"为神树,能守卫神树的三头人也定非常人。

不仅如此,考古还发现原始时期与"三头"一样具有神性的"三叉""三角"等和头部相关的图案。如良渚文化玉冠是一种专用于固定在头上的玉器冠饰,其中的三叉形款式,基本样式似篆书的"山"字形,上部有三叉,叉头相互齐平,亦有中叉偏低者;下部呈圆弧状,中间有从上到下的透孔,便于固定之用。三叉形玉冠的装饰纹样以神徽、神鸟为主要题材,或是全部填充,或是局部装饰。这种三叉形玉冠是当时社会的一种重要而神圣的礼器,也是王权、军权、巫权的象征。贺兰山岩画中出现三角人面像,即"其为人,人首三角"的人头装饰形象,而且这种人头顶部三角装饰大致可分为三类:三个直杆形、三个三角形、三个半圆形⑤。有学者解读此"三角"为鹿角之交叉,是羌戎的标志⑥。自古马鹿以其柔顺而善于奔驰、和美、具有神力而作为羌人的图腾。

三、花草冠与性、生殖

在原始巫术信仰下,动物与植物可以融为一体,动物与动物可以分解了再造。不过这种组合有主有次,在"三头凤"图像中凤鸟是主体,花草既是其装饰,又是其身体的一部分。在人类发展的早期阶段,动物与植物混搭、人与兽混搭的奇异生物,是一种世界共通的文明现象,是人类早期独特思维的体现,即混沌思维,对于植物与动物的分界、人与兽的分界并没有很清晰,局限于当时人们对世界的认知能力。造成这种"混搭"的方式根源,在于原始人认为动物、植物各具有神性且神性可以互通,即列维·布留尔提出的原始思维中的互渗律。商周时代尽管早已不是原始时期,但依然有原始思维互渗律的孑遗。正如人们希望借助巫术来拥有或驾驭某种超自然的神力,楚凤的神异造型便是为了张大其自身的力量与神性。花草的灵性与古代的巫术、宗教仪式关系密切。

(一)以花草祛除污秽,被除不详,建立神圣性

"祓除"是古代祈福禳灾的仪式。《说文》示部云:"祓,除恶祭也。"有些香草具有去凶除病的祓除作用,所以人们相信以香草沐浴可以祛除身上的晦气、罪恶。古人祭祀神灵前要洁身,沐浴更

衣,以示对神灵的虔诚。《周礼·女巫》:"女巫掌岁时以祓除衅浴。"郑玄注"衅浴,谓以香熏草药沐浴",即以香草泡汤为沐浴之用。《楚辞·九歌·云中君》:"浴兰汤兮沐芳。""兰汤"是古人对斋戒沐浴用水的专称,就是说巫者于祭祀前用浸过香草的水进行清洁,这是祭祀前的一种净化或祓除仪式,主要是为了祓除身上的不祥和凡俗之气,以使自己神圣化,这样才能同神圣世界建立起亲密的联系,起到通神的作用。

(二)花草的香气通神、娱神

在早期的巫术思维里,香花美草也是灵物,有着降神、娱神的作用。芳草香馨诱神引魂的巫术相当古老,其方法大体分三类:其一是燃烧。如"周人尚臭",他们在祭祀时,通过泼洒香酒,焚烧香蒿和动物油脂,使香气弥漫,通达于神灵。《诗经·生民》:"取萧祭脂,……其香始升,上帝居歆。"意思即(用来)祭祀的香蒿牛脂燃起芬芳……香气升腾满厅堂,上帝因此来受享。其二是佩戴与铺设。如《离骚》中反复渲染花草的芳香:"佩缤纷其繁饰兮,芳菲菲其弥章。""惟兹佩之可贵兮,委厥美而历兹。芳菲菲而难亏兮,芬至今犹未沬。"反复突出佩饰的芳香飘溢,而且经久不衰。《九歌·少司命》中:"秋兰兮蘼芜,罗生兮堂下。"《礼魂》:"春兰兮秋菊。"庄严的祭堂弥漫着花草的芳香,吸引天上的神灵降临。其三是饮用或食用。如《离骚》:"朝饮木兰之坠露兮,夕餐秋菊之落英。"许慎《说文解字》解释祭祀中用的琼酒时说:"以秬酿郁草,芬芳攸服,以降神也。"大意是巫人喝了用香草(秬)酿制的酒,便神志恍惚,通体沁芳,神灵才会不嫌其亵而降其身。

世界上许多民族巫术惯于通过花果、花树招神接灵,这其中似乎潜藏着一种花果与灵魂、花树与神灵的神秘联系。凤鸟原本就是引魂之仙禽,神灵之使者,具有接引神灵、引魂升举的性能,仙草香卉和凤鸟搭配组合,是从"嗅觉审美诱引"的角度对引神导魂起着辅佐的作用[①]。

（三）以花草娱神求子

香草可以象征性爱。花卉纹等植物纹样，是中国母系氏族社会文化遗存的重要纹样。在远古时期，植物花草是与女性生殖机能和巫术意识联系在一起的，先民们对植物花草之所以虔诚崇拜，是因为它们年年开花结果，具有无限的繁殖力，体现了远古人类祈求生殖繁盛的愿望。随着时代的发展，花草由女阴的象征物，逐渐发展为包括神祇在内的女性、男女婚配和爱情的象征⑧。有学者从中医学角度研究了楚辞中的花草，发现这些芳草大多具有滋阴壮阳、有益生殖的特殊效能，如薜荔"壮阳道尤胜"，能"固精""下乳"等，"巫觋娱神时使用这花草，其原初目的当是借其特殊药性，来增强神与神、神与人交媾时的受服生育能力，以祈子孙繁衍、氏族兴旺。"⑨如此，我们就可以理解为何"三头凤"有着华美的花草冠，乃是潜藏着引神、与神相交的神性生殖意蕴。

四、高禖与玄鸟(凤鸟之属)、凤凰

高禖又作郊禖、皋禖、高腜，郊即郊外立祠祭祀之意，禖同媒，有母之意，皋与高相通，显尊贵之意，《广雅·释亲》中论"腜，胎也"⑩。最初的高禖属女性，呈怀孕状，主管生育，未孕妇女必求于她，是中国重要的生育女神。

（一）高禖神与感生神话、卵生信仰

所谓感生神话，指的是始祖母不与男子性交，而与动物、植物和无生物等发生感应而怀孕生子的神话，这些感应包括接触、目睹或吞食某种外物等现象。中国古代文献中存在着丰富的感生神话，比较著名的是商、周、秦三代始祖的出世。感生，即无性生殖，许慎《五经异义》引《春秋公羊传》云"圣人皆无父，感天而生"。典籍所载不少神话都反映了卵生人观念。《山海经·大荒南经》说："有卵民之国，其民皆生卵。"生卵，即生于卵，郭璞注："即卵生也。"《诗经·玄鸟》所记殷商始母简狄吞卵生契神话，也包含了卵生人观念。在许多民族的神话中，"卵生殖"母题并不鲜见⑪。

先秦中原各国有在春季祭祀高禖之神的习俗,《礼记·月令》中记载:"仲春,玄鸟至。至之日,以大(太)牢祠于高禖。天子亲往,后妃帅九嫔,御,乃礼,天子所御,带以弓韣,授以弓矢,于高禖之前。"高者,尊也,谓尊高之禖。高禖是一位神,玄鸟是神的使者。为何要在玄鸟降临之时祭祀高禖,这其中还包含着先民的卵生信仰。郑玄注:"媒氏之官以为候,高辛氏之出,玄鸟遗卵,娀简吞之而生契,后王以为媒官嘉祥,而立其祠焉,变媒为禖,神之也。"以为因高辛氏之故,媒官因有嘉祥,立祠,将之神化,故称高禖。《汉书·武五子传》:"初,上年二十九乃得太子,甚喜,为立禖,使东方朔、枚皋作禖祝。"颜师古注:"禖,求子之神也。"

(二)随着时代的发展,高禖神的形象并不固定

今天人们所指的高禖是经过时间沉淀而抽取出的意义集中的生育女神。关于高禖的产生,在不同时期,高禖曾与多位部族始祖有过不同的形象附会。如古代的"高禖"四说:女娲、高辛氏、简狄、姜嫄[12]。从典籍文献及历史考证中可知,与高禖黏合度最高的神灵是女娲,因女娲所具有的强大的生殖功能和高禖契合,而且她创制了婚姻制度,文献有"以其(女娲)载媒,是以后世有国,是祀为皋禖之神"的记载[13]。除女娲之外,高禖与先秦各朝始祖也有形象置换,形成一种独特的文化现象,如商时高禖为其先妣简狄,周时高禖为姜嫄等[14]。亦有人认为高禖是主司男女婚配的女神,禖应释为"母",母字本义表示生育的妇女,被神格化的母即为高母,是生育女神的意思[15]。闻一多有"三代时高禖皆为本民族先妣"的说法,陈桂枝在此说法之上提出,三代以前代替高禖承担其职责的是图腾和天帝[16]。方川认为高禖的形象有一个发展变化的过程,即"先妣(女性,女娲、简狄、姜嫄)——高禖石(女阴)——男女同体崇拜——男性高禖(伏羲、鲧禹)——高禖石(男根)。"[17]总的来说关于高禖神传统说法中有三种主要意见,即生殖神(生育神)、媒神、祖先神[18]。

(三)凤凰与先秦时期的生殖崇拜、祖先神

凤凰与生殖崇拜渊源甚早,可以追溯到原始时期凤鸟的原型——与日伴生的神鸟,以及考古发现中的鸟祖形象。

河姆渡文化遗址出土有"双鸟负日"[⑲]、"双凤朝阳"纹饰[⑳],太阳和双鸟连体图像是一种复合形式,这种图式的产生与原始意象思维的分解、组合有着密切的关系。依据相似性原则,两者的共生关系体现了图式背后内在意义的逻辑联动,如太阳的生殖繁衍能力。由于世间万物的生长皆离不开太阳,河姆渡人在抽象思维过程中会把太阳看成是有生命和生殖能力的神秘物体,在其两侧配置生殖鸟形象,既为了突出太阳的永生性质,也是为了强化鸟的生殖能力[㉑]。

生命延续的渴望产生种族繁衍的使命感,种族繁衍的使命感产生生殖崇拜,生殖崇拜又会产生对最初祖先的确认与英雄祖先崇拜。祖灵意识是贯穿中国上古文化的一条思想主线,产生于原始社会,是原始人图腾观念个人化的结果,即某一先妣或先祖与图腾之间的结合所演化出的最初的人格祖先观念[㉒]。早先的鸟神、日神都应该是女神,到了原始父系社会,鸟神才变成了男神。在仰韶文化陕西泉护村彩陶残片上的"乌鸦负日图"中,负日的"金乌"是一只"二足金乌",而仰韶文化河南庙底沟彩陶残片上的"金乌"却是"三足金乌",汉代石刻画像太阳中的"金乌"也是"三足金乌"。为何同样是鸟神兼日神,"金乌"却有二足、三足之别呢?较合理的解释,就是"二足金乌"为女鸟神、女太阳神,即"雌皇";"三足金乌"则是仰韶先民的男根、男性、男神,也就是最近几千年中国人熟悉的许许多多的先祖神。两种"金乌"图同时并存的情况表明,仰韶文化时期,是生活在这里的古老氏族由母权向父权制过渡的时期。但在母权制末期,女神、男神都是日神和鸟神,因为她们本来就是半为女人半为鸟的神灵[㉓]。在原始母系社会早期,日神和鸟神都是女神、先妣神的象征,随着男子的地位逐步提高,日神和鸟神又逐步成为男神、先祖神的代称㉔。

文献记载多有华夏民族的最早首领身为日神兼鸟神的形象。如东夷部落首领太皞、少皞都是太阳神,同时他们也是鸟神㉕。考古发现中,良渚文化出土玉器上的重要符号——神徽,学者认为是良渚人的始祖——"鸟祖"形象,如邓淑苹指出神像中的"'人'应指死去的祖先,而非活着的生民,所以该花纹应正名为'神祖动物面复合像'"㉖。黄厚明认为"神徽"是一种人格化的鸟神和日神结合而成的鸟祖形象㉗。图腾神话与祖先神话都是生殖崇拜的产物,从图腾神话里分化出祖先神话,二者曾一度交合,但其发展线索还是独立的。图腾神话体现出民族精神,祖先神话表露出王朝意志,而最终它们都倒进了政治神话的怀抱㉘。作为祖先崇拜、民族起源的感生神话,正是来源于对女、男祖先生殖力的崇拜。总之,感生神话、图腾崇拜、祖先崇拜都源于生殖崇拜㉙。

楚人奉祝融为始祖,祝融既为太阳神,又为(凤)鸟神。"盖祝融为火神,亦即日神也。"㉚《史记·楚世家》说祝融"光融天下"。《国语·郑语》记西周末郑国的史伯说:"夫黎为高辛氏火正,以淳耀敦大,天明地德,光照四海,故命之曰祝融,其功大矣。……祝融亦能昭显天地之光明,以生柔嘉材者也。"如太阳般的功能特征,表明了祝融的"日神"身份。又《国语·郑语》和《史记·楚世家》指出,祝融是帝高辛的火正,即帝俊与祝融之间传说中的君臣关系,反映了两个分别奉帝俊和祝融始祖的部落集团之间的主从关系。汉代《白虎通·五行篇》说"祝融","其精为鸟,离为鸾"鸾即凤,祝融是凤的化身。汉人的说法是以楚人的传统观念为依据,作为始祖之神的祝融与作为始祖之灵的凤,二位一体。楚文化的主流,是它的始祖——祝融部属从帝俊那边移植过来的。所以才会有太阳鸟的形象㉛。

值得注意的是,凤凰在古人生殖崇拜信仰中的功能表现经历了一个历史的演绎过程,原始神话传说中与太阳伴生、鸟与祖(神或人)合一；商代诞下氏族，又作为高禖神的使者；再到作为楚人的始祖祝融的化身，以及被绣绘在服饰上的楚国的高禖神形象，其生殖意义始终充满神性，但有一个从天上逐步下降到人间的时空演变的语境，同时也呈现神格逐渐降低的身份特征。

结论

可以看出，不管是将"三头凤"的形象从构成元素拆分解读，还是合为一体解读，将其视为楚人高禖神的解释都是比较圆融的，其构成元素从各个角度表达神性的生殖意蕴，合成一个整体，则意蕴完整，意义丰满。而江陵马山一号楚墓的女性墓主，或为掌管婚配、生育的女巫。

注释：

① 湖北省荆州地区博物馆：《江陵马山一号楚墓》，文物出版社，1985年。

② 皮筱蔚：《三头凤试释》，《江汉考古》1989年第4期。

③ 袁朝、冯伟莉：《"三头凤"绣纹图案的文化解读》，《中南民族学院学报》（哲学社会科学版）1999年第3期。

④ 叶舒宪、田大宪：《中国古代神秘数字》导言，社会科学文献出版社，1996年。

⑤ 李祥石：《发现岩画》，宁夏人民出版社，2005年，第20页。

⑥ 范三畏：《旷古逸史：陇右神话与古史传说》，甘肃教育出版社，1999年，第128页。

⑦ 王政：《战国前考古学文化谱系与类型的艺术美学研究》，安徽大学出版社，2006年，第151、158页。

⑧ 柯伦：《论屈赋香草的象征体系与巫术意识》，《湖北师范大学学报（哲学社会科学版）》1996年第2期。

⑨ 转引自陈桐生：《南楚巫娼习俗与中国美文传统》，《文艺研究》2004年第4期。

⑩ 王利器：《吕氏春秋注疏》第1册，巴蜀书社，2002年，第150页。

⑪ 郝清菊：《简论东亚神话中的"卵生殖"母题》，《新乡师范高等专科学校学报》1997年第1期。

⑫ 涂庆红：《论社与高禖之关系》，《成都师范学院学报》2017 年第 12 期。

⑬ 马骕：《绎史》，《影印文渊阁四库全书》第 365 册，上海古籍出版社，1987年，第 81 页。

⑭ 段友文：《高禖神话信仰：生命美学意蕴的地方表述》，《民族文学研究》2016 年第 4 期。

⑮ 詹鄞鑫：《神灵与祭祀——中国传统宗教综论》，江苏古籍出版社，1992年，第 123 页。

⑯ 陈桂枝：《〈诗经〉与先民之"高禖崇祀"》，《阴山学刊》2001 年第 1 期。

⑰ 方川：《媒神高禖崇拜》，《淮南师专学报》1999 年第 3 期。

⑱ 赵瑞萍：《先秦高禖神研究》，西北大学硕士论文，2015 年。

⑲ 河姆渡遗址考古队：《浙江河姆渡遗址第二期发掘的主要收获》，《文物》1980 年第 5 期。

⑳ 浙江省文物管理委员会、浙江省博物馆：《河姆渡遗址第一期发掘报告》，《考古学报》1978 年第 1 期。

㉑ 黄厚明：《河姆渡文化鸟纹及相关图像辨正》，《南方文物》2005 年第 4 期。

㉒ 张刚、吴光章：《从祖灵意识谈儒道起源及其同流》，《思想战线》2003 年第 6 期。

㉓ 吴天明：《中国神话研究》，中央编译出版社，2002 年，第 218—219、224 页。

㉔ 王宪昭：《论太阳祭祀活动中的神话传统——以云南汤果村女子太阳节为个案》，《社会科学家》2017 年第 1 期。

㉕ 陈勤建：《中国鸟信仰》，学苑出版社，2003 年，第 89 页。

㉖ 邓淑苹：《考古出土新石器时代玉石琮研究》，《故宫学术季刊》1988 年第 6 卷第 1 期。

㉗ 黄厚明：《良渚文化鸟人纹像的内涵和功能》(下)，《民族艺术》2005 年第 2 期。

㉘ 田兆元：《图腾神话与祖先神话的传承流变》，《上海社会科学院学术季刊》1995 年第 3 期。

㉙ 王凤春、王浩：《试论感生神话源于生殖崇拜》，《松辽学刊》(人文社会科学版)1994 年第 4 期。

㉚ 童书业：《春秋左传研究》，上海人民出版社，1980 年，第 29 页。

㉛ 陈勤建：《中国鸟信仰》，学苑出版社，2003 年，第 105 页。

马王堆一号汉墓漆棺
"鹿形象"研究

肖仕煜

（华中师范大学美术学院）

马王堆一号墓漆棺共有四箱,皆为长方形形制放置于椁室内,"椁、棺层层套合"①。第一层为黑漆素棺,第二层为黑地彩绘漆棺,第三层为朱地彩绘漆棺,第四层为锦饰内棺。一共有十二只鹿形象被绘制于漆棺表面。

一、漆棺中的鹿形象概述

第一组两只鹿（图一）位于第三层朱地彩绘漆棺头挡,分居左右,四目相对,与中间的三角状形的仙山纹样一同被菱形云气纹框于画面正中,几乎占据整个画面,并将漆面分成了左中右三个部分。两只鹿身与仙山等大,左边一只略大于右边一只;两鹿鹿头为三角状,左边鹿头为正侧面,右边鹿头为四分之三侧,眼眸坚毅,鹿嘴尖扁,略微颔首;鹿颈部极为纤细柔软,呈现出S形,鹿身姿修长,背部略微拱起,腹部与尾部绘有绒毛,短尾;双鹿前蹄相对,有力地蹬踏攀登在三角形的仙山两旁,后足悬空,画面整体向上的动势十分强烈。两只鹿皆被云气纹环绕,云气纹从鹿后腿之间穿过,显示出鹿轻盈跳跃之感。鹿身与鹿角为黄色,鹿身布满暗褐色点状花纹,足部为黑漆涂绘。鹿角呈折线状,如同闪电,分向两边"一"字展开。有学者将它们的动势造型称为"双鹿登昆仑"②。

第二组的独鹿形象（图二）在朱地彩棺左侧棺板处,与蟠龙、伏

302

图一　第三层朱地彩绘漆棺头挡　双鹿形象

虎、凤鸟和羽人组成被菱形云气纹环绕的同登仙山的动物神纹样组合。鹿被画面左侧的一条黑色蟠龙盘旋缠绕,鹿身惊人的弯曲翻折,身体的后半部分扭转向上翘起;鹿耳短小,颈部圆滑上细下粗,鹿身柔和,鹿腿仍在用力蹬腾,鹿作飞奔状。鹿身呈淡黄色,前肢部与臀部绘有淡褐色云气装饰纹样。鹿角极为修长且没有尖锐的犄角,共四段圆润分支,随着鹿身的弯曲,从头部顺着颈部一直延伸到背部。

图二　第三层朱地彩绘漆棺左侧挡板　鹿形象

　　第二层黑地彩绘漆棺上分布有九处鹿形象,其中鹿三处,鹿角怪神六处。黑地彩绘漆棺的主要装饰纹样为云虡纹,根据记载,云虡纹是丧葬礼仪中使用的一种云纹样式,如《后汉书·礼仪下》云:"东园匠、考工令奏东园秘器,表里洞赤,虡文画。"[③]三只鹿在漆棺云虡纹中呈现出飞奔的动势。

位于棺木板右侧挡有一只仙鹿（图三），一兽面人身的怪神单手拽绳骑在仙鹿背上。鹿身呈正侧面，鹿头呈半侧面；头部有细长角，颈部略细长有鬃毛，细尾带有金色云气。鹿身由金漆绘成，鹿蹄也点缀以金色，头颈部、足部与尾部则用橙红漆彩描绘，在衔接处涂以黑漆。棺木足挡处的左下方正侧面有一只仙鹿（图四），与其他鹿的动态一致。鹿身为白金色，身披黑褐色卷曲纹，足部与尾

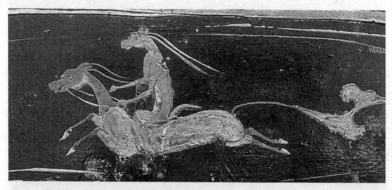

图三　第二层黑地彩绘漆棺右侧挡　怪神骑鹿

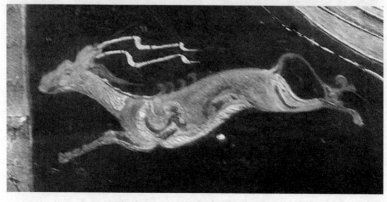

图四　第二层黑地彩绘漆棺足挡　仙鹿

部为黑灰色。鹿角呈现波浪形,在颈部后有黑色鬃毛,背部有倒钩状皮毛,腹部有黄白色腹毛,有长尾带小云气纹。棺木右侧挡有一只仙鹿坐骑(图五),鹿身用金漆填充,头部与前腹显现出白色,鹿身同有环状花纹。鹿角金黄且呈出多个分支向两侧展开,腿部关节有黑色点缀,有尾。三只鹿形象都呈现出奔跃的动势,轻盈灵动。

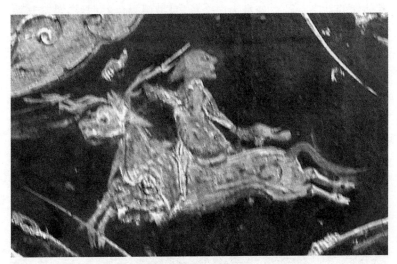

图五　第二层黑地彩绘漆棺右侧挡　仙人骑鹿

　　除去三只鹿形象,还有六只鹿角怪神(图六),兽首人身,头长鹿角,分布于黑地彩绘漆棺的不同装饰面上,在云气间举动各异。

二、引魂攀登昆仑意义

　　在朱地彩绘漆棺头挡处,除去两只鹿形象之外,画面的核心是被云气纹环绕的三角形高山状纹样,整个纹样从底部起绘制到顶部,有三处尖角。在长沙马王堆一号墓发掘报告中,考古人员认为"头挡和左侧侧面所绘高山,应该不是一般的山,而是所谓仙山"④,许多学者认定此为"昆仑山"。巫鸿也指出,"有三个山峰的

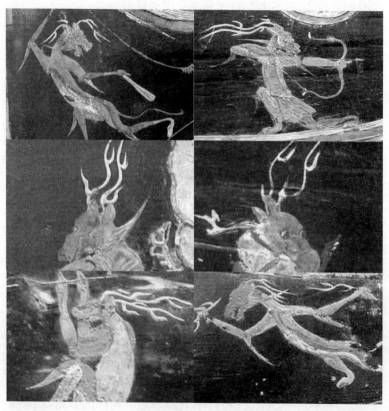

图六　第二层黑地彩绘漆棺　鹿角怪神

神奇的昆仑山是此棺的表现中心"⑤,展现了"其光熊熊"的昆仑仙境。昆仑山是神话中的神山,为神仙居住场所,正如《博物志》开头所述:"地部之位,起形高大者,有昆仑山,广万里,高万一千里,神物之所生,圣人仙人之所集也。"⑥漆棺图像中的昆仑山通天达地,从底部而起上接顶部,位于画面正中左右对称如同天地支柱一般。汉代纬书《河图·括地象》有言:"昆仑山为天柱,气上通天。"⑦认为"昆仑者,天中柱也"。头挡处的山形图像顶天立地,位置也处于

"中柱"的位置,这些都印证了该图像应为昆仑。

汉代《论衡》中有提到"升天之人,宜从昆仑上"⑧。从昆仑登天开始,升仙之旅是一条理想的道路,昆仑是天国与人间之间的桥梁,连接生与死、人与神、人间与仙界。如果能够到达昆仑便可达到一种无与伦比的至高地位,"与天地兮同寿,与日月兮同光"。昆仑是灵魂达成升天成仙的终点,但去昆仑之路大多艰难遥远,早期文献谈到昆仑,一般都似无法企及,屈原在《楚辞·离骚》中想象自己远逝,"邅吾道夫昆仑兮,路修远以周流",将昆仑作为他的魂魄归属,但"路修远以多艰兮,腾众车使径待"⑨。在《楚辞·九歌·河伯》篇也有云:"与女游兮九河,冲风起兮横波。乘水车兮荷盖,驾两龙兮骖螭。登昆仑兮四望,心飞扬兮浩荡。"⑩如需登上昆仑需要过九河,乘水车驾骖螭,过程漫长。"九河"可为黄河,而这里的"九"据考证在沅湘民间被称作"鬼",实际上即为"鬼河",是生死的边界⑪。普通人自然无法到达鬼河,且在文献中都有提及车,车应是作为载具,承载灵魂渡过鬼河才能至昆仑之境。

在朱地彩绘棺头挡处的昆仑仙山上并不能看到有车纹样的描绘,只有两只奔跃的神鹿。鹿身看起来几乎与仙山等大,这里的装饰比例并不符合文献中对于昆仑山的描述,神鹿身长也不会"高万仞"。实际上,汉人运用了巧妙的构思来处理朱地彩绘漆棺的装饰纹样之间的比例问题。漆棺已不只是承载其肉体的木箱,而是成为了墓主灵魂飞升的载具,漆棺边缘矩形花纹如同窗户,周围有菱形云气纹是表示在云气间行进。墓主灵魂可以从棺内透过"窗户"看到行进中的景象,两只鹿在前奔腾跳跃引领前行,而在不远处前方正是"不死仙境"昆仑山。通过采用近大远小的表现方式,从墓主视角由里往外看,两只近处奔驰的引魂神鹿正好与远处的昆仑仙山几乎同大。漆棺头挡处纹饰为墓主创造出了一个升仙途中的景象,模拟出即将到达昆仑之境的场景。

从鹿形象的外形上来看,这两只神鹿脚力劲健显示出了与其他漆棺鹿形象不同的气质。环绕的云气纹显示出其轻盈灵敏的驾云之势,鹿身修长健美,攀附于昆仑仙山之上,似乎能够爆发出足够的力量去腾跃,在云间直上昆仑。鹿形象四肢轻盈,擅长奔跃飞腾,在头挡处的最前方作为墓主魂魄飞升昆仑的探路先锋与指引之兽。同时,这两只神鹿的鹿角也极为特别,与其他鹿形象的鹿角截然不同,鹿角枝并未长有短小权枝,顶端尖锐无比好似闪电状。汉代也将闪电称为"列缺",《汉书·司马相如传下》"贯列缺之倒景兮",颜师古注引汉服虔曰:"列缺,天闪也。"⑫此列缺乃天上闪电,而在楚辞中有说《楚辞·远游》:"上至列缺兮,下望大壑。"王逸注:"窥天间隙。"⑬裴骃集解引《汉书音义》曰:"列缺,天门也。"故列缺被认作是天门。《山海经·海内西经》有言:"昆仑之虚……上有九井,以玉为栏,旁有五门。"⑭可见昆仑虚并非直接可入,要想登上昆仑进入到天国之内必须经过天门。《淮南子·地形训》云:"悬圃、凉风、樊桐在昆仑阊阖之中。"注云:"阊阖,昆仑虚门名也。"⑮可见在先秦时期对于天门有不同的名称,其中"阊阖"便为天门的名称,指西方之门。阊阖常出现于楚文献中,《楚辞·九叹·远游》篇有言:"登昆仑而北首兮。悉灵圉而来谒。选鬼神于太阴兮。登阊阖于玄阙。"⑯《楚辞·离骚》也有言:"吾令帝阍开关兮,倚阊阖而望予。"王逸注:"阊阖,天门也。"⑰楚人名门曰阊阖,列缺作为天门应等同于阊阖,是昆仑之入口,是进入之前仙界的一道屏障。只要通过了阊阖就正式进入了昆仑,到达不死之境。而这里的闪电状鹿角应是天门的隐义,两只鹿角呈闪电状实则是进入天门的符号性标志。《山海经·海内西经》云:"海内昆仑之虚,在西北,帝之下都。方八百里,高万仞。"⑱可见昆仑范围之大,海拔之高,要在这样的仙山中寻找昆仑"面有九门"的入口并不容易。引魂神鹿利用鹿角与天门相通的关系作为骑乘向导,引领墓主的亡魂到达登天之门登昆仑之境,至列缺阊阖,到达昆仑,从而不死登仙,鹿形象在此起到了关键性的作用。正是因为两只神鹿有着如此重要的引领作用才被绘制于头挡处,所以是双鹿而不是其他凤鸟或龙虎等神兽形象来引领墓主灵魂登上昆仑,是头档这样绘制的原因。

三、神鹿引魂程序

楚地的传世文献中,特别是《楚辞》更多提及的是"招魂",而并没有提及"引魂升天"。招魂是巫术仪式中的一种,被称为"复",《礼记·丧大记》有云:"复,招魂复魄也","唯哭先复,复而后行死事。"⑲巫师或亲属会在死者死后,爬上屋顶朝向北挥舞死者生前所穿衣物,呼唤其姓名三次,以将魂魄招回。魂游荡在外是十分危险的,《楚辞·招魂》有云:"魂兮归来,君无上天些。虎豹九关,啄害下人些。一夫九首,拔木九千些。豺狼纵目,往来侁侁些。悬人以嬉,投之深渊些,致命于帝。然后得瞑些。"⑳巫师用近乎恐吓的语言告诉魂魄,归来吧!别在天上飘荡了,天地四方都不能去,希望能在死者死后将其魂魄招回而复生。但在战国至汉初对于灵魂的思想观念却产生了变化,升天成仙思想的流行使汉人认为魂向上归天,形魄埋于地下,见于《礼记·郊特牲》:"魂气归于天,形魄归于地。"㉑《淮南子·精神训》亦有云:"是故精神天之有也,而骨骸者地之有也。精神入其门,而骨骸反其根。"高诱注:"精神无形,故能入天门。骨骸有形,故反其根,归土也。"㉒灵魂无形是可以升天的,这成为引魂升天的根据。对于死亡,汉人也有了新的见解,如:生死如一、循环往复、事死如事生。死后可以进入到另外一个世界,并用死者生时的方式为其修饰丧葬中的另外一个空间,帮助其再现生前的样子,正如《荀子·礼论》言"丧礼者,以生者饰死者也,大象其生以送其死也。故如死如生,如凶如存,终始一也。"㉓

楚地的"招魂"与灵魂升天的思想有着明显的区别,前者希望灵魂不要飞走,回到躯体中来,后者则更希望死者灵魂能飞升,在另一个世界实现不死,而不是死后再复生。相比而言,灵魂升天更符合生者对于死后世界的幻想和在另一个世界得到永生的意愿。为了使灵魂飞升到达"理想家园"让死者继续享受和人间一样的荣华富贵,在死者死后设计好一套系统的升天程序,并借助升仙工具指引其灵魂顺利登顶天国仙境,不至于路途中失去方向就成为必然要求。墓葬空间可以看作是生与死的转换空间,马王堆一号墓中漆棺有四层,最外层黑底素棺无任何装饰,只有通体的黑色。黑色意味着北方、阴、长夜等,庄重的黑色将生者与死者永远分开,外部给生者瞻仰,而黑漆素棺内部的第二重与第三重漆棺上的华丽图案则是为死者而营造设计的。在这里为死者描绘了另一个世界的样貌与升仙程序,有各类神怪、引魂神兽。虽同躯体深埋于地下,但魂通过棺椁内的空间转换,得以进入到另外一个世界。同样出土于长沙地区的两幅帛画《人物御龙图》《人物龙凤图》都展现了灵魂升仙的路径和工具,帛画中楚人死后能够乘龙御凤向天国飞升,这里的帛画描绘出从人间升仙到仙界的羽化登仙的程序并墓主一起葬入土中。

朱地彩绘漆棺上与头挡处鹿形象相对应的还有足挡处的双龙穿壁飞升图样(图七)。漆棺上有神鹿牵引,下有神龙托举遨游。头挡处与足挡处的鹿形象、龙形象组合成了一体,在墓主的灵魂与遗体分离后,两只神鹿在前,双龙在后,并跟随有升仙使团,在层层簇拥下墓主逐渐升腾并朝昆仑仙境的方向前行。神鹿与神龙的组合图样在马王堆一号墓出土的 T 形帛画上也有体现,而且正是神鹿刚刚跃过阊阖时的情景。在 T 形帛画的中段有两只白鹿位于正天门之上(图八),汪悦进先生认为此为"身裹寒衣的双鹿"[㉒],它们左右相称的处在整个"T"型上部中心位置,两位兽首人身的仙人分别跨骑于白鹿之上,并一手缚铎一手执鹿绳向两旁跃升,神鹿四周有日月星象、巨龙仙祖,可见已是进入了仙界。两只白鹿已不见鹿角,鹿角可能已幻化为帛画两边的倒"T"字形仙界天门——"列缺"。天门上各站有一只豹,旁边还各有一条巨龙,两名仙官身着官服头戴官帽，一左一右双手合一，毕恭毕敬地列在天门两侧。朱地彩绘漆棺的棺盖上描绘有两只躯体反扭的豹（图九），豹背紧贴相对，四爪挥舞，张开血盆大口，豹的样貌恐怖不已。豹两侧各有一条盘旋巨龙，龙头相对，云气纹环绕周围。漆棺盖板上的龙豹形象同"T"字形帛画天国部分的龙豹姿势动作几乎相同，两者不同之处在于棺盖上的图案中的两豹背部之间紧贴毫无缝隙，云气都难以穿过其中。而在帛画上天门大开，中间留出一条通道，说明帛画中正是天门开启的状态。

图七　第三层朱地彩绘漆棺足挡

312

图八　马王堆一号墓T字形帛画上段

图九　第三层朱地彩绘漆棺盖板

　　按照朱地彩绘棺和T字形帛画的演示,墓主升天程序如下:神鹿在前先到达天门,然后有仙官骑于鹿身之上并衔铎演乐迎接辛追夫人进入天界,引荐其拜谒蛇身人首的原始始祖。天门处也已有仙使迎接辛追夫人的到来,他们正遥望着下面正在飞升的两条巨龙,这两只穿壁而过的巨龙,承托着墓主及其仆从,头顶华盖正要进入天门。至此,升仙过程即将完成,神鹿也即将完成升仙引魂的使命。帛画处的鹿与龙图案纹样和朱地彩绘漆棺头挡与足挡处的鹿龙图案纹样相配合,表现的正是引魂神鹿即将到达昆仑仙境正在通过天门时的场景。朱地漆棺从墓主视野出发,表现高耸山峰,云气环绕,不久即可登天的情景。帛画则从宏观视野出发,从整体上表现升仙之途,以及墓主即将进入天门完成升天程序的情景。

四、辟邪尚武与守卫墓主

笔者认为第三层朱地彩绘漆棺侧挡板左侧的鹿形象,和第二层黑地彩绘漆棺的鹿角怪神形象皆可看作守备护墓之鹿。守备护墓即保卫守护墓主灵魂,作镇墓辟邪之用。《楚辞·招魂》云:"虎豹九关,啄害下人些。"九重天门之上有虎豹把守,会啄食从下面来的人。在楚人信巫鬼、战国后期企盼灵魂升天的背景下,就需要鹿等灵物组合作为守备神兽,庇护墓主魂魄在升仙过程中不受其他鬼怪侵害。这样的辟邪护卫模式在楚式丧葬仪礼与图像中不乏体现。

朱地彩绘漆棺共五个装饰面,神兽形象异常丰富,共 6 条龙、3只虎、3 只鹿、1 只凤鸟、1 位羽人以及单独的一面菱形云气纹装饰面。从整体数目上看,龙形象占据了主导地位,鹿居其次。在漆棺的左侧挡板上从左至右依次绘有鹿、虎、龙、凤、羽人的组合形象,它们围绕三角形仙山形成的一组图像,巫鸿先生认为,朱地彩绘棺中的图案(图一〇)是"三峰竞起的仙山昆仑处于神龙、神鹿、天马和羽人之间"。

此处单独的鹿形象位于漆棺左侧板的最左边,靠近墓主足部,与头挡处引魂飞升的双鹿距离较远,且只有一只,显然并非引魂之鹿。此鹿造型优雅俊健,鹿角婉转延绵,鹿角枝并没有尖利的锐角,而是十分柔和,与其他神兽的组合自然均衡。在楚地的墓葬

图一〇　第三层朱地彩绘漆棺左侧挡板

中,鹿与其他动物的图像组合并不像龙与凤的组合那么常见,《离骚》中说:"凤皇翼其承旗兮,高翱翔之翼翼。麾蛟龙使梁津兮,诏西皇使涉予。"长沙战国楚墓的早期帛画中《人物龙凤图》神兽图像为龙与凤的组合,《人物御龙图》中的动物组合也为龙与鸟。在楚地出土的随葬器物中,鹿与其他神兽形象的组合中,鹿更多地被鹿角所代替,如战国楚墓常见的虎座鹿角飞鸟、鹿角镇墓兽。在楚地所发掘的墓葬中,此类组合不在少数。湖北随县擂鼓墩曾侯乙墓也出土有"鹿角与飞鸟"的组合,如鹿角立鹤等,也有形象生动写实立体雕刻——漆木卧鹿。虽然像马王堆第三层漆棺上鹿、虎、龙、凤的彩绘组合在汉初之前极为少见,但在楚地文献中也能找到这些组合的相关内容。《楚辞·哀时命》有云:"使枭杨先导兮,白虎为之前后。浮云雾而入冥兮,骑白鹿而容与。魂眐眐以寄独兮,汨徂往而不归。处卓卓而日远兮,志浩荡而伤怀。鸾凤翔于苍云兮,故矰缴而不能加。蛟龙潜于旋渊兮,身不挂于罔罗。"这一段描述的是屈原想象自己魂魄在天遨游的场景,这些神兽就环绕于屈原身旁。这种浪漫想象的神兽组合在马王堆一号汉墓装饰中得到体现,鹿形象融入了神兽组合中成为重要的一部分。那么侧挡处的鹿与其他神兽形象的组合究竟有何种意义呢?

在以往的出土墓葬中也能找到一些鹿、龙、虎组合的线索。湖北宜昌当阳赵巷 4 号春秋楚墓出土了三件彩绘漆木俎，木俎侧面与木腿外侧髹红漆，描绘有 12 组 30 只神兽，有龙身、虎身等。其中四只神兽鹿头，有角，带蹄足，这种独特的神兽形象是楚地"信巫重祀"的精神文化的独特反映。在湖北随县曾侯乙墓曾出土的一幅"龙虎图"马胄漆画㉘，也出现了相似的组合，其中，鹿头、龙头、鸟头、虎头与鹿蹄、龙足、鸟爪、虎足通过布满花纹的龙身在旋转中结合成为一种全新的图案。通过提取最能反映四种兽形特点的元素，形成了保护马匹头部的马胄彩绘，是楚巫观念的独特表达。

楚人重巫，朱地彩绘漆棺上的龙、虎、鹿的组合形象被赋予了巫跷的特点，通过巫术仪式使死去之人受到神兽庇护得前往九天。"九重开，灵之旂，垂惠恩，鸿祐休。灵之车，结玄云，驾飞龙，羽旍纷。灵之下，若风马，左仓龙，右白虎"㉙。长角神鹿与蟠龙、伏虎、凤鸟相互组合成集体形象，在菱形云气纹的包裹中保护墓主的亡魂在飞升过程不受其他鬼怪的侵害。这些神兽各司其职，发挥各自特点并通过巫媒的组合围绕在墓主周围形成护卫的作用。鹿形象作为组合中的重要元素在整个墓葬空间中起到护佑墓主的作用。鹿身姿矫健善于奔跑，其上有角，物理性质上具有坚硬锐利的特点，能够"武备而无害"的保护墓主；虎则是凶猛的象征，能够镇邪御凶，吞噬鬼邪，使墓主从地下空间向上飞升的过程中免受侵害。《风俗通义·祀典》中记载："虎者，阳物，百兽之长也，能执搏挫锐，噬食鬼魅……亦辟恶。"㉚龙是多种动物形象的组合，主要脱胎于蛇，也有辟邪兽与守护兽的作用。凤鸟则能遨游九天，但在漆棺装饰上凤形象并不是翱翔于天际，而是站立状，双翅展开呈庇护状，好似在守护墓主。鹿角对于鹿形象的守备护墓功能有着不可或缺的作用。第二层黑地彩绘漆棺的装饰上有多处有翼仙人、长角怪神，其中有六位是长有鹿角的人形怪神㉛，它们藏于云虡纹中，在云间活动，映射出汉人对天国生活以及怪神样貌的想象。怪神样貌相似但身姿各异,有的拉弓射猎,有的手持鹿角或手持铜铎等等。怪神们拟人化的形象与兽面相结合,有的头部长有鹿角,看起来凶猛异常。汉人通过鹿角结合人身兽形的复合形象,来体现鹿形象的辟邪守备的功能特点。

《说文解字》释"鹿"云:"兽也。象头角四足之形。鸟鹿足相似,从匕。凡鹿之属皆从鹿。"甲骨文作𩣡。而先秦时期,鹿也被称作为"牡",甲骨文为𤘒,且"牡"还有一种甲骨文写法与同鹿极为相似𩫖。可见"牡"与"鹿"在甲骨文里都强调的是"角枝"与"⊥"。鹿主要有两大特点:第一,只有雄性麋鹿与梅花鹿才长有角。第二,鹿在特定的节气会出现解角的现象。雄鹿才长角,鹿角自然带有男性崇拜的意义,郭沫若先生在《甲骨文研究》中也论证了牡的甲骨文形象"⊥"应当代表是雄性生殖器。雄性的好斗与力量感也被看作是武斗和防御的象征。《史记·滑稽列传》有云:"多纵禽兽于其中,寇从东方来,令麋鹿触之足矣。"③鹿角可以被当作武器来抵御外界的侵犯。次者,鹿的解角,梅花鹿属阳,感阴气多夏至解角,麋鹿属阴,多感阳气,冬至解角,《逸周书》云:"鹿角不解,兵家不藏。"鹿角枝末锋利尖锐,长度和硬度适合手持,是非常好的斗争与防御武器,正如棺绘中的鹿角怪神4号手持鹿角作为武器进攻。

除了鹿角具有尖锐尚武的内涵,鹿自身还具有驱蛇与辟邪的功能。《抱朴子·登涉篇》有云:"麋与野猪皆啖蛇,故以厌之也。"㉝楚地墓葬多为竖穴土坑墓,向地下挖掘数米后形成地下空间供墓主安葬。楚地气候夏季高温湿润,冬季寒冷干燥,适宜蛇虫鼠怪在地下生存。而蛇鼠在墓中有极大的危害,人们惧怕蛇鼠。但通过借用鹿形象能够在地下墓葬空间起到辟邪驱蛇、驱魔镇妖之用。鹿蹄能够踏蛇,鹿角可以驱邪,墓主在地下就不受打扰。1965年湖北江陵望山1号墓出土有一彩绘木雕座屏漆器(图一),座屏为长方形木质,以中心轴为对称,左右两边各透雕有一组凤鸟、鹿、蛇的形象。其中鹿有四只,两两相对呈奔腾状,鹿前蹄踏于蛇窝之上,同时一飞鸟俯冲向下,喙叼蛇身,组成了一组驱蛇的组合形象。在日常生活中,屏风座屏可为避煞挡邪之用,动物之间的组合形象生动说明了楚人对于蛇的恐惧,以及借鹿和用其他动物驱蛇的情况。楚人将鹿能驱邪这一功能用于墓葬之中,有另一个印证,即楚地墓葬就出土有大量带有鹿角的镇墓兽。

图一一　湖北江陵望山 1 号墓出土　彩绘木雕座屏漆器

五、结论

四层彩绘漆棺是马王堆一号汉墓的核心,鹿形象在第二层与第三层漆棺装饰纹样中占据了重要地位。这是楚巫的鹿崇拜文化与汉代升仙理想的集中展现。这两种文化因素的交融使得鹿形象有着丰富的内涵,也为鹿形象创造了具有楚地特色的浪漫主义艺术风格,在审美趣味和造型表现上格外出彩。鹿形象具有灵活轻盈的特性,善奔走跳跃,在这种丧葬观念下鹿成为引魂升天程序中不可或缺的神兽。正是因为对这种灵魂向导的作用的信仰,鹿形象才会被描绘在马王堆朱地彩绘漆棺的头挡处。同时鹿角能够使墓主免受鬼怪迫害,也能驱赶蛇鼠,守卫墓主,起到辟邪的作用。故在马王堆一号汉墓漆棺上才出现有如此多的鹿形象。

注释:

① 湖南省博物馆、中国科学院考古研究所、文物编辑委员会编:《长沙马王堆一号汉墓发掘简报》,北京文物出版社,1972 年,第 2 页。

②㉔ 汪悦进:《入地如何再升天？——马王堆美术时空论》,《文艺研究》2015年第 12 期。

③ (南朝宋) 范晔:《后汉书·礼仪志下》,中华书局,1965 年,第 3141 页。

④ 湖南省博物馆、中国科学院考古研究所编:《长沙马王堆一号汉墓》上集,文物出版社,1973 年,第 26 页。

⑤ 陈建明、聂菲主编:《马王堆汉墓漆器整理与研究》(中),中华书局,2018年,第 54 页。

⑥ (晋) 张华:《博物志》,中华书局,1985 年,第 1 页。

⑦ 朱青生主编:《中国汉画研究》,广西师范大学出版社,2016 年,第 279 页。

⑧ (汉) 王充撰,北京大学《论衡》注释小组注释:《论衡注释》,中华书局,1979 年,第 413 页。

⑨ (汉) 刘向辑:《楚辞》,上海古籍出版社,2015 年,第 49—50 页。

⑩ (汉) 刘向辑:《楚辞》,上海古籍出版社,2015 年,第 94 页。

⑪ 林河:《〈九歌〉与沅湘民俗》,三联书店上海分店,1990 年,第 76 页。

⑫ (汉) 班固撰,(唐) 颜师古注:《汉书》卷五十七,中华书局,1962 年,第 2598 页。

⑬ (汉) 刘向辑:《楚辞》,上海古籍出版社,2015 年,第 216 页。

⑭ (晋) 郭璞注:《山海经》卷十一,上海古籍出版社,1989 年,第 93 页。

⑮ (汉) 刘安撰,(汉) 许慎注,陈广忠校点:《淮南子》卷四,上海古籍出版社,2016 年,第 83 页。

⑯ (汉) 刘向辑:《楚辞》,上海古籍出版社,2015 年,第 410 页。

⑰ (汉) 刘向辑:《楚辞》,上海古籍出版社,2015 年,第 29 页。

⑱ (晋) 郭璞注:《山海经》卷十一,上海古籍出版社,1989 年,第 93 页。

⑲ (清) 孙希旦撰,沈啸寰、王星贤校注:《礼记集解》(下),中华书局,1989年,第 1132、1135 页。

⑳ (汉) 刘向辑:《楚辞》,上海古籍出版社,2015 年,第 254 页。

㉑ (清) 孙希旦撰,沈啸寰、王星贤校注:《礼记集解》(上),中华书局,1989年,第 714 页。

㉒ (汉) 刘安撰,(汉) 许慎注,陈广忠校点:《淮南子》卷七,上海古籍出版社,2016 年,第 152 页。

㉓ (战国) 荀况著,(唐) 杨倞校注:《荀子》卷十三,上海古籍出版社,1989

年,116 页。

㉕ 巫鸿:《黄泉下的美术》,生活·读书·新知三联书店,2016 年,第 227 页。

㉖(汉)刘向辑:《楚辞》,上海古籍出版社,2015 年,第 49 页。

㉗(汉)刘向辑:《楚辞》,上海古籍出版社,2015 年,第 341、344 页。

㉘ 谭维四:《曾侯乙墓》,北京文物出版社,2001 年,第 141 页。

㉙(汉)班固撰,(唐)颜师古注:《汉书》卷二十二,中华书局,1962 年,第 1052 页。

㉚(汉)应劭:《风俗通义》卷八,中华书局,1985 年,第 56 页。

㉛ 笔者在湖南省博物馆参观时对带有鹿角的怪神进行了专门的统计,结合其他文献材料确认鹿角神怪的数量。林志鹏:《马王堆一号汉墓黑地彩绘棺漆画重探》,《楚文化与长江中下游早期开发国际学术研讨会论文集(上)》2018 年 9 月。

㉜(汉)司马迁:《史记》卷一百二十六,中华书局,1959 年,第 3202—3203 页。

㉝ 王明:《抱朴子内篇校释》,中华书局,1985 年,第 279 页。

汉代画像板与画像石
产生背景及特点初析

——以江苏扬州地区[①]与徐州一带汉墓为例

颜张奕　　刘松林

（南京博物院　扬州市文物考古研究所）

　　江苏扬州地区与徐州一带在汉代隶属于徐州刺史部,扬州地区先后隶属于荆、吴、江都国及广陵国(郡),而徐州一带先后隶属于楚国、彭城国。(图一、二)两地虽南北相隔不远,但地理环境、资源条件及历史背景有所不同,从而形成两地汉代墓葬形制及随葬品特征有较大差异。前者西汉—新莽年间多流行竖穴土坑木椁墓,随葬大量的漆木器、青釉陶器,东汉中晚期砖室墓才流行开来。后者汉代既有竖穴土坑木椁墓,亦有竖穴石椁墓、石坑墓及砖石室墓,随葬大量陶器,漆木器相对较少。在两地汉墓葬具及随葬品中,画像板与画像石便是其中典型一例,两者在材质、特点、源流、年代、墓主身份及文化因素方面均有所区别,表现出较强的地域特征。为此,下文笔者对两者进行比较分析,便提出初步认识,不妥之处敬请指正。

一、汉墓画像板的定义

　　从多年的发掘结果来看,扬州地区汉墓出土了一些木板画,内容丰富、工艺多样、位置各异,性质与功能不尽相同。如木门、窗棂图案多使用镂雕、榫卯结构,少数为浅浮雕,分布于棺室与厢室间的隔墙板之上。穿璧(环)、日月星辰、飞龙升天等图案多使用浅浮雕,主要处于棺椁顶板(天花板)之上,少数分布于椁内隔墙板或笭

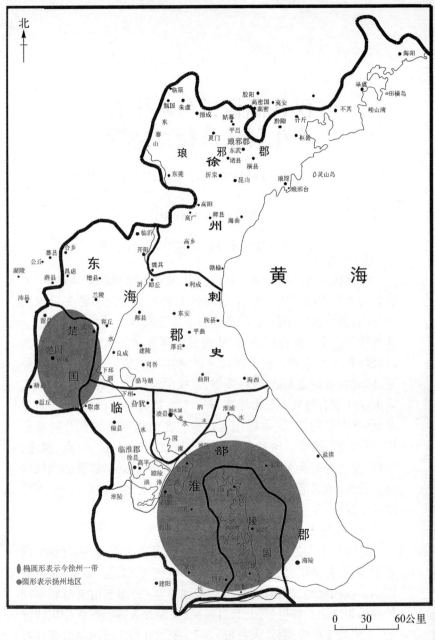

图一　扬州地区与徐州一带位置图

（底图选自谭其骧主编的《中国历史地图集》西汉）

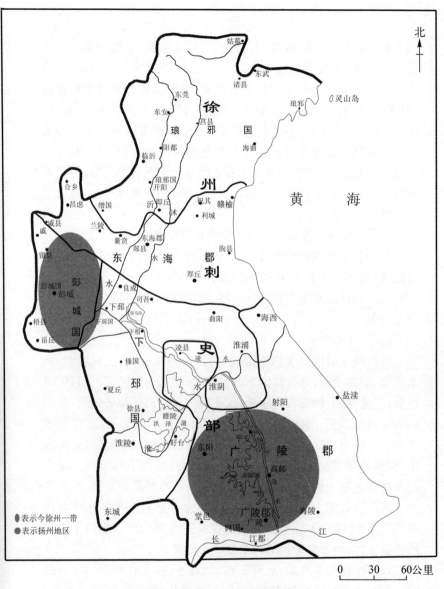

图二　扬州地区与徐州一带位置图
（底图选自谭其骧主编的《中国历史地图集》东汉）

323

床表面。楼阙、旌旗、神兽、人物故事、百戏杂技、宴飨图案工艺多使用浅浮雕,少数为彩绘[2],主要分布于椁内隔墙板表面,极少数为厢室内随葬品。对于木板画的定义,学界多数专家将之称为木刻板画。笔者认为此定义不具全面性,未能包含浅浮雕、彩绘、镂雕、榫卯结构等工艺,参照画像砖石的定义,笔者认为定义为画像板较为妥帖。如画像砖石在砖石块上使用各种工艺装饰图案,而画像板只是材质不同,同样在木板上用各种工艺装饰图案,可见其与画像砖石有着异曲同工之妙,均表现当时丧葬鬼神思想、社会等级制度所限定的人间生活追求。

二、扬州地区汉墓画像板产生背景及特点

全国汉墓发现画像板极少,而该区较为独特,出土的画像板相对较多,据不完全统计各类画像板计约 45 件,出自 28 座汉墓中(表一)。该区汉墓画像板风格新鲜、形制独特,应有形成的自然与历史背景。

（一）自然背景

该区两汉时期属亚热带湿润气候区,四季分明、气候温和、雨水丰沛、森林茂密,地处江淮东部,长江下游与海河的交汇口,河道纵横,交通便利,地形西高东低,仪征境内丘陵山区地势最高,从西向东呈扇形倾斜,高邮、宝应、江都为浅洼地带,呈多平原、少丘陵之势。今扬州城区之西北,一条巨大的东西向蜀冈丘陵带(俗称西山)横穿扬州、仪征等地。以蜀冈丘陵划界,北为下蜀母质上孕育起来的黄色黏土地带,南部为低洼湖荡及波涛汹涌的大江。

该区汉代森林茂密,林木资源较为丰富,以楠木与楸木居多[3],为西汉竖穴土坑木椁墓的造设及漆木器的加工提供了丰富的物质条件,也为画像板的产生提供了基础。

该区汉代河道纵横、水网密布、四通八达,在春秋末吴王夫差"筑邗沟、沟通江淮"[4]的基础上,向东凿运盐河,在海陵设吴太仓,扩大运河辐射面,也为林木的运输及贸易带来了便利。

表一　扬州地区汉墓画像板分类统计表

序号	墓葬编号	时　代	板画位置	工　艺	图　案	保存状况	板画类别	资料出处
1	扬州胡场汉墓M1	西汉中期	椁顶板	浅浮雕	十字双弦穿璧纹	较好	椁顶板类	《扬州邗江县胡场汉墓》《文物》1980年第3期
2	扬州胡场汉墓M5	西汉中期	椁顶板	浅浮雕	十字双弦穿璧纹	较好	椁顶板类	《江苏邗江胡场五号汉墓》《文物》1981年第11期
3	扬州蚕桑砖瓦厂汉墓M4	西汉中晚期	椁顶板	雕刻	十字双弦穿璧纹	较差	椁顶板类	资料存于扬州市文物考古研究所[1]
4	扬州蚕桑砖瓦厂汉墓M15	西汉中晚期	椁顶板	浅浮雕	十字双弦穿璧纹	较好	椁顶板类	资料存于扬州市文物考古研究所
5	扬州平山养殖场汉墓M3	西汉晚期	椁顶板	浅浮雕	十字双弦穿璧纹	较好	椁顶板类	《扬州平山养殖场清理简报》《文物》1987年第1期
6	江苏盱眙东阳汉墓M1	西汉晚期	椁顶板	浅浮雕	十字双弦穿璧纹	较好	椁顶板类	《江苏盱眙东阳汉墓》《考古》1979年第5期
7	江苏盱眙东阳汉墓M6	西汉晚期	椁顶板	浅浮雕	简易二龙穿璧纹	较好	椁顶板类	《江苏盱眙东阳汉墓》《考古》1979年第5期
8	江苏盱眙东阳汉墓M1	西汉晚期	椁顶板	浅浮雕	星象图	较好	椁顶板类	《江苏盱眙东阳汉墓》《考古》1979年第5期
9	江苏盱眙东阳汉墓M1	西汉晚期	椁顶板	浅浮雕	飞龙升天图	较好	椁顶板类	《江苏盱眙东阳汉墓》《考古》1979年第5期

序号	墓葬编号	时代	板画位置	工艺	图案	保存状况	板画类别	资料出处
10	江苏盱眙东阳汉墓 M6	西汉晚期	椁顶板	浅浮雕	建筑图案	较好	椁顶板类	《江苏盱眙东阳汉墓》《考古》1979 年第 5 期
11	1974 年盱眙东阳西汉木椁墓	西汉末至新莽	椁顶板	浅浮雕	星象天文图	一般	椁顶板类	《关于盱眙东阳西汉木椁墓天文图》《东南文化》1994 年第 5 期[2]
12	1974 年盱眙东阳西汉木椁墓	西汉末至新莽	椁顶板	浅浮雕	飞龙升天图	一般	椁顶板类	《关于盱眙东阳西汉木椁墓天文图》《东南文化》1994 年第 5 期[3]
13	江苏东阳小云山山西汉墓 M1	西汉中期	椁顶板	彩绘	图案不清	较差	椁顶板类	《江苏东阳小云山一号汉墓》，《文物》2004 年第 5 期[4]
14	仪征张集团山西汉墓 M1	西汉早期	棺顶板	镂雕、彩绘	十字双弦穿三璧纹	较好	棺顶板类	《仪征张集团山西汉墓》，《考古学报》1992 年第 4 期
15	扬州邗江县胡场汉墓 M1	西汉中期	棺顶板	彩绘	图案不清	较好	棺顶板类	《扬州邗江县胡场汉墓》《文物》1980 年第 3 期[5]
16	仪征联营汉墓群	西汉早期	棺顶板	彩绘	彩绘云气纹	较好	棺顶板类	资料存于仪征博物馆
17	扬州市郊新莽墓 M6	新莽	椁内隔墙板	镂雕、榫卯	木门窗棂	较好	椁内隔墙板类	《扬州西郊发现的两座新莽时期墓葬》《考古》1979 年第 5 期

序号	墓葬编号	时代	板画位置	工艺	图案	保存状况	板画类别	资料出处
18	扬州东风砖瓦厂汉墓 M3	西汉晚期	椁内隔墙板	镂雕、榫卯	木门窗板	较好	椁内隔墙板类	《扬州东风砖瓦厂汉代木椁墓群》,《考古》1980年第5期
19	扬州东风砖瓦厂汉墓 M8	新莽	椁内隔墙板	镂雕、榫卯	木门窗板	较好	椁内隔墙板类	《扬州东风砖瓦厂八、九号汉墓清理简报》,《考古》1982年第3期
20	扬州东风砖瓦厂汉墓 M9	新莽	椁内隔墙板	镂雕、榫卯	木门窗板	较好	椁内隔墙板类	《扬州东风砖瓦厂八、九号汉墓清理简报》,《考古》1982年第3期
21	江苏东阳小云山西汉墓 M1	西汉中期	椁内隔墙板	透雕、榫卯	窗板	较好	椁内隔墙板类	《江苏东阳小云山一号汉墓》,《文物》2004年第5期
22	江苏盱眙东阳汉墓 M6	西汉晚期	椁内隔墙板	镂雕、榫卯	窗板	较好	椁内隔墙板类	《江苏盱眙东阳汉墓》,《考古》1979年第5期
23	江苏仪征胥浦西汉墓 M101	西汉晚期	椁内隔墙板	镂雕、榫卯	木门窗板	较好	椁内隔墙板类	《江苏仪征胥浦墓》,《文物》1987年第1期
24	江苏邗江姚庄西汉墓 M101	西汉晚期	椁内隔墙板	镂雕、榫卯	木门窗板	较好	椁内隔墙板类	《江苏邗江姚庄101号西汉墓》,《文物》1988年第2期
25	江苏邗江姚庄西汉墓 M102	西汉晚期	椁内隔墙板	镂雕、榫卯	木门窗板	较好	椁内隔墙板类	《江苏邗江县姚庄102号汉墓》,《考古》2000年第4期

（续表）

序号	墓葬编号	时代	板画位置	工艺	图案	保存状况	板画类别	资料出处
26	扬州蚕桑砖瓦厂汉墓 M15	西汉中晚期	椁内隔墙板	浅浮雕	楼阙、日月、旌旗、十字双弦穿璧纹	较好	椁内隔墙板画类	资料存于扬州市文物考古研究所
27	扬州宿扬高速汉墓 M5	西汉中晚期	椁内隔墙板	浅浮雕	楼阙、日月	较差	椁内隔墙板画类	资料存于扬州市文物考古研究所
28	扬州宿扬高速汉墓 M10	西汉中晚期	椁内隔墙板	浅浮雕	楼阙、日月	较差	椁内隔墙板画类	资料存于扬州市文物考古研究所
29	扬州胡场汉墓 M1	西汉中期	椁内隔墙板	浅浮雕	独立的木门窗棂、建筑板画、楼阙	较好	椁内隔墙板画类	《扬州邗江县胡场汉墓》《文物》1980 年第 3 期
30	扬州胡场汉墓 M5	西汉中期	椁内隔墙板	浅浮雕	门楣、日月和十字双弦穿璧图案	较好	椁内隔墙板画类	《江苏邗江胡场五号汉墓》《文物》1981 年第 11 期
31	扬州胡场汉墓 M20	西汉中晚期	椁内隔墙板	浅浮雕	十字双弦穿璧纹、楼阙、玄武、朱雀、金日逐日、建鼓舞、小河、运粮船	较好	椁内隔墙板画类	《扬州胡场汉墓群随葬品所反映的几个问题》《文物》2000 年第 5 期
32	江都凤凰河汉墓	西汉中晚期	椁内隔墙板	浅浮雕	建筑板画	较差	椁内隔墙板画类	《扬州邗江县胡场汉墓》[6]《文物》1980 年第 3 期

序号	墓葬编号	时代	板画位置	工艺	图案	保存状况	板画类别	资料出处
33	江苏盱眙东阳汉墓 M1	西汉晚期	椁内隔墙板	浅浮雕	泗水捞鼎	较好	椁内隔墙板类	《江苏盱眙东阳汉墓》《考古》1979 年第 5 期
34	江苏盱眙东阳汉墓 M1	西汉晚期	椁内隔墙板	浅浮雕	歌舞斗兽 杂耍	较好	椁内隔墙板类	《江苏盱眙东阳汉墓》《考古》1979 年第 5 期
35	扬州宝女墩新莽墓 M104	新莽	椁墙板	榫卯	木门	一般	椁墙板类	《江苏邗江县杨寿乡宝女墩新莽墓》，《文物》1991 年第 10 期
36	扬州姜莫韦汉墓	西汉晚期	内外椁墙板	榫卯	木门	较好	椁墙板类	《江苏邗江县姚庄 101 号西汉墓》，《文物》1988 年第 2 期
37	江苏邗江姚庄西汉墓 M101	西汉晚期	椁墙板	榫卯	木门	较好	椁墙板类	《江苏邗江县姚庄 101 号西汉墓》，《文物》1988 年第 2 期
38	江苏盱眙东阳汉墓 M7	西汉晚期	椁墙板	榫卯	木门	较好	椁墙板类	《江苏盱眙东阳汉墓》《考古》1979 年第 5 期
39	扬州东风砖瓦厂汉代木椁墓 M1	西汉晚期	椁墙板	榫卯	木门	较好	椁墙板类	《扬州东风砖瓦厂汉墓群》，《考古》1980 年第 5 期
40	扬州东风砖瓦厂汉墓 M9	新莽	椁墙板	榫卯	木门	较好	椁墙板类	《扬州东风砖瓦厂八、九号汉墓清理简报》，《考古》1982 年第 3 期

序号	墓葬编号	时代	板画位置	工艺	图案	保存状况	板画类别	资料出处
41	仪征刘集联营西汉墓 M1	西汉早期	棺底笭床	镂雕、彩绘	双龙穿璧、云气纹	较好	笭床类	《汉广陵国漆器》，文物出版社，2004年
42	仪征刘集联营西汉墓 M4	西汉早期	棺底笭床	镂雕、彩绘	双龙穿璧、云气纹	较差	笭床类	《江苏仪征集联营1—4号西汉墓发掘简报》，《东南文化》2017年第1期
43	仪征刘集联营西汉墓 M12	西汉早期	棺底笭床	镂雕、彩绘	双龙穿璧、云气纹	较好	笭床类	《仪征文博》2017年第5期
44	扬州胡场汉墓 M1	西汉中期	头厢	彩绘	人物画	较差	厢室随葬品类	《扬州邗江县胡场汉墓》《文物》1980年第3期
45	扬州胡场汉墓 M1	西汉中期	头厢	彩绘	墓主人生活图	较差	厢室随葬品类	《扬州邗江县胡场汉墓》《文物》1980年第3期

注：扬州地区汉墓椁内隔墙板独立的镂雕、榫卯结构的木门窗极分布较多，本表格为不完整统计。
[1] 序号3，画像板被抓土机破坏，仅剩局部。
[2] 序号11，论文中称"天井板浮雕"，即椁顶板。
[3] 序号12，论文中称"天井板浮雕"，即椁顶板。
[4] 序号13，报告称椁顶板有四块薄板之上残留棕色漆皮，推测为彩绘图案。
[5] 序号15，藕红色的天花板，图案为淡水浸褪色不清。

（二）历史背景

据《史记·越世家》记载，楚威王伐越，"尽取故吴地"。该区便成为楚国境，受楚强势文化影响，西汉至新莽年间流行竖穴土坑木椁墓，椁内分设厢室，厢室间设置隔墙板，棺椁设有盖板及天花板，以及棺底置放楚文化典型器-笭床。该区汉代漆器器形、工艺及纹饰与楚漆器极为相似，同样受到楚文化的强势影响。

加之该区汉代隶属于荆、吴、江都国及广陵郡（国），经过多年的发展，社会稳定，经济发达，物产丰富，铸铜、煮盐及漆木器等手工业成了当时一大特色。为该区汉墓画像板的发展提供了物质与经济基础。

（三）画像板特点

该区汉墓画像板时代处于西汉-新莽年间，东汉渐失。画像板主要分布于棺椁顶板（天花板）、椁内隔墙板（椁墙板）、笭床及厢室内。依位置唯一性，现分为四类，即棺椁顶板（天花板）类、椁内隔墙板（椁墙板）类、笭床类及厢室随葬品类。

工艺、纹饰方面，椁顶板画像主要有穿璧、日月星辰等图案，偶见飞龙升天、仙人瑞兽、建筑等图案，工艺多为浅浮雕。其中，穿璧图案有十字双弦穿璧与双龙穿璧两种。棺顶板主要以龙穿璧纹为主，其他纹饰很少。

椁内隔墙板画像内容较为丰富、工艺多样，题材上达天穹，下至人间万象，其中以木门、窗棂图案为主，间以穿璧、日月星辰、楼阙、旌旗、行船、建鼓、人物故事、百戏杂技等图案，工艺有浅浮雕、镂雕、榫卯结构及彩绘。楼阙、穿璧、日月星辰、旌旗等图案数量次之，此类图案往往不是单独存在，而是与其他纹饰形成组合图案。人物故事、百戏杂技等图案发现最少，主要表现为历史经典故事，如泗水捞鼎图、歌舞斗兽等。椁墙板画像图案较为单一，一般在椁一侧挡板设置榫卯结构木门，以象征简易的墓门。

笭床画像在该区西汉早中期少量发现，晚期渐失。其画像图案较为单一,主要以龙穿璧图案为主,其他图案少见。

极少数画像板以随葬品的方式置于厢室内,其图案内容主要是表现汉代封建贵族奢侈生活场景,如门吏、宴飨之类。

三、徐州一带汉墓画像石产生背景及特点

信立祥认为全国共有五大画像石分布区域,第一分布区是由山东省全境、江苏省中北部、安徽省北部、河南省东部和河北省东南部组成的广大区域,其核心区是山东省西南部和江苏省西北部的徐州一带,这一区域汉画像石分布最为广阔、密集。第二分布区是以南阳市为中心的西南部和湖北省北部地区。第三分布区是陕西省北部、山西省西部地区。第四分布区是四川省和云南省北部地区。第五分布区是河南省洛阳市周边地区。第一、二两个分布区,西汉中期以后汉画像石就已出现和开始流行,是汉画像石两大发源地。特别是第一分布区,出现画像石时间早,延续时间长,题材内容丰富,是画像石艺术发展最高的分布区。徐州一带作为第一分布区的中心,画像石的产生具有一定的自然与历史背景[⑤]。

（一）自然背景

两汉时期,徐州处于楚国和彭城国统治的中心区域,水网交错、河流纵横、土地肥沃、经济发达、交通便利,是连接中原地区与江淮流域的主要通道。其自然地理条件较好,多丘陵地带、少平原,分布较多的石灰岩及少量页岩,为营造画像石墓提供了石料来源。徐州一带还有丰富的矿产资源,特别是铁矿石,为建造锋利耐用的建造工具提供了充足原料,用于建造画像石墓葬的铁质工具主要有锤、楔、錾、凿、锸、镢、铲等,这在许多汉墓及遗址中均有发现。加之徐州冶炼业冶炼技术颇高,从对出土的铁工具的金相分析来看,刃部已含有钢的成分,也为刻凿画像作了准备[⑥]。

（二）历史背景

信立祥认为,徐州一带汉画像石的兴盛与两汉时期重厚葬思想是分不开的。西汉初,百废待兴,统治阶级采取黄老思想、与民

休息。汉武帝即位后,排斥黄老、独占儒术使孔孟的儒家学说成为占统治地位的思想,儒家学说的"仁孝"的核心思想使厚葬风潮泛滥,并形成礼制化与理论化。东汉与西汉相比,有过之而无不及,东汉政府所施行的"举孝廉"制度,将"孝悌"列为选拔、任用官吏的最重要的标准,极大地推动了厚葬现象的疯狂发展,从而在社会层面上推动了汉画像石的兴起[7]。蒋英炬认为,徐州一带画像石的产生根本原因非厚葬所致,其早期出于民间,而后拓展到更高层次、上层官吏及富豪,是在西汉武帝以后整个社会的墓葬制度和礼俗的变化下产生的,是与春秋战国天道观的衰落与抑天尚土、人本思想兴起有关[8]。陈鹏、武耕认为,徐州一带除重要的自然地理条件之外,人文地理条件同样重要,这其中包括"事死如死生,事亡如事存"的丧葬理念、经济发达之地、崇尚"孝悌"的思想文化、成熟的雕刻绘画技术及木料短缺、昂贵的影响[9]。我们认为上述观点说法均有一定的道理,徐州一带汉画像石的兴起应是这些综合背景下产生的。

(三)画像石特点

徐州一带画像石产生于西汉中晚期,主要分布于石椁挡板或两侧,以及竖穴石坑墓的墓道一侧或石门处[10]。西汉末至东汉,为画像石发展的繁荣期,随着墓葬结构的改变,墓室一般有前、后室,有的为前、中、后三室,并附有耳室和回廊。画像石多刻于前室、中室的门楣、门柱、横额和四壁上。随着造设祠堂的兴起,祠堂上至顶部,下至四壁,均有着不同题材的画像石。到了东汉末期,群雄争霸,此区沦为战场,画像石处于衰败直至消亡[11]。

工艺方面,西汉中晚期画像石布局疏松,造型不够准确,雕刻以阴线刻为主,间以浅浮雕,技法古拙、原始,内容单一。西汉末至东汉早中期,这一时期雕刻技法较为成熟,在前期画像石的基础上发展为两种风格,平面阴线雕与剔地浅浮雕,以剔地浅浮雕居多。到了东汉晚期,出现了高浮雕及透雕工艺。信立祥认为,汉画像石雕刻技法有二大类,分为线刻类与浮雕类,线刻类可细分阴线刻、凹面线刻、凸面线刻三种,浮雕类可细分浅浮雕、高浮雕、透雕三种,徐州一带画像石雕刻技法最为多样,包含这六种技法,且以阴线刻与浅浮雕为主⑫。

图案内容,集中表现在汉代的生产、生活、思想意识、文化艺术等社会的各个方面。但不同时期各有特点,西汉中晚期画像石内容主要流行十字双弦穿璧、柏树及几何纹,纹饰较为单一。到了西汉晚期至东汉早中期,图案内容丰富起来。除这些装饰图案外,出现了较多反映地主庄园生活,其中有楼堂庭院、纺织农耕、庖厨酿造、车马出行、仕途经历、宴饮闲谈、建筑桥梁、音乐舞蹈、百戏杂技、历史故事、神话传说、奇禽异兽等内容。东汉晚期出现了墓志铭。

四、两者异同

（一）自然背景异同

扬州地区两汉时期属亚热带湿润气候区,地形呈多平原少丘陵之势,多林木少石材,分布着较多楠木、杪木等木材。而徐州一带地处苏鲁皖豫四省交界处,地形呈多丘陵少平原之势,多石材少林木,分布着较多石灰岩及少量页岩,蕴含着丰富的矿产资源,特别是铁矿石。

（二）历史背景异同

西汉早期,百废待兴,统治阶级与民休养生息,崇尚黄老思想,经济得到恢复,国力逐渐强盛。到了孝武帝时期,政治、经济及文化有了一个大的发展,社会生产和物质文化生活发生了明显的进步与变化,在墓葬制度、礼俗方面发生重大而明显的变化,由夏商周三代注重鬼神思想转为关注人本思想及现实生活,"事死如事生"的理念深入人心,伴随而来的是各种砖砌的洞室墓、石坑墓、崖洞墓、石椁墓的出现,即便是竖穴土坑木椁墓也有较大变化,出现了象征不同功能的多厢室结构,愈加仿效生活居住的第宅建筑。

在墓内随葬品方面,打破了以往随葬以礼器为主的模式,出现了大量的日常生活用品及模型明器。两者便在这样历史大背景下产生并走向成熟。

两者历史小背景有所差异。徐州一带是汉开国皇帝刘邦之乡,近邻齐鲁之邦,受孔孟忠孝之道影响很深。其北靠中原,受中原文化影响较大。而扬州地区汉代为荆、吴、江都、广陵国(郡)所在地,临江傍海,地理自然环境与南方相似,受楚文化及吴越文化影响较多,漆木器手工业较为发达。

(三)特点、年代、源流与文化因素、墓主身份异同

1. 特点异同

扬州地区汉墓画像板质地与棺椁板相同,多为杉木质与楠木质,依分布位置不同分为四类,即棺椁顶板类、椁内隔墙板(椁墙板)类、笭床类、厢室随葬品类。而徐州一带画像石质地为石灰岩与少量页岩,分布位置为椁墙板、石坑墓道一侧,石室墓前中室的门柱、门楣、门扇及四壁,祠堂顶部及四壁。

画像板工艺有浅浮雕、镂雕、榫卯结构及彩绘。而画像石多为阴线刻及剔地浅浮雕,极少数高浮雕及透雕。

画像板图案题材较为丰富,其中棺椁顶板类板画以穿璧图案为主,辅以日月星辰、飞龙升天、仙人瑞兽、云气纹、建筑等图案。椁内隔墙板画主要以镂雕、榫卯结构的木门窗棂图案为主,间以穿璧、日月星辰、楼阙、旌旗、行船、建鼓、人物故事、百戏杂技等图案,多为墓主人庄园生活及升天成仙的写照。椁墙板画图案较为单一,一般在椁一侧挡板设置榫卯结构木门,以象征简易的墓门。笭床类板画以龙穿璧图案为主。厢室随葬品类板画则很少,其图案内容主要是表现汉代封建贵族奢侈生活场景,如门吏、宴飨之类。而画像石图案题材极为丰富、包罗万象,几乎穷尽墓主人日常生活的方方面面,反映了汉代生死信仰的变迁,是墓主人世间生活的再写照,其图案内容不仅仅存在于墓葬内,祠堂及阙台中也有发现,以写实为主,间以

写意,是汉代厚葬、升仙、谶纬思想真实表现。依王仲殊先生的分类,汉画像石的内容有天象图、宗教神话、历史人物故事、现实生活、图案花纹等五类[⑬],徐州一带汉墓画像石内容不仅包含五类,还发现墓志及墓主刻铭内容,是全国汉画像石五大发布区内容最为全面的地域。现将择选一些典型画像板与画像石进行分析。

(1)辟邪升天图

扬州地区此类汉墓画像板多集中于棺椁顶板与笭床,少数画像存在于椁内隔墙板,如十字双弦穿璧、龙穿璧、飞龙升天、日月星辰、仙人瑞兽、云气纹等,而徐州一带此类汉画像石多集中于墓门门楣、门扉、门柱、石椁前后挡及祠堂顶部,如十字双弦穿璧、龙穿璧、璧绶带、柏树、铺首衔环、伏羲女娲、东王公、西王母、神仙羽人、日月星辰、风伯雨师、雷公闪电、神兽等。

十字双弦穿璧纹

扬州地区汉墓十字双弦穿璧纹多集中于椁顶板,以满饰的方式存在,而徐州一带往往以局部装饰的方式存在,与其他几何纹进行组合,两者均表示升天之意。如扬州胡场 M1[⑭]木椁顶板满饰十字双弦穿璧纹(图三,1)。而徐州庆元山 M2[⑮]石椁盖板两端饰十字双弦穿璧纹,中间饰柏树、人物及建筑(图三,2)。

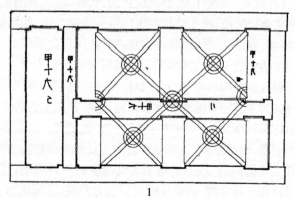

1

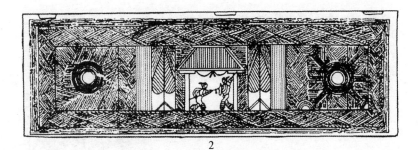

2

图三　十字双弦穿璧纹

1.扬州胡场 M1 椁顶板　2.徐州庆元山 M2 椁盖板

璧绶带纹

璧绶带纹在扬州地区汉墓少
见,而在徐州一带汉墓画像石有所
发现,且与其他纹饰形成组合图案。
如徐州西郊韩山 M1[⑯],洞室两石门
的外侧各有一阴线刻常青树,树上
立一鸟,翘吻,作鸣叫状。树下悬挂
两个对称的玉璧,由绶带穿系,树下
有两条"∧"形根。(图四)

龙穿璧纹

扬州地区汉墓龙穿璧纹多集中
于笭床,极少数在椁顶板上。其中
有双龙穿璧纹、四龙穿璧纹之分,云
气纹为底纹,镂雕、彩绘而成。而徐

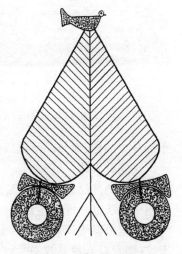

图四　徐州市韩山西汉
M1 画像石画像

州一带汉墓画像石多出现在门楣之上,极少数见于屋顶,其纹饰为
双龙穿璧纹。如仪征刘集联营西汉墓 M1[⑰](图五,2)、M4 笭床饰
双龙穿璧纹[⑱],M12 笭床饰四龙穿璧纹[⑲](图五,3)。徐州一带萧县
汉墓[⑳]XFM8 墓门门楣(图五,1)、XPM61 墓门门楣、XPM61 中室

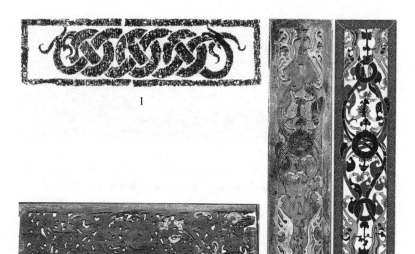

图五　龙穿璧纹
1. 萧县汉墓 XFM8 墓门门楣　2 - 3. 仪征联营 M1、M12 笭床

东部耳室门楣、徐州邳州庞口村汉墓[21]均饰双龙穿璧纹。

飞龙升天纹

扬州地区汉墓画像板飞龙升天纹较少，往往处于椁顶板上。徐州一带汉墓画像石飞龙升天纹相对较多，位置不一，且以多龙或与其他瑞兽形成组合图案。如盱眙东阳汉墓 M1[22]椁顶板飞龙升天纹（图六，1），萧县汉墓[23]XPM61 前室南壁门楣四龙升天纹（图六，2），XPM61 中室北壁门楣瑞兽嬉龙纹（图六，3），徐州邳县占城果园祠堂顶盖石刻两道龙形彩虹[24]。

铺首衔环纹

扬州地区汉墓画像板铺首衔环纹极为少见，而徐州一带则多见，往往集中于墓门、前中及耳室门扉，部分与其他纹饰相配合，较为显目。如萧县汉墓[25]XPM61 前室北壁门扉朱雀·铺首衔环纹

图六 飞龙升天纹
1. 盱眙东阳汉墓 M1 椁顶板飞龙升天纹 2. XPM61 前室南壁门楣四龙升天纹
3. XPM61 中室北壁门楣瑞兽嬉龙纹

（图七,1）、XFM8 墓门门扉朱雀·铺首衔环纹及羽人·铺首衔环
纹（图七,2）、XFM8 墓门门扉十字穿环·铺首衔环纹（图七,3）、
XPM61 中室东壁耳室左门扉瑞兽·铺首衔环纹（图七,4）。

伏羲女娲、东王公西王母、神仙羽人

这类画像板在扬州地区汉墓中少见，仅在盱眙东阳汉墓 M1
椁盖板上星象纹上发现"羿射九日""嫦娥奔月"的神仙传说（图八,
1），但在徐州一带汉画像石较多发现，如萧县汉墓㉖XPM61 中室
南壁立柱伏羲女娲画像（图八,2），铜山县苗山汉墓㉗伏羲与女娲、
神仙羽人画像（图八,3），徐州铜山县吕梁祠堂顶盖石刻羽人驾驭
二龙㉘，徐州邳县占城果园祠堂㉙顶盖石刻雨伯出巡，徐州邳县占
城果园祠堂㉚顶盖石刻东王公的故事（图八,4），徐州铜山县茅庄

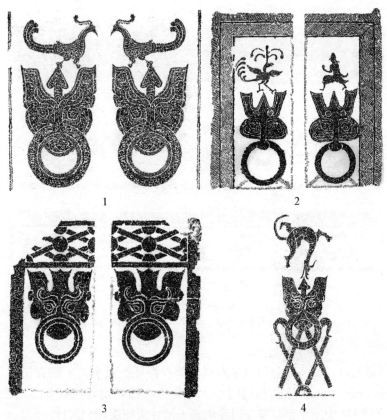

图七　铺首衔环纹饰

1. XPM61 前室北壁门扉朱雀·铺首衔环纹　2. XFM8 墓门门扉朱雀·铺首衔环纹及羽人·铺首衔环纹　3. XFM8 墓门门扉十字穿环·铺首衔环纹　4. XPM61 中室东壁耳室左门扉瑞兽·铺首衔环纹

村北洞山祠堂③最上层石刻西王母、羽人、玉兔捣药画像(图八,5)。

(2)现实生活图

车马出行

扬州地区汉墓画像板车马出行图少见,或许只是暂未发现。而徐州一带汉画像石车马出行图较为流行,所处位置各异,在墓内

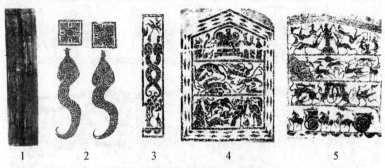

图八　伏羲女娲、神仙羽人图案

1. 盱眙东阳汉墓 M1 椁天花板"羿射九日""嫦娥奔月"神仙图案　2—3. 萧县汉墓 XDMC1 及铜山县苗山伏羲与女娲、神仙羽人画像　4. 徐州邳县占城果园祠堂顶盖上层石刻东王公的故事　5. 徐州铜山县茅庄村北洞山祠堂最上层石刻西王母、羽人、玉兔捣药画像

及祠堂壁面均有表现,有独立图案与组合图案之分。如萧县汉墓[32]XPM61 中室西壁耳室门楣画像石(图九,1)、洪楼地区汉墓画像石[33](图九,2)、徐州茅山村汉墓画像石[34](图九,3)、沛县栖山汉墓画像石[35](图九,4)、徐州双沟地区汉墓画像石[36]、九女墩汉墓画像石[37]、徐州南部地区散存画像石[38]、徐州铜山县茅庄村北洞山祠堂石刻下层画像[39]等均有车马出行图。

宴飨、闲谈、棋乐及歌舞

这类画像板在扬州地区不多见,仅在扬州胡场汉墓 M1[40]厢室内以随葬品彩画板的方式出现,其图案内容为"墓主人生活图",竖置于东椁壁位置。整个画面分上下两部分。上部由左至右绘四人,其左一人,体态高大;其右三人,二人佩剑,一人踞坐,均面向左边第一人。下部为宴乐场面,墓主人端坐床榻之上,前置几案杯盘,后有侍女跪从,前有伶者表演,完全是一幅封建贵族家庭穷欢极乐的生活场景(图一〇,1)。徐州一带汉墓画像石发现这类内容较多,其所处位置主要集中于墓室内壁,极少数出现在门柱表面,如铜山县台上村汉画像石宴飨[41](图一〇,2)、沛县汉墓画像石宴

341

图九　车马出行图

1. 萧县汉墓 XPM61 中室西壁耳室门楣石画像　2-4. 徐州洪楼汉石画像、茅山村汉画像石、沛县栖山汉画像石

图一〇　宴飨、闲谈及歌舞图

1. 该区胡场汉墓 M1　2－4. 徐州铜山县台上村画像石、沛县汉墓画像石上中层、沛县栖山汉墓石椁画像

飨及歌舞[42]（图一〇,3）、沛县栖山石椁画像石棋乐及歌舞[43]（图一〇,4）、萧县汉墓 XPM61[44]中室东壁耳室立柱画像石宴飨等。

门吏

扬州地区汉墓画像板门吏图发现较少,仅在扬州胡场汉墓 M1 头厢内出土了一块彩绘画像板,其内容为"人物图","彩绘四个人物,上下各二。上部二人,头部不清,仅辨其墨线轮廓,身着长袍,

343

广袖,相向拱手,俯视,当为文吏。下部二人,相向而立,一人着红衣,双手持矛倚肩,俯视;一人着黑衣,腰部佩剑,作拱手状,仰视,当为武士。"笔者推测为门吏(图一一,1)。而徐州一带汉画像石门吏图较为流行,多处于门柱位置。如萧县龙城镇陈沟汉墓画像石

图一一　门吏

1. 扬州胡场汉墓 M1 厢室内画像板"人物图"局部　2-4. 萧县龙城镇陈沟汉墓画像石
5. 萧县汉墓 XPM61 前室北壁右立柱画像石

立柱[45](图一一,2-4)、萧县汉墓[46]XPM61前室北壁右立柱均发现门吏图(图一一,5)。

庖厨酿造

扬州地区汉墓发现此类画像板极少,而徐州一带较为流行。如徐州邳州庞口村汉墓一画像石第四、五层为庖厨场面,有汲水、椎牛、炊火、刺鱼、烤肉串[47]等。

牛耕、纺织

扬州地区汉墓画像板纺织、牛耕图极少见,而徐州一带汉墓此类画像石较多见。如徐州双沟出土的牛耕图,画面中刻有一人扬鞭扶犁,后一儿童随墒下种,另一人举锄,一人送饭,旁边放一车,一只小狗卧在车旁,从中可以看到汉代农家生产的场面[48](图一二,1)。徐州铜山洪楼汉墓画像石为地主庄园纺织的场面,反映古代纺织的三道程序。即三人操作,一织一纺一调丝[49]。徐州邳州庞口村汉墓画像石上层刻纺织图,有纺车、织机[50](图一二,2)。

1　　　　　　　　　　　　　　　2

图一二　纺织、牛耕图

1.徐州双沟汉墓画像石牛耕图　2.徐州邳州庞口村汉墓画像石上层纺织图

百戏杂技

扬州地区汉墓画像板百戏杂技图发现较少,处于椁内隔墙板。而徐州一带此类汉画像石处于墓室内壁。如江苏盱眙东阳汉墓M1[51]椁内隔墙板板画下段是斗兽场面,牛、虎相觝,兽背各站立一个驯兽者(图一三,1)。徐州洪楼出土的两块汉画像石上所刻的百戏杂技图比较全面,上有戏车、象戏、鱼戏、龙戏、龟戏、虎戏、转石戏、伎人吐火等节目[52](图一三,2)。

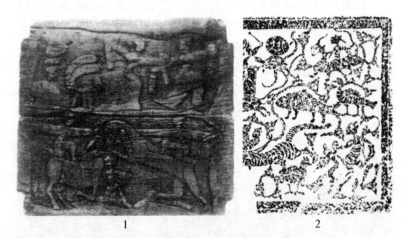

1   2

图一三 百戏杂技图

1. 盱眙东阳汉墓 M1 画像石   2. 徐州洪楼汉墓画像石

(3) 建筑楼阙图

扬州地区汉墓画像板发现建筑楼阙较多,集中分布于椁内隔墙板表面,极少数处于椁顶板上,建筑楼阙往往有旌旗、穿璧、木门、窗棂、日月、朱雀、玄武、河道、粮船、码头,是地主庄园前堂后寝建筑的真实写照。徐州一带汉墓画像石建筑楼阙图案相当丰富,建筑内往往有人物宴飨、闲谈、棋乐、舞蹈等。如扬州蚕桑砖瓦厂 M15(图一四,1),扬州胡场汉墓 M20(图一四,2),萧县汉墓 XPM61 中

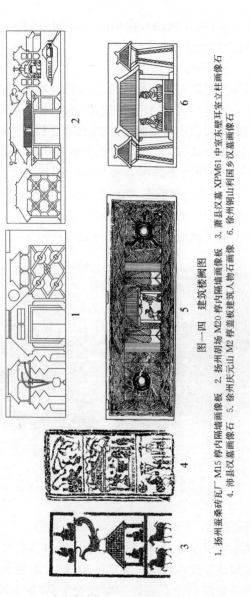

图一四 建筑楼阙图

1. 扬州蚕桑砖瓦厂 M15 椁内隔墙画像板 2. 扬州胡场 M20 椁内隔墙画像板 3. 萧县汉墓 XPM61 中室东壁耳室立柱画像石
4. 沛县汉墓画像石 5. 徐州庆元山 M2 椁盖板画像 6. 徐州铜山利国乡汉墓建筑板人物石画像

347

室东壁耳室立柱(图一四,3),徐州庆元山 M2㉝(图一四,4)、徐州铜山利国乡汉墓㊴(图一四,5)。

(4)历史故事图

历史故事图是以人间现实世界的事物为题材,按当时统治阶级的意识形态选择配置的,其目的就是"恶以诫世,善以示后"。扬州地区汉墓画像板历史故事图案很少,分布于椁内隔墙板内,如江苏盱眙东阳汉墓 M1㉟厢室间隔墙板上的泗水捞鼎图案。(图一五,1)徐州一带历史故事画像石多集中于祠堂之类,墓内相对少见,其内容主要有周公辅成王、二桃杀三士、孔子见老子、孔子问项佗、泗水捞鼎、秦王出征图、曾母教子等,如徐州邳州庞口村汉墓画像石第三层为周公辅成王图㊱。(图一五,2)

1   2

图一五   历史故事图

1. 江苏盱眙东阳汉墓 M1 画像板泗水捞鼎图
2. 徐州邳州庞口村汉墓画像石第三层为周公辅成王图

(5)装饰图案

装饰图案主要起美观、修边及辅助作用,其目的对主题纹饰进行衬托。扬州地区汉墓画像板装饰图案极少,多为表达主题的图案。而徐州一带汉画像石装饰图案极为丰富,如水波纹、平行凿

348

纹、三角纹、菱形纹、连珠纹、垂幛纹、绳索纹、双曲线纹、植物兽面纹、穿璧(环)、流云纹等[57]。(图十六)

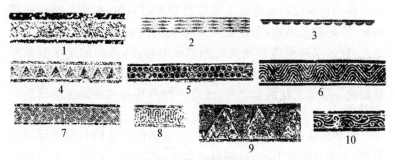

图一六　画像石装饰图案

1. 平行凿纹　2. 菱形纹　3. 垂幛纹　4. 三角纹　5. 连珠纹　6. 水波纹　7. 绳索纹
8. 双曲线纹　9. 植物兽面纹　10. 流云纹

2. 年代异同

扬州地区汉墓画像板年代处于西汉至新莽年间。西汉早期发现画像板较少,以椁内隔墙板镂雕、榫卯结构的木门、窗棂及笭床穿璧图案为主。西汉中晚期各类画像板增多,为画像板发展的兴盛期。其中有棺椁顶板类、椁内隔墙板及随葬品类画像板,笭床类画像板处于衰退与消亡的阶段。新莽年间,在各类画像板仍有一定的发现基础上,出现了椁墙板画像。东汉时期,该区汉墓画像板随着竖穴木椁墓的渐失而退出历史的舞台。刘尊志认为,徐州一带汉画像石可分为四期,即萌芽期(西汉早期偏晚至中期偏早),发展期(西汉中晚期至东汉初)、繁荣期(东汉初至东汉晚期)、衰落期(东汉末期)[58]。李银德认为,徐州一带汉画像石墓源于石椁墓,兴起于西汉晚期[59]。据此,笔者认为徐州一带汉画像石墓初创于西汉中晚期,兴盛于东汉,至东汉末期处于衰败。由此可见,扬州地区汉墓画像板与徐州一带汉画像石年代上虽有交集,但画像板兴盛于西汉中晚期,徐州一带画像石兴盛于东汉,两者所处流行年代还是有差异的。

3. 源流与文化因素

扬州地区汉墓画像板主要源自楚漆棺装饰（棺束）、饰棺连璧制度、漆棺画及帛画，是楚巫风及丧葬文化的一种继承与创新。基于此，该区汉墓画像板楚文化因素成分较多，其中的十字双弦穿璧、龙穿璧、飞龙升天、日月星辰、神人瑞兽、木门窗棂、云气纹等便是如此。除楚文化因素之外，还有一些表现地主庄园生活场景的汉文化、吴越文化及地域文化因素。

信立祥认为："与汉壁画墓一样，汉画像石墓的石刻画像渊源有自，无论是形式上，还是题材内容上，都继承了西汉前期木椁墓中随葬帛画和漆棺画的优良传统，汉代墓室石刻画像的祖形和前身就是西汉早期木椁墓的帛画与漆棺画。"⑨孙机认为："将墓室壁画进一步加工成画像石，无非是为了使之长久保存，它们显然都是从宫室壁画那里模仿而来的，当然其中又增加了一些与丧葬有关的内容。"⑩笔者认为，徐州一带汉画像石既有源自中原文化成分的壁画，也有来源于楚帛画及漆棺画的传统，以中原文化壁画成分居多，其题材主要多为墓主生前日常生活的写照，石刻画像往往有重楼高阁，楼内主人宴饮闲谈，下棋听乐，墓主多为庄园主，拥有大量奴仆、婢妾、工匠、倡讴、妓乐、部曲，以及车马出行的场面。也有反映生产生活、娱乐及历史人物方面的纺织、牛耕、庖厨、音乐、舞蹈、百戏杂技、周公辅成王等场面。同时，汉画像石继承楚帛画及漆棺画方面主要有神话与迷信思想，如铺首衔环、神仙羽人、伏羲女娲、东王公、西王母、仙禽瑞兽、十字穿璧（环）图案等。

4. 墓主人身份异同

扬州地区汉墓画像板位置、内容不同其墓主身份有异。一般存在棺椁顶板、椁内隔墙板及笭床板画的墓葬，墓主身份不低，多为地主贵族阶层，如扬州胡场 M1 发现棺椁顶板浅浮雕十字双弦穿璧纹，椁内纵横隔墙板饰浮雕、镂雕阑干式建筑图案，厢室内随葬两幅彩板画像。墓内随葬器物计126件,其中有铜器、乐器、漆木器、陶器等不同类型,可见墓主身份处于封建地主阶层㊿。扬州胡场 M5 东椁顶板减地浮雕双弦穿璧图案,东椁内隔墙板西壁浮雕门楣、日月、双弦穿璧图案,出土随葬品多达 200 余件,其中有漆木器、竹木器、铜器、铁器、陶器、骨器及家禽遗骸、植物种子、编织物,据简报称墓主人身份为士一级的小史,属地主阶层㊿。江苏盱眙东阳汉墓 M1 椁顶板浮雕星象图及简化的穿璧图,椁内隔墙板浮雕人物故事与百戏杂戏,M6 椁顶板浅浮雕建筑图与二龙穿璧图,两墓出土随葬品较为丰富,其中有漆木器、铜器、铁器、玉器、陶器等,简报称墓主人身份就是当时居住在东阳城内社会地位和财富相近的中小地主官僚阶层㊿。扬州仪征刘集联营 M1、M4、M12 为庙山西汉早期诸侯王陵陪葬墓,均发现镂雕、彩绘龙穿璧画像板,出土随葬品极为丰富,其中有漆木器、铜器、玉器、釉陶器等,墓主人身份均为高等级贵族㊿。还有一些墓葬,仅在椁内存在镂雕、榫卯结构的木门、窗棂图案,其墓主身份多为具有一定经济实力的庶民。

徐州一带汉画像石墓墓主身份与该区有所差异。蒋英炬认为,画像石早期出于民间,而后拓展到更高层次,上层官吏及富豪㊿。周保平认为,汉画像石应是汉代中下层人群的遗存,它反映是民间、民俗的东西㊿。李银德认为,徐州画像石墓兴起于西汉晚期,源于石椁墓,最初起源于社会的下层。其墓主人的身份,大致可分为列侯、二千石以下官吏、商贾巨富和一般平民四类㊿。刘尊志认为,早期画像石的图案在模仿中产生,内容简单原始,是较为朴素的写实。石椁画像石墓逐渐成为主流可能与身份较低的人对中型墓葬的一些葬俗进行模仿有关㊿。据此,笔者认为徐州一带汉画像石墓源于社会底层,最初墓主人身份多为普通庶民,随着画像石的流行与发展,逐渐被中小地主贵族所接受,但是这种下层社会因地取材的葬俗往往囿于传统礼制很难被帝王、诸侯接受。而扬州地区汉画像板墓墓主身份因内容、位置各异,棺椁顶板画、椁内隔墙板画及笭床均被统治阶级接受,上至王侯将相、下至中小地主贵族均有所涉及。还有一些墓葬,仅存在椁内镂雕、榫卯结构的木门、窗棂,其墓主身份相对较低,一般为较为富裕的庶民。低层平民墓葬少见画像板。

五、结语

综上,汉代扬州地区与徐州一带虽地域相邻,但由于地理环境、资源条件及背景有所不同,从而造成扬州地区汉墓画像板与徐州一带汉画像石在质地、特点、年代、源流、文化因素及墓主身份方面具有一定差异性。两者应属不同体系与风格,徐州一带汉画像石更多地继承中原文化因素,而扬州地区汉墓画像板受楚文化影响较大。前者主要表现社会现实生产、生活、娱乐及历史故事内容,如车马出行、宴饮闲谈、纺织牛耕、庖厨酿造、百戏杂技、歌舞音乐、历史故事、建筑楼阙等日常生活的方方面面,辟邪升天方面的内容表现次之,其与北方中原地区流行的壁画内容极为相似。后者主要表现墓主人升天成仙方面的内容,如十字双弦穿璧、日月星辰、神仙瑞兽、飞龙升天、龙穿璧等,现实生活方面的内容表现较次,其与楚帛画、漆棺画内容具有传承关系。另外,我们从两地出土的俑类也可看出其间的差异,徐州一带出土大量的陶俑,其类型与特点与中原地区相似。而扬州地区汉墓出土一定量的木俑,其类型与特点与楚核心区木俑一脉相承⑩。除内容与文化因素的传承不同之外,两者在图案装饰方面也有所不同,徐州一带汉画像石装饰图案极为丰富、讲究,构置较为繁复。而该区汉墓画像板几无装饰图案,直接进入主题,图案较为简洁。

但是在汉大一统的发展进程中,汉文化因素是两者所包含的共同特征,"事死如事生"是两者共同的厚葬理念,社会物质文化面貌及墓葬制度发生明显变化是两者共同的时代背景,由注重神仙迷信思想转为更多关注人本思想是两者共同思维方式。

总之,扬州地区汉墓画像板与徐州一带汉画像石各具特色。徐州一带汉画像石分布密集、规模大、范围广,对中原地区仍至全国都产生了较为广泛的影响,而扬州地区汉墓画像板分布不甚密集、范围小,主要集中在以扬州为中心的江淮东部,对周边影响较小。邹厚本认为"木板画(画像板)是这一带(扬州地区)西汉中晚期墓葬葬制所特有的"⑩。

　　但作为毗邻地域,两者之间还是有一定的影响。该区汉墓画像板兴盛于西汉中晚期,徐州一带汉画像石兴盛于东汉,年代上该区汉墓画像板稍早,对汉画像石的影响应先入为主,而汉画像石虽为后起之秀,但由于分布密集、范围广、接受群体大,早期汉画像石对画像板也会产生一定的影响。

注释:

① 论文所提扬州地区包括现扬州市、高邮市、江都市、仪征市、宝应县及所辖乡镇外,亦包括天长、盱眙等所属乡镇。这是由于西汉时期,上述地域同为一整体,即为荆国、吴国、江都国、广陵国(郡)等的一部分,其汉墓形制及随葬品特征相同。

② 本文认为该区汉木板画少数为彩绘,是从彩绘木板画较少发现的现状来看的,然实际情况或非如此,一部分木板画或由于长期水土的侵蚀造成彩绘的脱落。

③ 历年来扬州市文物考古研究所发掘了大量汉墓,确认棺椁材质多为楠木质与杪木质。

④ 西周鲁国编年史《左传》上。

⑤⑦⑫㊵㊿ 信立祥:《汉代画像石综合研究》,文物出版社,2000 年。

⑥⑪㉗㉝㉞㉟㊱㊶㊷㊽㊾ 王黎琳:《论徐州汉画像石》,《文物》1980 年第2 期。

⑧㊻ 蒋英炬:《关于汉画像石产生背景与艺术功能的思考》,《考古》1998 年第11 期。

⑨ 陈鹏、武耕:《试论苏北鲁南汉画像石呈集中分布的原因》,《阜阳师范学院

学报(社会科学版)》2010 年第 5 期。

⑩⑭⑱⑲ 刘尊志：《徐州地区早期汉画像石的产生与相关问题》，《中原文物》
2008 年第 4 期。

⑬《中国大百科全书·考古卷·秦汉考古条》。

⑭㊵㊽ 扬州博物馆、邗江县图书馆：《扬州邗江县胡场汉墓》，《文物》1980 年
第 3 期。

⑮ 临沂博物馆：《临沂的西汉瓮棺、砖棺、石椁墓》，《文物》1988 年第 10 期。

⑯ 徐州博物馆：《江苏徐州韩山西汉墓》，《文物》1997 年第 2 期。

⑰ 扬州博物馆：《汉广陵国漆器》，文物出版社，2004 年。

⑱ 仪征市博物馆：《江苏仪征刘集联营 1—4 号西汉墓发掘简报》，《东南文
化》2017 第 4 期。

⑲ 夏晶：《仪征出土汉代漆笭床的初步认识》，《仪征文博》2017 年 5 期。

⑳㉓㉕㉖㉜㊹㊻ 安徽省考古研究所、安徽省萧县博物馆：《萧县汉墓》，文物
出版社，2008 年。

㉑㉔㉘㉙㉚㉛㊳㊴ 郝利荣：《徐州新发现的汉代石祠画像和墓室画像》，《四
川文物》2008 年第 2 期。

㉒㊿㊻㊽㊼ 邹厚本：《江苏盱眙东阳汉墓》，《考古》1979 年第 5 期。

㊸㊾㊶ 孙机：《仙凡幽明之间——汉画像石与"大象其生"》，《中国国家博物
馆馆刊》2013 年第 9 期。

㊺㊼㊿㊾ 朱存明：《徐州新发现汉画像石的考察与研究》，《中国国家博物馆
馆刊》2013 年第 7 期。

㊾ 段拭：《江苏铜山洪楼东汉墓出土纺织画象石》，《文物》1962 年第 3 期。

㊾㊽ 李银德：《徐州汉画像石墓墓主身份考》，《中原文物》1993 年第 2 期。

㊽ 扬州博物馆：《江苏邗江胡场五号汉墓》，《文物》1981 年第 11 期。

㊽ 资料存于仪征博物馆。

㊼ 周保平：《对汉画像石研究的几点看法》，《东南文化》2001 年第 5 期。

㊿ 张艳秋：《江苏出土汉代木俑类型与特点》，《国家博物馆馆刊》2018 年第
8 期。

基于楚巫文化审美特征的动画角色造型创意设计

张　钰

（武昌首义学院艺术设计学院）

　　楚人对艺术作品的想象可谓天真烂漫、诡谲神秘。由于其生活地理位置的独特性，造就了楚人得天独厚的审美趣味。楚国将中原文化与南方的巴蜀文化，乃至蛮夷文化相结合，形成了独具特色的文化类型。从奴隶制过渡到封建制社会的转型阶段，"万物有灵说"充斥着整个时代，在楚人眼里，王朝的更迭、家国的兴衰，冥冥之中都和天地鬼神有着千丝万缕的联系。相对北方而言，南方的楚国与蛮夷为伍，巫风盛行。

　　所谓"国之大事，在祀与戎"，楚人也不例外。他们认为自己的祖先是火神祝融，因此认为自己是火神的后代。在穿着打扮，婚嫁习俗中都充斥着火一样的红色。巫师作为联系天地鬼神与人间的纽带，在楚国有着举足轻重的地位和作用。楚国的巫师不仅通晓天文、历法，而且擅长通过占卜之术，预测吉凶祸福。男觋女巫，"大巫见小巫"典故来源于楚。在楚墓出土的文物当中，有些与龙凤图腾为形象的随葬物品，其造型诡异，形体弯曲，姿态夸张变形。

一、楚巫文化审美特征

（一）造型神秘诡谲，极具装饰意味

　　楚墓随葬的青铜器物，寄托了生者对逝者的美好祝愿。有许多青铜器皿造型奇特，没有太多的实用功能，从精神层面上反映出了巫蛊之术，对于丧葬习俗的影响。其中，木雕辟邪上多有饕餮纹

样作为漆绘装饰主纹,镇墓兽通体窃曲纹装饰。纹饰在兽面及兽体上满打满铺,形象狰狞恐怖,具有很强的威慑力。

河南淅川下寺 1 号墓出土的钮钟,钟面上出土了大量的兽面纹,纹饰排布错落有致,带有商代"三层花"的图案组织原则。江陵雨台山 174 号墓以及江陵天星观 1 号墓的镇墓兽造型最具典型意味。镇墓兽作为守护墓主灵魂的神兽,在精神层面驱邪防盗,是导引墓主灵魂飞升成仙的重要灵媒。

在楚人的观念当中,凤作为"祝融"的化身,带有强烈的象征意味。虎座凤鸟上,凤凰展翅欲飞,红、黑、金三色勾勒出楚人对色彩的审美倾向,柔和飘逸的纹饰优美动人。正如张正明先生在《楚文化史》当中提到的那样:生者希望逝者死后其灵魂,不要沦入冥府,而能飞登天界,镇墓兽意在抚慰灵魂,护佑其安然往生仙界。虎座凤鸟意味着凤鸟作为灵魂使者或先祖化身引导着逝者升天。这也反映出楚巫文化特有的想象空间和独特的创造灵感。

(二)装饰繁缛复杂,尽显婀娜之态

在考古发掘的楚墓当中,装饰图纹非常有特色,长台关 1 号墓出土的古瑟,漆面上描绘的是楚人歌舞升平、乐舞百戏、耕作狩猎时的生活场景,祝巫神鬼形象也在其中。屈原的楚辞《九歌》中就谈到过,女巫盛装登场,以鼓为乐器,挥舞宽袖翩翩起舞。屈原所描绘的祭神场景从头到尾都有女巫载歌载舞,舞姿类似《九歌》当中所记载的"连蜷""偃蹇"等,体弯如弓,舞姿优美动人。

在文学作品《招魂》当中,也谈到过巫术招魂仪式,女巫面东而立,上到高处,高声呼喊逝者姓名,口念祝辞,指引客死异乡的灵魂,魂归故里。这其实不失为楚人对美好生活的向往,以及对祖国给予丰厚情感的表达方式。

(三)寓意深远悠长,崇尚人神互融

楚墓出土的文物当中有大量的动物图腾形象存在。楚人往往习惯将所崇拜的先祖形象神话,赋予他们强大的能力。如祝融活着的时候成为管理火的官员"火正",死去之后被封为"火神"。楚人崇尚火,对与其相关的动物,如:龙、凤图腾,在楚巫文化中同样占据着重要的地位。

因此以凤图腾作为形象的青铜礼器也不在少数,图腾作为通天地鬼神的媒介,也是巫师施展巫术的载体。在这样的文化背景之下,艺术作品具有原始宗教的意味。当年楚子熊绎向周成王进贡苞茅缩酒,以酒祭神,用这种方式得到祖先的庇佑。楚地久盛不衰的巫习风气,营造出浪漫的文化氛围,创造出奇诡的艺术风格,在巫文化的影响之下与周边文化相融合,呈现出独特的面貌。

二、楚巫文化审美特征在动漫角色造型创意中的应用

如何将楚巫文化中的艺术特色,融入动画创作中去,让动画中的人物设计具有鲜明的地域特色、强烈的思想共鸣和地域文化可识别性,需要将以上所分析的楚巫文化审美特征,有机融入角色设计的细节中去。只有这样,才能把传统的地域文化艺术融入现代生活中加以承传和发展。取其精华,去其糟粕,才能活化楚巫文化艺术形式。接下来,我们按照逻辑顺序,具体分析楚巫文化在动画角色造型中的应用形式。

（一）楚巫文化对动画角色造型风格的影响

在动画角色造型的过程当中,首先要考虑楚巫文化元素中的哪些部分,是可以应用到角色造型中去的;然后,再把这些元素与角色造型相融合;最后,在动画角色造型过程当中汲取楚巫形象造型中的艺术特色。

如:在《九凤》中,女巫形象高贵神秘,可以通过优美飘逸的线条表现这一特点。抓住其祭祀舞蹈中大幅度的肢体语言,进行动作分解,用关键动画的形式加以还原和再现。镜头语言采用巧妙优美的特写镜头,颜色对比强烈,形成截然不同的艺术效果,以区分其他的艺术形式。

在色彩搭配问题上,需要注意到色彩的对比和谐关系。如:

《九凤》中"大楚巫"和普通楚巫在艺术形象设计上的差异,他可以通过头饰上羽毛的多少加以区别。将红色与黑色相结合,通过色彩的大对比,将动画角色当中的性格特征表现得十分鲜明。动画角色和真人演员在人物造型上,有很大的区别。其特点有两个:

首先,动画角色带有强烈的夸张变形。角色的比例,如五官位置、头与身体,以及角色表情等设计,按照故事剧情的需要,往往会被艺术夸张处理。为了增加艺术形象的典型性,往往会将不同人身上具有代表性的特征集于一身。现实与幻想相结合,在设计的过程当中,"大楚巫"形象中夸张的头部羽冠装饰,确立了其崇高的首领地位。通过柔和线条表现女性形体美,通过艺术的夸张让楚巫形象与动画造型完美地结合起来。

其次,动画角色带有鲜明的细节个性。根据角色在楚文化中的特殊地位,在设计中细节处理足以反映其职业的特点。如:图腾面具、纹身、手镯、法器和法袍与常人的不同之处;男觋女巫形体线条的处理需要与其性别相应;法袍色彩搭配、服装款式和舞姿设计方面,需要考察祭祀神灵需要传达出来的特殊情境,表现出楚舞的宗教特点。

(二)楚巫文化审美特征在动画中的呈现方式

1. 饱满的画面构图

楚巫的形象具有浪漫的想象和奇诡的氛围,这种独特充实了楚巫文化气息的美,怎样通过形象的方式把它表露清楚?其内容需要更加丰富细致,在创造人物画面的时候,需要将画面的构图增加中国特色,追求透视及人体的比例,把现代的透视法则与古代文化相结合,把许多二维的动画形象与立体的三维假想空间相结合,做到美而不乱,形成既具有古代文化特色又具现代审美趣味的结合体。

楚人的平面造型原则和现代夸张的三维空间造型原则结合,我们可以通过假想三维空间的方式,将平面化的东西立体起来,以符合于动画造型的原则需求。公益动画短片《九凤》正是采用了这一特色来塑造人物以及空间之间的关系。

2. 神似的角色造型

楚巫形象的造型来源于现实生活,虽然间隔了 2 000 多年,但是人物与现实生活的结合中仍然还是以写实为基础,但是考虑到动画造型的艺术性,在创作人物造型的时候,需要更多考量的是写实与夸张的程度如何结合,这样才能使每一个人物造型既具有生动活泼充满生机的艺术特点,又不失生活的真实性。为了凸显每一个人物形象的艺术性,我们在人物取舍过程当中,不能太过于刻意强调人物细节上的线条柔和的特点,我们需要纵观整体人物形象,通过形象的简化将其神域从细节当中脱颖而出。不管从人物的比例还是从衣服的样式,还是舞姿的设计,动作的表演,凸显人物性格的特征,都让人物能够形成一种既具有现代审美观念,又不失古典韵味的艺术集合体。

3. 强烈浓艳的色彩

楚巫形象也需要通过色彩来进行传达,不同的色彩冷暖变化对于人物性格的表达是有所不同的。楚人尊中火上次,因此红色在整个人物形象造型色彩搭配上是不可缺少的,以红色作为主色调加上黑色的处理,红黑相得益彰,形成明显对比,这种颜色的搭配使人们想到楚国文化当中火文化的特点结合火凤凰,还有人物形象上面的这种火红色,表现出人与自然界相合的关系。另外,按照朱雀、玄武、青龙、白虎四神之说,南朱雀表现了楚国所在的地理位置,也反映出楚人楚巫对于色彩上对于火的崇拜。因此红黑处理使得色彩对比鲜艳,在色彩形式美法则上说,能够具有很强烈的艺术感染力。

巫师浓烈的色彩以及面具的装饰,表现出楚人对于天地鬼神的崇拜,同时也使人们通过楚巫形象了解到楚人文化对于自然万物的理解,道家观念天人合一的理解,通过颜色的处理让人们知道

《九凤》当中人物设定其色彩的寓意。

　　楚巫形象作为楚巫艺术当中至关重要的组成部分,其所承载的不光是人物形象的外在特点和色彩的搭配,更重要的是通过外在的形象、外在的色彩表现出人物内在的情感,表现出楚地民族对于世界的观念以及情感的独特理解,楚人的浪漫奇怪的想象力;通过楚巫这一形象得到生动的体现,通过历史的沉淀让巫形象更具有历史性、文化性,表现出楚国在春秋战国时期的强大以及楚民族艺术的地域特征;通过《九凤》动画短片表现出楚国古代文化的博大精深;通过凤凰的形式穿插期间,表现出武汉市现代文化发展的特点,作为武汉市精神文明建设的纽带,将过去与现在进行了一个结合;通过该作品让我们了解到了楚国800年的历史文化的缩影;通过凤凰展翅涅槃重生,让人知道武汉市作为现代文明城市所承载的文化,基因的强大性以古鉴今,武汉市将来的发展方向以及对于社会的影响力将是无穷的。

参考文献:

[1] 宋兆麟:《巫觋——人与鬼神之间》,学苑出版社,2001年。

[2] 李响:《楚巫文化的盛行与审美特性》,《名作欣赏》2019年第8期,第107—109页。

[3] 解雄飞:《楚美术的审美特征》,《武汉科技学院学报》2006年第7期,第25—27页。

[4] 李佩桦:《浅析传统元素在动画中的体现》,《西部皮革》2019年第19期,第110—112页。

楚绘画的神话形象探析

郑曙斌

（湖南省博物馆）

楚文化很奇特，有相对统一的精神内核，也有杂拼的多元特征。探究这种文化成因，既有楚人筚路蓝缕、艰苦创业在前，又有春秋战国群雄纷争、混战不休在后；既有楚人的睿智探索、不断创新，又有诸子杂出、百家争鸣观念的渗入……凡此种种，形成了独具特色的楚文化。楚人追崇绚丽多彩的远古神话，沉醉于奇异的想象和不羁的浪漫。出土楚文物中，有一种以实用器皿或葬仪用物为载体的图画，因丧葬的特殊目的和需要，图像夸张、变形、抽象和怪诞化，呈现超出画面以外的难以捉摸的寓意、象征甚或是言外之意。如果从神话的角度切入，将是一幅幅奇谲怪诞、神秘魔幻的神画。除其器物本身所具有的实用功能之外，图像所反映出来的信息，所表达的思想，无不表露出楚人的神话与巫术情结，并有着超越于物理表现形式之上的象征意义。

一、神话形象

在出土的楚文物中，有帛画一类的绘画作品，也有漆器上的装饰图画，画中所描绘的内容，在现实生活中并不存在，往往具有一种让人难以琢磨的神秘意境。如 1941 年被盗出土的长沙子弹库楚墓战国缯书，有四周作旋转状排列的 12 段边文及 16 幅图像[①]；1949 年长沙陈家大山楚墓出土的《人物龙凤帛画》[②]；1973 年又从出土缯书的长沙子弹库楚墓中清理出《人物御龙帛画》[③]；1958 年河南信阳楚墓出土的锦瑟有狩猎、宴乐、驭蛇、升仙等图像[④]；1978

年湖北随州擂鼓墩曾侯乙墓出土漆棺及漆衣箱，图画羽人、弋射、追日、二十八宿及青龙白虎等图像⑤；1984年湖北当阳曹家岗5号春秋墓内出土的漆瑟彩画龙、凤、龟等奇禽异兽⑥；1985年江陵李家台4号墓出土彩绘漆盾绘有六组单、双虬龙纹（共十条龙）和以孔雀为主的鸟群、树木、人物画⑦。1988年湖北当阳赵巷4号春秋墓出土漆俎彩画将鹿、虎、龙等形象融合为一体⑧。1992年湖北沙市喻家台41号墓出土的漆瑟描绘龙、凤、蛇等图像，其中一片漆画的构图为树与鸟组成，鸟或栖身于树上，或立于树下⑨。凡此种种，楚漆画中多见。而能构成基本故事情节的神话题材图像，有帛画、缯书、衣箱漆画、鸳鸯形盒漆画、锦瑟漆画及内棺漆画等等。这些具有一定故事内容且带有神秘色彩的图画，虽然其载体是实用器皿或葬仪用物，用帛画和漆画来表现，将现实的物象进行解构，重新组合成一种新图像，给人以无尽遐想的空间。其图像与英雄、自然、动物、升仙、巫术等神话有关，反映了楚人的宗教思想与神话信仰。

（一）缯书

长沙子弹库楚墓出土的缯书（即帛书），是以白色丝帛为书写材料，上绘神怪图形并书写文字。缯书1942年被盗掘出土，与《人物御龙帛画》同出一墓，早年流失国外，现藏于美国华盛顿赛克勒美术馆。画幅为长方形，中间墨书文字两段，共21行，计900余字。缯书插图，四角分青、赤、白、黑四色绘树木，四周作旋转状排列着12个形状奇异的神怪图像，神像旁题记神名并附一段文字。画中有似人身者，脚踏双蛇，颈生三头，独脚作跳跃状；另一人为独臂，珥蛇。类兽形者，一似牛，衔蛇；一似鹿，吐露长舌；一似鼠，为蛇头。其余形象更怪异，为虫、禽、兽的组合体，涂染青、棕、红、黑诸色。（图一）

缯书内容，曾有众多学者考证，见解不一，但都认为与古代的宗教迷信禁忌有关，可能是楚国数术性质的佚书⑩。四周的12神

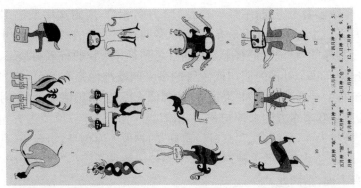

1. 正月神"取" 2. 二月神"女" 3. 三月神"秉" 4. 四月神"余" 5. 五月神"圣" 6. 六月神"虘" 7. 七月神"仓" 8. 八月神"臧" 9. 九月神"玄" 10. 十月神"昜" 11. 十一月神"姑" 12. 十二月神"茶"

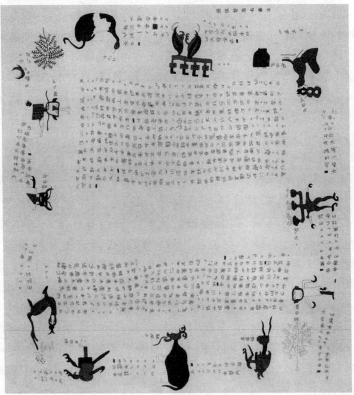

图一 战国缯书 美国华盛顿赛克勒美术馆藏

363

名,多数学者考定与《尔雅·释天》12月名相合,所附文字系记12个月忌。也有学者认为是春、夏、秋、冬四季十二月的彩色神像,十二月神像的"题记",记有十二月的月名和每月适宜的行事和禁忌,末尾记有每个月神的职司或主管的事。四季神像很有特色,与当时流行的神话有关。如"秉司春"的神像人面鸟身,很明显就是《月令》所说春季东方的木神句芒。《山海经·海外东经》说:"东方句芒,鸟身人面,乘两龙。""臷(且)司夏"的神像人面兽身,相当于《月令》所说夏季南方的火神祝融。《山海经·海外南经》:"南方祝融,兽身人面,乘两龙。"⑪

这是一组与巫术有关的图像,图中所画人物或持法器,或变异为神的形象,或画动物具有某种神秘意味,其主题与巫术神话有关。从构图看,应该是楚巫根据文字内容,由客观而生主观,由观测而生想象,从而创作出超自然的神奇怪物,具有神秘的巫术意味。古人对神的依赖表现为对神的祈求、献祭等崇拜行为。祈求与献祭在放大神的作用的同时,又限制了人的作用,产生了种种巫术行为。

（二）帛画

《人物龙凤帛画》(图二),长沙陈家大山楚墓出土。画中人物为双手拱揖作祈祷状的侧身女子,该女子垂髻、广袖、细腰、长裙曳地,神情洒脱,姿态虔诚。人物上方绘有一龙、一凤,左侧的龙蜿蜒向上,竖垂卷尾,呈升腾之态;右侧的凤奋爪卷尾,看似腾空飞舞。人物脚下有一弯月形物。虽然学者看法各不相同,但多数人认为是墓主人灵魂升天图⑫。《人物御龙帛画》(图三),长沙子弹库楚墓出土。画中绘有一侧身左立的男子,危冠长袍,手握长剑,立于龙身。龙昂首卷尾,弓身成舟,舟尾立一鹤(凤),舟旁有一鲤鱼随行。人物衣着的飘带,华盖的垂穗都表示了风动的方向,可见龙舟迎风前进的态势。对此解释亦各有不同⑬。

图二　人物龙凤帛画　　　　　　　　图三　人物御龙帛画

　　帛画是迄今所见的我国绘画最早的实物,它不依附于建筑物或日用器皿,而是葬仪用物,主题独立,用途特殊。画中的龙、凤、鹤、鱼等显然已经超越一般吉祥美好的象征,是楚人在为死者灵魂升仙所做出的努力。两幅帛画意境和造型风格十分相似,构图简洁,画面仅一龙、一凤、一人、一弯月形物,或一龙、一鱼、一鹤、一人、一华盖,解释各不相同,但一般认为与升仙主题有关。据《海外北经》:"在长股东,为人无脅。"郭璞注:"脅,肥肠也。其人穴居,食土,无男女,死即薶(埋)之,其心不朽,死百廿岁乃复更生。"这类神话,或由人变成某物,或由一种动物转化为另外一种动物,或由人与动物的合体,或夸大器官数量,衍生出神秘力量,都是为了体现死而复生。帛画人物造型与墓主人形象一致,与龙、鱼或凤组合在一个画面之中,构图虽然简洁,却具有了神秘意味。将帛画置于墓中,仿佛墓主人在龙凤的导引下,到达一种可以死而复生的不死仙境。因为帛画表达了人们对死亡的恐惧与死后再生的向往,当是升仙与再生相关的神话。

　　（三）漆棺画

　　湖北随州出土的曾侯乙墓墓主的内棺漆画（图四），在朱漆地上用黄、黑两色绘多种图像和图案，其中龙549个，蛇204个，鸟110个，鸟首形兽24个，鹿、凤、鱼及鼠形动物各2个[⑭]。繁复的图案中画有不同类型的神灵与怪兽：神怪或人面鸟身、头生尖角巨耳、两腿间羽毛拖地；或巨首张口，头颈饰物复杂；或兽首人身、两腮长须。这些神怪皆正面而立，手持兵器；四只凤鸟也直立如人

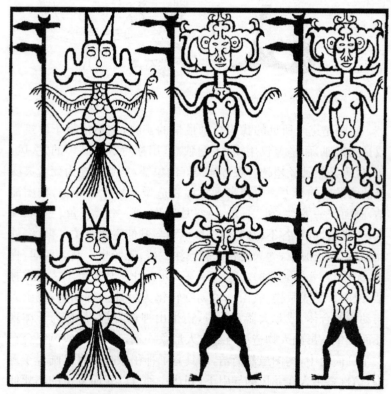

图四　曾侯乙内棺漆画（侧面）持戟羽人

形,被认为是负载死者灵魂升仙的神鸟。一般认为这些神怪是守护曾侯乙灵魂的,也有认为是驱鬼逐疫的"方相氏"。还有人解释更为具体,认为人面蛇身、头饰双鸟的神像,可能后羿射下的太阳的化身,也可能是阴间的太阳神烛龙;头挡正中和西侧壁板上的人首蛇身、头饰两龙、下身有双蛇相蟠的神像,可能是东方之神兼生殖之神伏羲;而人首鸟身、头盘两龙的神像,应是文献中的东方之神、相传是伏羲臣子的句芒;头挡的下方,有三个众蛇环绕、胯下有符号如同战国铭文"土"字的神像,可能是居住在洞穴之中,能死而复生的无启[15]。

因漆棺画由各种动物的生态意义与神话意义交织在一起,使有关的画面显得费解,研究者的考证也各不相同。但无论引何证据作何解释,作为专用于殓尸的葬具,内棺漆画神秘魔幻,应该与以升仙为主题的神话有关。如展翼神鸟当是楚地神话中的"羽人"早期形象。《山海经·中次二经》:"凡九山,一千六百七十里。其神皆人面而鸟身。"《山海经·中次八经》:"凡二十三山,二千八百九十里,其神状皆鸟身而人面。"《山海经·海外南经》:"羽民国在其东南,其为人长头,身生羽。"郭璞注:"能飞不能远,卵生,画似仙人也。"《楚辞·远游》:"仍羽人于丹丘兮,留不死之旧乡。""丹丘",传说中神仙所居之地。朱熹集注:"羽人,飞仙也。""丹丘,昼夜常明之处也。不死之乡,仙灵之所宅也。"人们追求"长生不死、羽化而登仙",希望像羽人一般神通广大,能沟通天地,飞升不死仙境。

（四）鸳鸯形盒漆画

曾侯乙墓随葬鸳鸯形漆盒,漆盒腹部的两侧,分别绘"钟磬作乐图""击鼓舞蹈图"(图五)。钟磬作乐图,画两个龙形钟架座,悬挂钟磬,旁边有鸟形乐师双手握槌撞钟。画面静中有动,似乎钟声余音未息。击鼓舞蹈图,中间画虎形鼓座上树一建鼓,鼓两侧画一鸟形乐师面鼓侧立,手执短桴击鼓;另一侧兽形佩剑舞师,抛扬长袖,似伴鼓声起舞。这幅画或可视为巫师乐舞场景,与《九歌》中所描述的民间祀神的场面有相似之处⑩。这一小型乐舞画面,反映的可能是由巫觋直接参与祀神所进行的乐舞活动。巫觋能歌善舞,常在祀神活动中将自己扮装成神的外形,巫歌之舞之的过程也就是人与神灵沟通的过程。由此可见,鸟状神人可能是楚巫形象。

图五　鸳鸯形漆盒钟磬作乐图、击鼓舞蹈图

（五）锦瑟漆画

河南信阳长台关楚墓出土的锦瑟,首尾与两侧都髹黑漆,绘有精致的图画(图六)。瑟首有射猎图、巫师图、巫师持法器图、巫师戏蛇图、群兽图、燕乐图、巫师戏龙图;瑟尾有射猎图、出猎图、狩猎图、巫师图、獹祷图、缚兽图。图与图之间具有一定的联系,如巫师图,画一人头戴高冠,着袍服,持弓张弦,作欲射状。他的前面是一个屈身欲奔的鸟首怪物。这可能寓意着巫师在为导引灵魂升仙而作驱逐鬼怪的努力。巫师戏蛇图,画一头戴前鸟首后鹊尾形冠的巫师,似鸟爪的双手各持一蛇,张口作咆哮状。其左右还有两个急步前进的人,手执不明之物。巫师持法器图,画一巫师手持法器,立于腾空的蛇身上,面对巨龙作引导状。巫师戏龙图,画巫师双手各持一蛟龙,龙昂首,身盘曲于巫师面前;其右侧有一鳞身猛兽,肢曲口张,有一卷尾小狗,曲身狂吠。还有一幅,画一人双手驾扶流云,似遨游之感。其意境可能是墓主人在登仙之途⑰。

368

图六　锦瑟上的巫师戏蛇、持法器图

　　锦瑟漆画的戏蛇图像,戏蛇的主体人物就是巫师,其基本形象就是头戴高冠,身着宽衣长袍,或手持法器,或双手操蛇。巫师操蛇,《山海经》多见记载。如《中次十二经》:"是多怪神,状如人而载蛇,左右手操蛇。"《海外西经》:"女丑之尸,生而十日炙杀之。在丈夫北。以右手障其面。十日居上,女丑居山之上。巫咸国在女丑北,右手操青蛇,左手操赤蛇。在登葆山,群巫所从上下也。并封在巫咸东,其状如彘,前后皆有首,黑。女子国在巫咸北,两女子

369

居,水周之。"《楚辞》"九歌"篇多处描绘巫师迎神的场面,如"抚长剑兮玉珥,璆锵鸣兮琳琅","华采衣兮若英,灵连蜷兮既留"等都将巫师形象刻画得栩栩如生。

漆画的视觉中心人物为巫师,是现实中的人物,却有着怪异形象,仿佛具有与神灵一致的神性力量,他起着沟通天地神灵的重要作用。一般认为,这是一幅反映巫师作法引魂升仙的图像,龙蛇等怪物及异人,与现实生活中的宴、乐、狩猎的情景交织在一起,巫师与神怪,现实与幻想,交相呼应,谲怪神秘,是一个"人神杂糅、光怪陆离"的世界。也有学者重新研究认为,戏蛇构成了漆画图像的视觉中心,戏蛇的主体人物是巫师,巫师戏蛇象征了神性与权力的掌控,因而楚人的宗教祭祀呈现出原始的巫文化特征,所以也称为"巫祭"。在漆瑟的首尾还有田猎图像的出现,射杀禽兽的场景栩栩如生。田猎与巫祭构成了典型的时间叙事关系,田猎的一个重要目的是宗教祭祀,祭祀在楚文化语境中呈现出"淫祀"特征,它离不开巫师戏蛇的巫舞表演,田猎——戏蛇——祭祀三个主题图像构成了完整的故事叙事⑱。

(六)衣箱漆画

曾侯乙墓出土有三件形制相同但图像不同的漆衣箱。漆衣箱上弧下方,象征天圆地方。一个漆衣箱圆拱形的盖上绘巨大北斗及二十八宿,两旁为中国古代方位神青龙、白虎图像⑲,(图七)表明楚人有着天象题材的神话传说。一个漆衣箱盖上用朱红颜料画有双蛇缠绕的"伏羲女娲"图、开弓弋射的"后羿射日"(一说是大羿)图。(图八)"伏羲女娲"图共两组,作人首蛇身、头尾反向交叉缠绕状。"后羿射日"图为两幅连续画面,一幅是持弓射鸟,一幅是弃弓收鸟。这可能是一幅关于扶桑、金乌及后羿射日的神话,描绘了后羿射日、为民除害的英雄故事。还有一个漆衣箱盖上用朱色颜料画有对称的回首反顾、奋蹄腾飞的四匹马,可能是天马房四星。箱的一侧面绘对峙两兽,一兽背部上方绘一鸟伫立;另一兽背

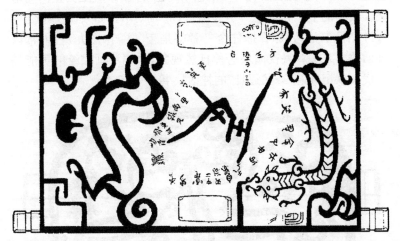

图七　漆衣箱盖面星象图

图八　漆衣箱"伏羲女娲图""弋射图"

部上方绘一飞鸟,后面有一人揪住鸟尾巴,左手拿着工具正向鸟击之。飞鸟的上下方各绘一个大圆点,应为太阳。如果说所绘之鸟或许是日中金乌,那么揪住金乌者就是夸父⑳。(图九)古人常以神话故事来解释昼夜循环这种自然现象,这幅漆画描绘的可能是古代文献记载的"夸父逐日"的神话故事。

图九　漆衣箱"夸父追日图"

衣箱漆画描绘的是一组与神异动物、自然现象、远古英雄有关的神话,画中所描绘的是人们试图征服自然的图景。面对无法解释的自然现象,人们幻想着按人类的方式,了解它并征服它,因而产生了一系列的神话故事并流传着。

伏羲女娲神话,见十《山海经》《楚辞》等文献记载。《楚辞·大招》:"伏戏驾辩,楚劳商只。"王逸注:"伏戏,古王者也。始作瑟,驾辩、劳商皆曲名也,言伏戏氏作瑟,造驾辩之曲,楚人因之作劳商之歌。"《山海经·大荒西经》女娲:"有神十人,名曰女娲之肠,化为神,处栗广之野,横道而处。"晋郭璞注:"女娲,古神女而帝者,人面蛇身,一日中七十变,其腹化为此神。"《楚辞·天问》:"女娲有体,孰制匠之?"东汉王逸注:"传言女娲人头蛇身,一日七十化。其体如此,谁所制匠而图之乎?"东汉许慎《说文·女部》:"娲,古之神圣女,化万物者也。"

"羿射十日"神话,见于《山海经》《淮南子》等文献记载。《山海经·海内经》:"帝俊赐羿彤弓素矰,以扶下国,羿是始去恤下地之百艰"。唐人成玄英《山海经·秋水》疏引《山海经》:"羿射九日,落为沃焦"。《淮南子·本经训》记大羿射日的故事:"逮至尧之时,十日并出,焦禾稼,杀草木,而民无所食。猰貐、凿齿、九婴、大风、封豨、修蛇皆为民害。尧乃使羿诛凿齿于畴华之野,杀九婴于凶水之上,缴大风于青邱之泽,上射十日而下杀猰貐,断修蛇于洞庭,擒封豨于桑林。"宋朱熹《楚辞集注》:"尧时十日并出,草木焦枯,尧命羿仰射十日,中其九日,日中九乌皆死,堕其羽翼,故留其一日也。"

"夸父逐日"神话,出自《山海经》。《大荒北经》:"大荒之中,有山,名曰成都载天。有人珥两黄蛇,把两黄蛇,名曰夸父。后土生信,信生夸父。夸父不量力,欲追日景(影),逮之于禺谷。"《海外北经》:"夸父与日逐走,入日。渴欲得饮,饮于河、渭;河、渭不足,北饮大泽。未至,道渴而死。弃其杖,化为邓林。"

从考古发掘资料来看,楚地流行的神话栖身于丧葬用品之上,也散落在那些实用器皿装饰图画中。这些图画或具有人的造型神的意境,或具有神的造型神的意境,包括了自然、动物、英雄与升仙、巫术等主题。以图画的形式来表达神话意象,是基于楚人的信仰,基于楚人在丝帛与漆器上绘画的发生,基于楚人对神话故事的喜好。楚艺术家们将神话故事以一个静态的形象概括出来,或侧重于故事的高潮,暗示故事的起因或结果,或集中表现几个关键人物或事件,或粗略地描绘故事发生的场景……楚帛画与漆画中所刻意塑造、构建出来的种种神话形象,往往能令人触景生情,被代入神话故事意境。

二、意境与象征

每一种绘画都隐藏着独特的信息,其中最重要的信息应来源于以神为中心的神话。正如德国哲学家卡西尔所说:"整个物质世界掩蔽在神话思维和神话幻想之中。就是它们，给予神话对象以形式、色彩和特殊的特征。早在世界呈现为经验物整体和经验属性集合体的意识之前，它就表现为神秘力量和效果的复合体。"㉑楚帛画与漆画移植了神话的象征性、隐喻性、具体性和形象性这些思维方式，使神话内容与图像相结合，图像表现为想象、夸张、变形、怪诞化造型，构成与神话故事一体的意境，成为人们所认同的神话符号。解读这些神话形象，并将其与神话故事联系起来，往往要比对初创神话的理解更为复杂，神话故事本身很少是一成不变的，流传楚地的神话，已经渗进了楚人的思想观念，楚人对神话进行杂糅与变形，使之更符合他们的意趣，其象征意义已超越于物理表现形式之上。

（一）神话意境

绘画最直接表达的往往不是神话与历史、神话与自然、神话与宗教的关系，而是神话中所体现的人类心灵活动轨迹及其各种形式的"投影"图像。这些图像是通过描绘人，描绘动物，然后通过描绘人或动物的变异形态来显示出与现实不同的神秘意味，构成人、动物与神之间关系的独立或连续的画面，从而使之具有了神话意境。为了从绘画中了解神话的多种形式和从变异形态中发现它们所要沟通的基本信息，我们必须思考神话的基本构成与神话的绘画表达方式。神话的基本构成，由三个最基本的要素人、动物与神组成，神话往往因由几个解释层面的相互关系所组成，不能单独地加以解释，只有透过文献记载等参照系，形成基本结构，这样对图像的神话理解与解释就有了比较清晰的线索。

两幅帛画皆为墓中随葬之物，所画人物是墓主人形象，如同肖像画一般真实，没有夸张、变形，看似并不具有神秘意义，但加上龙凤等被认为具有神性与灵性的动物组合在一起，构成同一画面，因而具有了神性，显示出了神话意境。这是一种被表现的形象和某种主观猜测的神秘意味相结合的可视可感的意象，两幅帛画虽然图像各不相同,但画中人、动物、神是三种最强烈、最明显的因素。在楚人的观念里,龙凤为灵物。龙为神龙,能飞游于天地之间,是人与神所乘之物。"乘龙兮辚辚,高驰兮冲天"(《楚辞·九歌·大司命》)。凤为神鸟,能为人先导。"左朱雀之茇茇兮,右苍龙之跃跃"(《楚辞·九辩》),"飞朱鸟使先驱兮,驾太一之象舆;苍龙蚴虬于左骖兮,白虎骋而为右騑"(《楚辞·惜誓》)。龙、凤的出现使画面具有了神话的意境,这就是神话的特殊符号。楚人观念中的生前与生后的对立,通过绘画这种媒介,表达对生的眷念与对生后重生的向往,从而产生了楚人信仰中的升仙神话。

衣箱上的"夸父追日""后羿射日"漆画,都是与太阳有关的神话。虽然画中人的造型未加改变,但动物则夸张变形成神性动物。夸父与后羿,画中造型看似并不具有神的特征,但画中依靠动物的神性来表达其神话意境。"夸父追日"图虽然没有变形的人与动物,但表现出了"天马行空"的意境。"后羿射日"所画树上立有人面兽,虽然这种人面兽来自远古传说,但其造型是楚画师所构思出来的。还有曾侯乙墓内棺漆画的神怪形象或人面蛇身,或人面鸟身,或兽首人身,都表现为人兽同体。关于人兽同体的记载,多见于《山海经》。《海外东经》:"东方句芒,鸟身人面,乘两龙。"《海外北经》:"北方禺强,人面鸟身,珥两青蛇,践两青蛇。"《海外南经》:"南方祝融,兽身人面,乘两龙。"《海外西经》记载烛阴神:"其为物,人面蛇身,赤色,居钟山下。"人兽同体的形象,本身就是超越现实的神性的表现。河南信阳楚墓所画巫师形象,都具有变异特征,或手持法器,或操龙使蛇,被赋予了神秘的力量。

这些流传于楚地的神话情节一般都比较简单,完整的故事不多,多是零散的片段式的叙述和描写,用图画来表现,往往也就寥寥数笔而意境独到。神话的流传,表明楚人接受了原始神话并加以传播与创造,这种简洁的造型,采用幻想、夸张、理想化的艺术手法,具有不自觉的浪漫主义的特征。神的形象多是人兽合体,是自然的人化和人的自然化的结果,往往也渗透着自然崇拜、图腾崇拜、英雄崇拜等观念意识。从所发现的带有神秘色彩、能构成简单故事情节的楚绘画来看,绘画的神话主题可分为自然神话、动物神话、英雄神话、升仙神话以及巫术神话等。这是基于楚地原始神话的流传、变异而形成的物理形式——图像和楚人绘画方式的更新而出现的。关于自然、动物与英雄的神话,应属于原始神话的流传与变异,它有神话流传楚地的烙印,并具有楚人的变异特征——楚人所能认同的神话形象;而升仙与巫术神话则是楚人信仰的神话表达,是楚人利用神话的结构加以楚人的信仰特征而创造出来的神话。而这些神话都包含着人、动物与神三者的关系,不论是独立画面还是连续画面,都显示神话故事的基本内容与情节,这也就是图像的神话意境。通过对图像的分析,能确认其属于神话意义的图像。

(二)象征意义

楚绘画的神话形象有着意境深远的神话意义,我们可以透过图像来理解神话基本构成方式、主题及其意境,理解它所要表达的神话信息。这是一种通过图像来体验自然、动物与英雄等真实存在的愿望,在处理神话题材的时候,楚艺术家们或使用人的造型、动物的神性组合表达神话意境,或将人们所熟知的形象加以夸张与变形来表达神话意境,从而使这些绘画具有了人们所能认同的神话符号。而图像的象征意义或价值,在任何情况下都不是产生于或取决于物理形式固有的性质,象征的意义产生并取决于使用它们的载体。楚地神话流传的形式,除口头传说与文献记载之外,其物理形式是依托于实用器物或丧葬用物之上的绘画。象征是一件其价值和意义由使用它的人加诸其上的东西,"一个象征的意义不能仅仅通过对其物理形式的感觉检验来发现","人们无法用任何数量的物理或化学检验来发现一种崇拜物品中的精神,一个象征的意义只能通过非感觉的、象征的手段来加以领会"②,通过分析、解释来发现。

帛画主题，多数学者认为是"引魂升天"，即与死亡密切相关，但是帛画的图像意义，还潜藏着另一重象征意义，这种意义是通过感觉、诠释、结构分析而得来的。既然起因于死亡，则会将生与死的对立因素表现出来，通过媒介获取神性，显现出具体图像的象征意义以及它们之间的相互联系，也就是说存在一个简单的象征结构，这种结构既隐含着特定的时空观念，还暗示着死者生命形态的转换。画中人当为墓主灵魂之象征，借助于动物，以别于死亡形态，应该是再生的形象。龙凤不仅仅是登天的凭借物和灵魂的引导者，同时还具有东方、南方之神灵的身份，显示出"阳"的特性，它们在此具有"生"的象征意义。因此，画面虽只画一龙、一凤、一人，或一龙形舟、一鱼、一鹤、一人，不仅突出强调了升仙的意图，还刻意表达了从死亡到再生的契机。在这两幅帛画中还有一个隐形的"第三形象"——人们臆想的神仙世界的存在。"这两幅帛画上部出现的第三形象，正是这美不胜收、帝之下都的昆仑境界，它是升登上天、长生不死的必经之路"③。

棺椁作为葬具，装盛死者遗体，棺表漆画神秘魔幻，龙、蛇、鸟环绕，鱼、鹿、兽穿梭，兽首人身怪物手持兵器，象征着护卫死者灵魂。这些图像中有象征着引魂升仙的"羽人"，有驱鬼逐疫的"方相氏"，也有装扮的神兽。人首蛇身神像可能是伏羲女娲的造型，象征着再生，人首鸟身图像可能暗示着死后"羽化登仙"。除这些图像本身所具有的象征意义外，还借动物生态意义来表达神话意义，表达生与死的对立，表达再生的愿望。各种图像虽来源于不同的神性，具有各自不同的神话意义，但将它们组合在一起，就形成了神话中生与死的对立因素，潜藏着死生转换的象征意义。

后羿射日与夸父追日，虽然来源于古老神话传说，但楚人仍把它当成喜闻乐见的图画描绘在日用器物之上，当成一种美好的象征符号，这只是图像的表层意义。从神话因素对立结构来分析，还隐藏着天与地、自然与人的对立因素。太阳给人们带来生存、光明、希望的同时也带来灾难，人们希望征服自然，征服灾难。昼夜更替现象让早期人类感觉好奇、不可捉摸与无可奈何，夸父追日神话故事表明人们希望了解自然现象的秘密。这种自然与英雄神话的产生，与早期人类生存密不可分，他们希望能征服自然，消除灾害，因而这类神话的产生是自然的人化与人的自然化的结果。也有学者则把它当成天象的象征，与衣箱用途联系起来，以天象表示时间，衣箱内装盛的衣服是天象所暗示的时间该穿着的衣服㉔。

缯书、漆盒与锦瑟上的图像皆与生活中的巫术行为有关，变形人物被当成巫师的象征，与神异动物共处，构成画面的神话意境，又隐藏着人与神对立的神话因素。缯书所画怪异图像，既可视为巫师作法的道具，也可视为巫师作法的记录，所画图像象征十二月神，通过巫师作法沟通人界与神界，达成人们的美好愿望。漆盒作为实用器皿，上绘巫师图像，应该是现实生活中巫师作法的形象描绘，将图像描绘在器皿之上，可能又被赋予了神秘的象征意义，象征着巫师的魔法将会庇佑这件器物的拥有者。锦瑟图像更是具有神秘魔幻色彩，人与兽、巫师与法器、现实与神话，交织在一起，虽然作为装饰，神话色彩浓烈，给人以想象的空间，但图像所画巫师穿梭于人神之间，与锦瑟这种乐器融为一体，象征着人神共处的和谐与美好。

这就是说，楚绘画在一种事境中不是象征，只是一个符号，而在另一种事境中却是象征。因此，只有当人们关注于其意义和其物理形式的区别时，才是一个象征。楚墓随葬帛画，从画面来看虽具有神话意义，而当其用于丧葬时，就具有了灵魂升仙、生死转换的象征意义。日用器皿之上的装饰绘画，其本身与器皿一样，只是一个物理形式，其图像具有装饰作用，在器物实用过程中，也只是一个符号而已，但若将其物理形式与绘画意境区别开来，通过这些物理形式的感觉来检验、来发现，它隐藏着相互关联而又对立统一的元素，这些对立又统一的元素是神话结构的元素，如生命与死亡、自然与社会、天与地、人与神等，通过象征的手法加以领会，它就具有了楚人崇拜物中的精神，这就是楚画的象征意义。我们从楚画符号中感觉出来的是人与自然、人与动物、人与神的关系，以及英雄、自然、动物、升仙和巫术等主题，领会到的是生命与死亡、自然与社会、天与地、人与神等对立因素所具有的象征意义。

结语

总而言之，依托于实物遗存之上的图画，移植了神话的象征性、隐喻性、具体性和形象性方式，使神话内容与图像相结合，表现为想象、夸张、变形或怪诞化造型，构成与神话故事一体的意境，成为当时人们所认同的神话符号。虽然确切的识别和诠释是不可能的，由于具体细节的高度不确定性，使得这些单一画面构成简单神话故事情节的图像解释并非能够准确无偏差，方法是多元的，我们不能说从神话意境与象征意义的角度来解释楚绘画毫无意义，但可以为这些图像的理解提供思考的角度与解释的启示。

注释：

① 安志敏、陈公柔：《长沙战国缯书及其有关问题》，《文物》1963 年第 9 期。

② 湖南省博物馆：《新发现的长沙战国楚墓帛画》，《文物》1973 年第 1 期；熊传新：《对照新旧摹本谈楚国人物龙凤帛画》，《江汉论坛》1981 年第 1 期。

③ 湖南省博物馆：《长沙子弹库战国木椁墓》，《文物》1974 年第 2 期。

④ 河南省文物考古研究所：《信阳楚墓》，文物出版社，1986 年。

⑤⑳ 湖北省博物馆：《曾侯乙墓》，文物出版社，1989 年。

⑥ 湖北省宜昌地区博物馆：《湖北当阳曹家岗 5 号楚墓》，《考古学报》1988 年第 4 期。

⑦ 荆州博物馆：《江陵李家台楚墓清理简报》，《江汉考古》1985 年第 3 期。

⑧ 宜昌地区博物馆：《湖北当阳赵巷 4 号春秋墓发掘简报》，《文物》1990 年第 10 期。

⑨ 张正明、邵学海主编：《长沙流域古代美术》，湖北教育出版社，2002 年。

⑩ 李学勤：《东周与秦代文明》，文物出版社，1984 年；李零：《长沙子弹库战

国楚帛书研究》,中华书局,1985年。

⑪ 杨宽:《楚帛书的四季神像及其创世神话》,《文学遗产》1997年第7期。

⑫ 王仁湘认为是《迎宓妃图》,是屈原《离骚》所记载的"丰隆求宓妃","鸾鸟迎宓妃"的神话传说,见王仁湘:《研究长沙战国楚墓的一幅帛画》,《江汉论坛》1980年第3期;萧兵认为是一幅墓主人在龙凤导引下乘仙舟登仙图,见萧兵:《引魂之舟——楚帛画新解》,《湖南考古辑刊》第2集,1984年。

⑬ 刘信芳以《九歌·河伯》释帛画,是按照招水死之魂的宗教习俗为墓主设计的。见刘信芳:《关于子弹库楚帛画的几个问题》,《楚文艺论集》,湖北美术出版社,1991年。

⑭ 湖北省博物馆:《曾侯乙墓》,文物出版社,1989年。

⑮ 曾侯乙内棺的头挡、足挡和左右两侧的神怪图像,郭德维认为是神话中的"昆仑之虚",昆仑之虚是百神聚会的场所,由人身兽面、手持武器的开明兽守卫,见郭德维:《曾侯乙墓墓主内棺花纹图案略析》,《江汉考古》1989年第2期;汤炳正认为手持武器者是土伯,即阴间的守护神,见汤炳正:《曾侯乙墓的棺画与〈招魂〉中的"土伯"》,《社会科学战线》1982年第3期;祝建华、汤池认为是驱鬼的方相氏和引魂升天的羽人,见祝建华、汤池:《曾侯墓漆画初探》,《美术研究》1980年第2期。

⑯ 蔡全法:《楚国绘画试析》,《中原文物》1992年第2期。

⑰ 杨泓:《战国绘画初探》,《文物》1989年第10期。

⑱ 余静贵:《戏蛇、巫祭与田猎:信阳楚墓锦瑟漆画图像的叙事解读》,《民族艺术》2020年第2期。

⑲ 王健民等:《曾侯乙墓出土的二十八宿青龙白虎图象》,《文物》1979年第7期。

㉑ [德]恩斯特·卡西尔(Ernst Cassier)著,黄龙保、周振选译:《神话思维·导言》第1页,中国社会科学出版社,1992年。

㉒ [美]怀特:《象征》,顾晓鸣译,庄锡昌、顾晓鸣、顾云深等编:《多维视野中的文化理论》,浙江人民出版社,1987年。

㉓ 黄宏信:《楚帛画琐考》,《江汉考古》1991年第2期。

㉔ 刘信芳:《曾侯乙墓衣箱礼俗试探》,《考古》1992年第10期。

屈原·楚辞与气象

院 琨 魏 赜

（湖北省气象局信息与技术保障中心　武汉市大禹文化博物馆）

屈原是中国最伟大的浪漫主义诗人，也是中国已知最早的著名诗人，世界文化名人。据《史记·屈原列传》记载："屈原者，名平，楚之同姓也。为楚怀王左徒。博闻强志，明于治乱，娴于辞令。入则与王图议国事，以出号令；出则接遇宾客，应对诸侯。王甚任之。"屈原名平，与楚国的王族同姓。他曾担任楚怀王的左徒。见闻广博，记忆力很强，通晓治理国家的道理，熟习外交应对辞令。对内与楚怀王谋划商议国事，发号施令；对外接待宾客，应酬诸侯。怀王很信任他。屈原虽忠事楚怀王，却屡遭排挤，怀王死后又因顷襄王听信谗言而被流放，最终投汨罗江而死。

屈原在楚国民歌的基础上创立了新的诗歌体楚辞。主要作品有《离骚》《九章》《九歌》等。在诗中抒发了炽热的爱国主义思想感情，表达了对楚国的热爱，体现了他对理想的不懈追求和为此九死不悔的精神"楚辞"中的多不朽诗篇，成为中国古代浪漫主义诗歌的奠基者，"楚辞"文体在中国文学史上独树一帜，与《诗经》并称"风骚"二体，对后世诗歌创作产生积极影响。

屈原创作的楚辞，书楚语，作楚声，纪楚事，名楚物，具有浓郁的楚文化气息，是中国古代浪漫主义文学的代表性作品。屈原以浪漫主义的文学手法，奇妙地将神话历史故事、人物传说以及自然现象编织为一个整体，更为重要的是人类的情感与自然现象融为一体。而这些自然现象中，有许多是与自然界的气候气象状况相联系,有些篇章的名字就是直接刻画出与气象相关的自然崇拜神,如"东皇太一","太一"就是"太极"。太极由"阴"(月亮神)与"阳"(太阳神)组合而成。"云中君"是指"云神";"悲回风"乃以"旋风"为题。

屈原《楚辞》中的重要作品,涉及天地万物、人神政治、道德伦理,既包含了自然界的事物也包括了人类社会的现象。其中包括楚人对气象与气候的观测和认识,古代人们对气象的观测实际上是与其宇宙观念有关。在楚辞中还有较多的描绘气象现象的诗句。

屈原的楚辞作品中对于气候与气象状况的描述主要可以划分为三类:一是对于季节和气候环境的观察及刻画;二是对于气象环境状况的观察与描述;三是对自然气象神的刻画和描述。

一、对于季节和气候环境的观察及刻画

自然界中的四季变化更迭,春暖、夏热、秋凉、冬寒,四季分明,是气候的基本规律。楚辞作品中对季节和气候环境有较多的观察及刻画。

在《离骚》中有:"日月忽其不淹兮,春与秋其代序。"是指日月时光迅速逝去不能久留,四季更相代谢变化有常。

《远游》篇载:"恐天时之代序兮,耀灵晔而西征。微霜降而下沧兮,悼芳草之先零。"讲的是忧心一年四季不断变化,灿烂的太阳在渐渐西下。冬天的到来,寒冷的严霜也开始降临,悼惜芬芳的香草会随着霜冻的来临而凋零。表现的是随着季节更迭气候环境的变化而致使物候变化的描述。

《天问》:"何所冬暖?何所夏寒?"到底什么地方冬天温暖。夏天寒冷的是什么地方?《九章·涉江》:"乘鄂渚而反顾兮,欸秋冬之绪风。"表现的是屈原登上鄂渚后回头眺望,叹息秋冬寒风使人感觉到的凄凉情景。

在《九章·抽思》中也同样表达了这种情绪:"悲秋风之动容

兮,何回极之浮浮。"看到那些可怜的在萧瑟秋风凋残草木,叹息为何天极运转如此迅速,责怪季节变化为什么是这样的快速和无情。

在《九章·怀沙》中刻画出的则是另一种景象:"滔滔孟夏兮,草木莽莽。"描绘出初夏天气暖和,风清日朗,草木茂盛蓬勃的生长的情景。这种生机勃勃的情景在屈原的诗歌中并不多见。

二、对于气象环境状况的观察与描述

一般说来,气象是指地球大气中的冷、热、干、湿、风、云、雨、雪、霜、雾、雷电、虹晕等等物理状况和物理现象。楚辞中对这些气象状况都有较为明确,甚至极为准确的观察和描述。据现代气象学研究,云和雾都是由大气中的水汽凝结而成的。在远离地面的高空,水汽凝结成无数的冰晶或过冷水滴。它们一片片地集结在一起,飘浮在空中,就成为人们所常见的云,而距离地面较近的空气中的水分子,遇冷所形成的饱和水滴弥漫在地面上,就形成人们所见的雾。可以说,雾就是地面上的云。

在天空的各种自然现象当中,云的形象是多姿多彩,千变万化的。在楚辞中对云的描绘也是变化无穷丰富多彩的。

在《离骚》:"飘风屯其相离兮,帅云霓而来御。纷总总其离合兮,斑陆离其上下。"屈原描绘出的气象状况是:旋转的风聚集飘动,和着云霓迎面而来。飘动不定的旋风和斑斓五色的云霓聚散无常,变化多端,忽离忽合,五光十色上下漂浮荡漾。

屈原在《九歌·山鬼》中对气象环境描述得更为细致:"杳冥冥兮羌昼晦,东风飘兮神灵雨……雷填填兮雨冥冥,猿啾啾兮狖夜鸣;风飒飒兮木萧萧。"刻画出在大山深处的茂密的森林中,即使是在白日,其中也非常的幽暗,而随着飘风和着骤雨不时来去无常,变幻莫测。不时地传来雷声隆隆,带来绵绵的阴雨,而在夜里还声声不断地回旋有猿猴的悲啼声。深山里阴风阵阵,森林中叶落萧萧。

在《天问》中有:"薄暮雷电,归何忧?"描绘出在傍晚天将黑的时候,天空中出现了闪闪的电光,传出阵阵的隆隆雷声,天气压抑的令人忧伤不已。

在《九章·涉江》刻画有"山峻高以蔽日兮,下幽晦以多雨。霰雪纷其无垠兮,云霏霏而承宇。"表现的是屈原神游于天际,流观上下而看到了的情景是:高峻的山岭遮住了太阳,山下是阴雨茫茫,一片幽暗晦暗的景象。随后是一场大雪纷纷扬扬,漫天飘洒的无边无际,而天空中则是乌云密布满的层层密密。

在《大招》中亦有:"雾雨淫淫,白皓胶只。……天白颢颢,寒凝凝只。"描绘了阴雨连绵,白茫茫无边无际。……蓝天与白雪映照,严寒凝聚大地的景象。

在《九章·悲回风》中屈原以他观察入微的眼光对气象状况的进行了细致的描述:"上高岩之峭岸兮,处雌霓之标颠。据青冥而摅虹兮,遂倏忽而扪天。吸湛露之浮凉兮,漱凝霜之雰雰。……观炎气之相仍兮,窥烟液之所积。悲霜雪之俱下兮,听潮水之相击。"这里是说屈原神游天际,登上了峻峭的高山之巅,坐在五彩的霓虹之上,凭借着天空舒展长虹,仿佛可以伸手即能抚摸青天。吸饮漂浮的甘露是多么的凉爽,还可以含漱一些飘然而降的冰霜。……在此观察到了天空中有不断向上滚滚蒸腾的热气,又见到翻腾的蒸汽遇冷而凝聚成了雨滴。悲叹严霜冰雪一起下降到地上,听见了潮水在彼此冲击的声音。

这一段的诗句是通过屈原的眼光,对气象观测的直接描述。非常难能可贵的是客观的描述了空气中的水蒸气上升到天空的状况,再由滚滚的云烟水汽遇冷凝结为雨滴,而与霜雪凝集而下,化为水涛的过程。这与现代气象学雨雪形成的理念已经极为相似了。不得不说屈原不仅是一个伟大的文学家,也可以称之为气象观察家。

楚辞中,对于气象状况的风、雨、露、霜、雪、云、雾、虹、雷电等进行了细致的描绘之外,还有一些古代的专门气象字和词,如"霰"

字,专指雪珠。"涷雨",是指暴雨。最为重要的是在《九歌·大司命》中:"令飘风兮先驱,使涷雨兮洒尘。"大司命命令旋风作先导,令暴雨洒除那空中尘埃。强调了大风和暴雨对于清净空气的作用和功能。

三、对自然气象神的刻画和描述

楚国人的宇宙观念中是天圆地方,尤其是与阴阳及五行观念有着密不可分的联系。古人认为阴阳五行是构成世界万物的基础,同时他们又与自然现象中的日、月、星、云、雨、雪、雷、电等天气现象相联系,而产生了众多的自然气象神,这其实是万物有灵的这种观念在主导。

楚辞中对自然气象神的刻画和描述分为两种,一是在屈原神游天际时,驾驭着众多自然神灵;二是楚辞的篇章直接赞颂的就是自然神气象神。

楚辞中屈原神游出行,都与风、云、雷等气象神相联系。而"风"字在古代与"凤"字的形和意都是相同的。云、雷则都与龙相关联。

《离骚》中有:"鸾皇为余先戒兮,雷师告余以未具。扬云霓之晻蔼兮,鸣玉鸾之啾啾。……驾八龙之婉婉兮,载云旗之委蛇。"描绘的是屈原神游天际时,是有鸾鸟凤凰在前面戒备,雷师却说还没准备完毕。云霞虹霓飞扬遮住阳光,车上玉玲丁当响声错杂。……驾驭着由八条龙牵引的车在蜿蜒地前进,载着云霓旗帜随风飘动。

《九歌·东君》亦有载:"驾龙辀兮乘雷,载云旗兮委蛇。"所驾的龙车以雷为车轮,四周以云彩漂浮为旗帜。

在《远游》中也有相同的描述:"驾八龙之婉婉兮,载云旗之逶蛇。建雄虹之采旄兮,五色杂而炫耀。前飞廉以启路。阳杲杲其未光兮,凌天地以径度。风伯为作先驱兮,氛埃辟而清凉。……左雨师使径侍兮,右雷公以为卫。"刻画的是屈原驾驭着八条龙的车神游天际,车载着云霓旗随风飘动。将虹霓化作为彩色大旗,旗帜五色混杂鲜艳醒目。飞廉在队列前方引路，风伯是车队的先驱。……雨师在左边侍候，雷公在右边作为护卫。

诗词中的"雷师""雷公""飞廉""风伯""雨师"，都是自然神中的气象神。"飞廉"亦是风神的别称。

在屈原的诗作中，云神或者被称为云中君，或者被称之丰隆。如《九歌》中有一篇名为"云中君"，王逸释曰："云神，丰隆也。"《九章·思美人》："愿寄言于浮云兮，遇丰隆而不将。"言屈原本想请浮云带话，但遇到云神丰隆，云神丰隆却不肯替他传言托语。也有将云中君称为月神。

在楚辞《九歌》中有《东皇太一》《云中君》《东君》。《云中君》为月神，月亮代表着"阴"；《东君》为日神，太阳代表着"阳"。太一是天地的主宰神。

在湖北荆门纪山葛店楚墓出土的竹简中，发现有一篇《太一生水》，其内容非常重要。简文为："太一生水，水反辅太一，是以成天。天反辅太一，是以成地。天地〔复相辅〕也，是以成神明。神明复相辅也，是以成阴阳。阴阳复相辅也，是以成四时。四时复相辅也，是以成沧热。沧热复相辅也，是以成湿燥。湿燥复相辅也，成岁而止。故岁者，湿燥之所生也。湿燥者，沧热之所生也。沧热者，〔四时之所生也〕。四时者，阴阳之所生。阴阳者，神明之所生也。神明者，天地之所生也。天地者，太一之所生也。是故太一藏于水，行于时，周而或〔始，以己为〕万物母。一缺一盈，以己为万物经。此天之所不能杀，地之所不能埋，阴阳之所不能成。……"从简文中可以看出"太一"为自然神中的主宰者，地位至尊。但也不难看出"太一"与自然气象神的属性。

"太一"，有可能即为"太极"，应是阴阳的合体。可以想象，代表阴阳的月亮和太阳在云雾中冉冉升起，明亮的光芒将天地分开，冷热的水汽上下翻腾而形成回旋，阴阳的太极图雏形就形象地展现出来，太一的形象也明显的得以呈现。

屈原在楚辞中用极其精美的辞语描绘了迎接《东皇太一》的场面。《九歌·东皇太一》:"吉日兮辰良,穆将愉兮上皇。抚长剑兮玉珥,璆锵鸣兮琳琅,瑶席兮玉瑱,盍将把兮琼芳。蕙肴蒸兮兰藉。奠桂酒兮椒浆。扬枹兮拊鼓。疏缓节兮安歌。陈竽瑟兮浩倡。灵偃蹇兮姣服。芳菲菲兮满堂。五音纷兮繁会。君欣欣兮乐康。"在欢乐的歌舞声中,东皇太一欣欣然的到来。

　　屈原楚辞承载了丰富的气候气象信息,揭示出屈原在该领域中的知识积累和研究造诣,并在一定意义上彰显出周代人们对气候学气象学的认知。在楚辞中,对于季节环境、气候环境和气象环境的客观观察,与对于自然气象神的主观幻想同时存在,反映出东周时期的生产技术和科学技术能力对当时人们思想领域的影响和局限。

编　后　记

2019年11月22～24日，湘鄂豫皖楚文化研究会第十六次年会在湖北荆州召开。本次年会由湘鄂豫皖楚文化研究会主办，湖北省文物考古研究所、湖北省博物馆、荆州博物馆承办，来自国内多所高校、文物考古研究所等科研单位及台湾故宫博物院、英国剑桥李约瑟研究所等机构的220多位学者参加了本次年会。

会议期间，与会代表围绕楚文化考古新发现、楚文化考古研究、楚文化历史文献研究、荆楚历史地理研究等问题展开了热烈的讨论，交流最新学术成果，探索多学科合作，有力地推动了楚文化研究的深入。

本次年会共收到论文及论文摘要113篇，为了做好《楚文化研究论集》第十四集的出版工作，湖北省文物考古研究所、湖北省博物馆成立了由方勤、陈丽新、凡国栋、段姝杉组成的编辑小组，负责稿件的审稿工作。经过筛选，最终确定29篇论文入选。上海古籍出版社对本论文集的出版给予了大力支持，余念姿、张亚莉等责任编辑付出了辛勤的劳动，谨致真诚谢意。入选论文作者全力配合论文集的编排和校对，在此致以衷心感谢。

楚文化研究会自创建以来，一直坚持"百家争鸣，百花齐放"的学术研究方针，本论文集完全尊重作者的学术观点。由于编者水平有限，论文集中难免存在不妥或错误之处，请各位作者、读者谅解。

编者

2021年9月